영화로 배우는

매너와 에티켓

영화로 배우는

매너와 에티켓

파워북

prologue

대학 강단 및 여러 기업체에서 강의하는 강사라는 직업을 갖게 되면서 많은 것이 달라졌다. 옷차림에서부터 대화하는 방법, 인사하는 방법, 전화하는 방법 등 많은 것이 달라졌다. 매너와 에티켓을 가르치는 사람이, 가르치는 내용과 실제 행동이 일치하지 않음으로써 오는 비진실성에 대한 압박 같은 것이라고 할까?

가끔 강의 도중 돌발 질문을 받을 때가 있다.

"강사님은 그럼 지금 말씀하신 대로 평소에도 생활하시나요?"라는 질문을 받는다.

갑자기 뜨끔하기도 하지만, "그렇게 하려고 노력하는 편입니다."라고 응대한다. 실제로도 그렇다.

경청을 바르게 해야 한다고 강의하면서도 나조차 대화 중에 끼어들기를 한다든지, 끝까지 듣지 않고 나만의 생각으로 판단한다든지 하는 실수를 한다.

하지만 이제는 머리 속에서 '경청해야지, 다 듣고 다시 이야기 하자' 이렇게 지시가 내려오고, 그러면 다시 대화상대의 이야기를 들으려고 애쓴다.

우리나라 속담에 '선무당이 사람 잡는다'라는 말이 있다. 어설프게 배운 지식이나 기술로, 엉뚱한 사람에게 피해를 주는 것을 뜻하는 말이다.

'아는 게 병' 이라는 말 또한, 어설프게 대강 아는 지식을 남에게 전달하는 것은 곧 병이나 마찬가지라는 뜻이다. 두 속담에서 알 수 있듯이 무언가 어설프게 알고 나면 실수를 하게 된다. 사람 역시 완벽할 수 없기에 실수를 한다. 그러나 사람이 가지고 있는 능력 중 단연 최고인 발전을 해나간다는 점에서, 실수는 성공을 뒷받침한다.

처음 강사라는 직업을 갖게 되었을 때 나 역시 많은 실수를 했다. 첫 강단에 섰던 날을 잊지 못한다. 1시간짜리 특강을 하고 내려오는데 무슨 이야기를 전달했는지 기억이 나질 않았다.

만들어간 교안에 있는 내용을 빠짐없이 전달하려고만 애썼던 것 같다. 또 컨설팅을 가는 많은 기업체와 식당 등에 방문을 하면, 무언가를 분석하려고부터 했다.

그들의 상황, 가장 큰 갈등 요소, 무언가를 원하는 바람 등은 보지 못하고, 그저 외부에 노출된 어떤 상황들만을 가지고 분석 평가하였다.

그러니 산해진미를 먹어도 맛이 없고, 비즈니스를 하려고 고객을 만나면, 불편하고 힘들었다. 그런데 누군가에게 그것도 다 자란 성인을 대상으로 하는 교육이라는 것은 무언가 다름이 존재해야 한다는 것을 깨달았다.

그리고 피교육자에게 가장 좋은 교육이란 그들의 언어로, 그들의 생각과 공감하는 것임을 알게 되었다. 아주 무더운 여름날, 숯불 가마에 들어가 있는 직원에게 서비스 하라고 하면 과연 이 직원은 서비스를 할 수 있을까?

일단 이 직원에게는 더위가 없는 환경을 만나야 서비스가 나온다고 생각할 것이다. 그렇다고 강사라는 직업이 더위를 없애줄 수는 없다. 다만 더운 가운데도, 그냥 짓는 표정 하나에도 짜증이 묻어나기보다는 "네, 아주 덥습니다. 하지만 괜찮습니다."라는 여유가 묻어나게 만들어내야 하는 직업이기도 하다. 참 힘든 직업이지만, 참 매력적인 직업이다.

매너와 에티켓 또한 이와 다르지 않다고 생각한다.

모든 상황 상황, 대상 대상에 따라 시시각각 달라지는 상황에서 어떻게 대처해야 하는지, 또는 나는 맞게 대처했다 생각했는데 반응은 전혀 그런 것이 아닌 경우를 많이 만나게 될 것이다.

이런 상황들에 같이 있는 사람들에게 조금 더 배려하고, 내가 우선이 아닌, 타인의 배려가 먼저인 것이 바로 매너와 에티켓이다.

누군가의 눈살을 찌푸리게 하는 행동 · 언어 · 습관들은 이제 하나씩 내려놓고, 내가 최고가 되고 내가 우선인 지금의 시대에서, 조금은 우회적으로 타인을 우선하고 다른 사람을 배려하는 마음이 먼저 앞서는 행동으로 다시금 나를 만들어간다면, 분명 가까운 미래에 여러분의 주위에는 참 좋은 사람들로 가득차게 될 것이다.

지리한 느낌의 '매너와 에티켓' 책이 되지 않게 하려고 나름 오랜 고민을 하다가 영화와 접목시키는 방향을 설정했다. 평소에 그냥 보던 영화를 다시 매너와 에티켓을 가미해서 보려니 더 어렵고 억지스러운 것이 아닐까 하는 고민도 많이 했다.

하지만 사소하게 또는 대체로 아는데 잘 지켜지지 않는 부분에 대한 것을 아주 친숙한 방법으로 이끌어내려 했던 시도만은 후회가 없다.

다만, 영화 선정 과정이 지극히 개인적인 것이었고, 바라보는 방향도 개인적이었으므로 조금은 다른 견해를 가지고 그 영화를 바라보셨던 독자들도 분명 많으리라 생각한다.

책 내용에서도 많이 다루었지만, 그저 바라보는 생각이 다른것이지, 그 부분이 틀린 것은 아니라는 것을 양해하고 읽어주셨으면 한다.

유난히 많은 소나기와 끈적임이 가득했던 2007년 여름을 영화와 씨름하면서 보내느라 소홀했던 가족들과 오늘도 미리 잡혀있는 강의를 위해 밤을 새워가며 강의를 준비하는 여러 강사분들에게 유익한 볼거리가 되었으면 좋겠다는 바람을 가지며 마무리 지으려 한다.

2007년 8월에

저자 하진영

contents

chapter 1. 매너와 예절

chapter 2. 나를 만드는 매너

Chapter 1

매너와 예절

Chapter 1
매너와 예절

1. 'Pretty Woman'과 함께하는 매너 이야기

귀여운 여인(Pretty Woman)

미국/장르 : 코미디/18세 관람가/상영시간 : 119분/개봉 : 1990년
감독 : 게리 마샬(Garry Marshall)
출연 : 리차드 기어, 줄리아 로버츠, 랄프 벨레미, 제이슨 알렉산더 외

스트레스가 너무 많이 쌓여 권태로움이 밀려오는 날이면, 집에 돌아와 팝콘과 오징어, 각종 간식거리를 잔뜩 앞에 놓고 앉아서 보는 DVD가 한 편 있다.

이 영화를 보고 나면 어느새 기분이 아주 좋아져 있다.

지극히 개인적인 취향이긴 하지만 나름대로 스트레스를 풀기 아주 좋은 영화, 바로 〈귀여운 여인, Pretty Woman〉이다.

헐리웃의 많은 남녀 배우 중 가장 좋아하는 두 배우가 출연하기도 하고, 주인공과 나를 일체화시켜 멋진 공상을 한 편 하는 것 같은 느낌이 우울함을 풀어주기도 한다.

영화 〈귀여운 여인〉은 현대판 신데렐라 이야기이다.

매력적인 독신남 에드워드(리차드 기어)는 기업인수합병(M&A) 전문가로 사업차 LA로 오게 되고, 그곳에서 우연히 비비안(줄리아로버츠)이라는 거리의 여자를 만나 하룻밤을 지내게 된다. 에드워드는 비비안의 귀엽고 순진한 모습에 흥미를 느끼고, 자신이 LA에 머무는 일주일 동안 함께 지낼 것을 제의하면서 영화는 시작된다.

영화 〈귀여운 여인〉은 멋진 두 배우의 열연 말고도 많은 이야기거리를 낳기도 했다. 무명의 줄리아 로버츠를 일약 스타덤에 오르게 한 영화이기도 하고, 영화 속 주인공의 의상이 곧 당대의 패션 아이콘이 되기도 하였으며, 현재까지 여성들이 가장 해보고 싶은 영화 속 주인공을 적는 설문에 매번 일등을 차지하는 영화이다. 다시 말해 여성의 신데렐라 심리를 아주 잘 표현한 영화이다.

이 영화가 상영되고 난 후 실제로 LA 지역에 거리의 여자들이 기하급수적으로 늘었다는 인터넷 자료를 보면 영화가 주는 이미지가 얼마나 컸는지 알 수 있다.

한번도 제대로 된 서비스나 대접을 받아본 적 없는 비비안이 상류사회를 접하면서 차츰 변해가는 모습이 여자들에게 굉장히 로맨틱하게 다가오는 영화이다.

이 영화에서는 우선 기본적인 옷차림 매너에 대한 장면이 나온다.

펜트하우스가 있는 최고급 호텔에, 거리의 여자인 비비안이 초미니 스커트에 상체가 다 드러나는 야한 옷을 입고, 과장된 화장과 금발의 가발을 쓰고 나타난다.

호텔에 들어서는 순간부터 비비안은 사람들의 시선에서 심한 모욕감을 느껴 더 과장된 행동을 하게 된다.

옷차림은 흔히 그 사람을 대변하는 경우가 많다. 그리고 옷차림에도 때와 장소에 맞는 매너가 존재한다. 결혼식장에 갈 때, 조문할 때, 면접볼 때 등 때와 장소에 걸맞게 옷을 갖추어 입어주는 것 역시 매너이다.

얼마 전 한 국회의원이 넥타이를 매지 않았다고, 공식석상에 들어오지 못하게 했던 일이 있었다. 어찌 보면 편협한 생각이라 할 수도 있고, 너무 형식에 얽매이는 것이 아니냐는 우려의 소리도 있었으나, 당연히 의원에 걸맞은 복장을 해야 한다는 소리 역시 높았다. 바꾸어 말하면 조문을 할 때 세상이 아무리 변했다고 빨간색 티셔츠나 꽃분홍색 남방을 입고 갈 수는 없다. 조금 진부한 격식이라도 그에 걸맞게 행동하는 것이 매너이다.

우리가 흔히 말하는 매너라는 것은 사람마다 갖고 있는 독특한 행동방식이라 할 수 있다. 사회생활을 하면서 만나게 되는 상황들에 보다 바람직하고 쾌적하며 우아한 느낌을 받고자 소망하는 데서 비롯된 습관으로, 상대에 대한 경의를 표하는 것이 배려이며, 상대를 인식한 행동으로써 서비스의 기본을 이루는 것이라 할 수 있다. 하지만 영화 초입부에 나오는 비비안의 옷차림은 이런 매너라는 것을 찾아보기 어렵다.

매너라는 것은 또 나의 행동양식으로 표현되는 것이므로 한눈에도 그 사람의 매너수준을 알아볼 수 있다. 대부분 그의 옷차림이나 말투 등을 놓고 판단하는 경우가 대부분인데, 이 영화의 인상적인 장면이기도 한 쇼핑 장면에서는 비비안이 상점 종사원들에게 심한 모욕을 당하는 장면이 묘사되었다.

누가 봐도 한눈에 거리의 여자처럼 보이는 외모와 어투 때문에 상점 종사원들도 그와 같이 행동했을 것이다. 이런 낯선 사람들의 따가운 시선 속에 비비안은 더 과장된 제스처를 쓰고 사람들의 시선들을 피하려고만 한다.

사회생활을 하다보면 매일 아주 많은 사람들을 만나고, 보게 된다. '인간은 누구나 평등하다!' 이런 교육을 받고 크지만 실상 사람을 평가하는 잣대는 옷차림이나 그 사람의 행동을 보고 가늠하는 경우가 많다.

단적인 예로 특급호텔의 서비스 중 valet parking이라는 서비스가 있다. 이 서비스를 이용하려면 고급 세단 이상의 차량에 한눈에 보아도 부티가 나 보이는 사람들이 이용하는 경우가 일반적이다. 하지만 이 서비스를 아주 작은 소형차를 가지고 받는다 해도 안될 것은 없지만 뒷덜미가 따가워오는 느낌은 어쩔수 없는 현실이다.

이런 사회적인 병폐 때문에 매너가 겉모습에 치중하게 되는 악영향과 함께, 종국에는 명품소비의 최고나라, 짝퉁의 천국, 명품 런칭 시계 사기사건, 명품브랜드의 런칭 무대인 '코리아'를 만들게 되었다.

처음 만나고 보게 되는 사람을 사실 깊게 파악하고 이해한다는 것이 불가능하기 때문에 나름 우리들이 정해 놓은 규정같은 것에서 많이 벗어나게 되면 매너가 없는

사람이 되는 것이다. 그렇기 때문에 옷을 사러 들어간 명품샵의 점원들은 당연히 과감한 복장의 비비안을 보고 환영의 인사를 하면서 고객으로 맞을 수가 없었을 것이다. 그러나 그런 비비안이 외모가 변하게 되고, 한눈에 보아도 매너가 있고 부자인 에드워드와 동행을 하게 되면 상황은 달라진다.

이 영화의 OST로 아주 유명한 'Pretty Woman'이 흐르면서 에드워드와 쇼핑하는 장면은 많은 여성 관객들에게 신데렐라 마력을 느끼게 하는 대표적인 장면이 되었다. 괜히 보기만 해도 기분이 좋아지는 그런 장면이기도 하다.

그동안 무언가를 도와주는 호텔의 직원에게 팁을 주는 것조차 몰랐던 비비안은 옷차림이 바뀌게 되고, 사람들의 차가운 시선이 없어지게 되면서 행동도 그에 걸맞게 바뀌어 간다.

비록 겉으로 드러나는 행동이 매너 있게 바뀌었다고 하여 매너 있는 사람이 되는 것은 아니다. 간혹 매너를 잘 아는 사람들 중에도 매너 있는 행동을 할 때, 매너를 딱딱한 예절로 인식하고 마음을 담지 않은 채 습관적으로 반복하는 경우가 있다. 이를 '매너리즘(mannerism)'이라 표현하는 것처럼 저마다 갖고 있는 독특한 행동 방식, 습관이지만 상대를 배려하는 마음이 담기지 않으면 매너가 좋은 사람으로 인식될 수 없다.

즉, 에티켓이 마음을 담은 행동으로 표출된 것이 매너이다.

현대사회는 핵가족화, 저출산, 탈이데올로기 등의 변화를 겪으면서 개인을 중요시하는 사회로 점점 바뀌어가고 있는 추세이다.

사회는 더불어 살아가야 하는 곳이고, 함께 영위해야 하는 곳이기에 매너라는 것은 나만을 위해 존재하는 것이 아니라 상대방과 함께 서로 지켜져야 하는 규범인 것이다.

마음속에 내재되어 있던 자아를 조금씩 찾아가는 비비안을 보면서 사람에게 환경이 주는 영향이 얼마나 큰 것인지 다시 한번 느끼게 해준다.

제대로 된 정찬을 한번도 접해보지 못했던 비비안이 사업상 중요한 저녁초대에 가야 한다는 에드워드의 말에 호텔지배인을 찾아가게 된다. 호텔지배인은 테이블에서 지켜야 할 매너와 음식을 먹는 방법 등을 알려준다. 이 역시 테이블에서의 매너이고, 이 또한 나만을 위한 것이 아니다. 테이블에서 식사하는 모든 사람들이 즐거운 식사를 할 수 있도록 지켜져야 할 행동양식인 것이다. 이렇게 조금씩 변화해 가는 비비안은 자연스럽게 자신 속에 숨어 있는 잠재력을 발휘하게 된다.

호텔 지배인에게 테이블 매너를 배우고 정찬에 초대되었지만, 실제 상황 속에서 자주 접해본 것이 아니기 때문에 자리에 앉자마자 화장실을 간다고 일어나게 되는 실수, 어떤 포크와 나이프를 사용하는지 등을 고민하게 된다.

식사 초대에 응해서 레스토랑에 도착하면, 테이블에 앉기전에 미리 화장실을 들러 옷의 매무새나, 나를 한번 확인하고, 볼일을 본 후 자리에 앉는 것이 매너이다. 중간에 일어나게 되면 대화의 흐름을 방해할 수도 있고, 최고 연장자의 경우에는 모든 사람이 식사 중간에 자리에서 일어나야 하는 경우도 생긴다. 물론 아주 특별한 경우까지를 말하는 것은 아니다.

비비안은 또 정찬의 요리가 배운 대로 나오지 않자 당황하여, 어떤 기물을 어떻게 사용할지 막막해한다. 이때 모스 그룹의 회장님이 자연스럽게 상황을 넘겨준다.

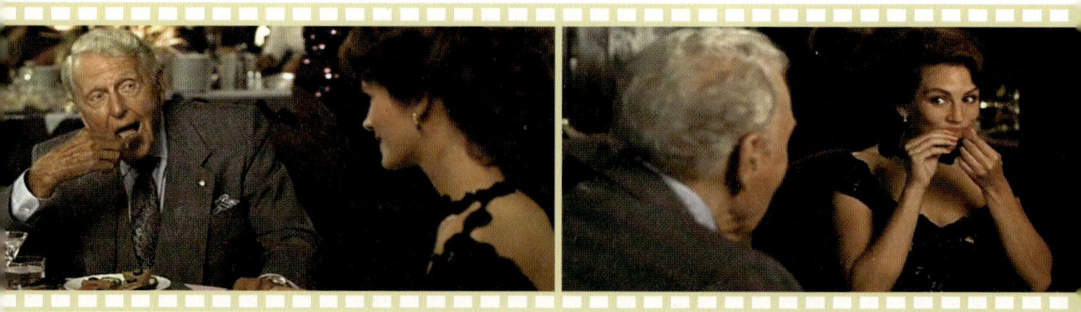

"나도 어떤 것으로 먹어야 할지 자주 헷갈린답니다." 하면서 애피타이저를 손으로 먹는다. 매너가 생활화되어 있는 분의 재치있는 위트이다.

애피타이저로 나온 달팽이 요리를 먹던 비비안은 달팽이를 공중에 날리는 실수를 하는데 이 역시 종업원이 손으로 잡아 아무일 없었던 듯 비비안을 바라본다.

이 테이블에서 많은 사람들은 비비안이 낯선 상황에 적응하도록 많은 배려와 관심을 가져준다. 아주 유명한 일화로, 엘리자베스 여왕이 초대한 정찬에서 중국 고위 관리가 실수로 핑거볼에 나온 물을 마셨다고 한다. 그러자 엘리자베스 여왕도 역시 핑거볼에 나온 물을 마신 사례는 이러한 배려를 정말 잘 표현한 일화이다.

앞에서도 언급했듯이 매너라는 것은 나를 위한 것이기도 하지만 상대방을 배려하는 행동양식인 것을 한번 더 보여준다. 비단 정찬 초대에서뿐만 아니라, 우리가 가끔 만나게 되는 상황 속에서도 이와 비슷한 상황들이 종종 있을 것이다.

처음 패밀리레스토랑에 갔을 때, 처음 스타벅스에 가서 주문했을 때, 처음 보드게임 카페에 갔을 때, 처음 아이스크림 전문점에 갔을 때 등을 생각해 본다면 나도 당황해서 '어떻게 하는지 모르는데요.' 등 다양한 의사표시를 하거나 행동을 했을 것이다.

이때 어떤 이는 아주 친절하게 도와주는 사람이 있는가 하면, 어떤 이에게는 '아직 그것도 모르냐' 는 식의 뉘앙스로 은근히 무시당하기도 했던 경험이 한두 번 정도는 있을 것이다.

현대를 살아가는 모든 사람들은 일반적이고 타당성 있는 예의범절이나 매너의 세계에서 자유로울 수가 없다. 시간적으로나 물질적으로 풍요로운 시대에 정신적으로까지 윤택한 삶을 영위하기 위해서는 매너를 생활화하지 않으면 안 된다.

영화에서 이제 비비안은 오페라도 즐기는 데 손색이 없는 훌륭한 외모를 가꾸게 된다. 외모가 바뀌니까 이에 걸맞게 행동도 바뀌게 된다. 가끔 불쑥불쑥 던지는 말로 당황하게 하기도 하지만, 누가 봐도 정숙한 숙녀의 모습과 행동을 한다. 생각이 바뀌면 행동이 바뀌고, 행동이 바뀌면 습관이 바뀌고, 습관이 바뀌면 관계가 바뀐다는 말이 있다.

이 말처럼 비비안은 이제 마음에서 우러나와서 남을 배려하는 매너 있는 사회인으로 탈바꿈하게 된다. 매너는 이제 자의적으로 선택 가능한 인격의 표시로서, 사회생활에서 중요하게 강조되는 덕목이 되었다. 나이가 어리다고 에티켓을 지키지 않으면 비난을 받지만, 미성년자의 매너가 나쁨을 드러내 놓고 비난하지 않는다. 매너는 좋고 나쁘다는 이미지를 각인시킬 뿐이다.

레스토랑에 가서 식사할 때 소리 내지 않는 것, 트림하지 않는 것 등의 행위가 에티켓이라면 안내를 받을 때 여자를 우선으로 하고, 착석할 때 의자 서비스를 해주는 것, 멀리 있는 음식을 덜어서 건네주는 것 등의 행동은 매너에 속하는 것이다.

매너를 이야기할 때 흔히 '매너의 1/3은 상식이고, 1/3은 친절이며, 1/3은 논리이다.' 라는 이야기가 있다. 예를 들자면 지하철을 탈 때 한 줄로 줄을 서는 것은 상식이고, 빌딩의 출입문을 열어 기다려주는 것은 친절이며, 상대의 입장에서 보고 생각하는 것은 논리이다. 이 모든 것이 매너이다.

개인에 따라 조금씩 다르게 표출된다는 점이 있기도 하지만 상대에 대한 관심과 배려가 행동으로 표현된 것이라는 면에서 매너야말로 인격을 표출하는 표지가 된다.

매너는 생활하다가 저절로 얻어지는 것이 아니다. 다른 사람의 행동을 주의 깊게 관찰하고 모든 상황에 대해서 한번 더 생각하는 습관, 생각과 행동을 일치시키려는 노력, 상대방의 문화나 전통에 대한 정보의 습득 노력을 통해 몸에 익혀 가는 것이다.

유아기의 아이들은 누군가가 하는 행동이나 말을 따라하면서 사회성을 배우게 된다. 유아기 때는 머리가 스펀지와 같아서 무언가를 보고 배우면 바로 따라하고 저장해 버린다. 이런 유아기 때부터 가족관계에서나 부부관계에서 매너 있는 모습, 다정한 어투의 사용을 보여주는 것이 아이들을 매너 있는 사회인으로 성장시키는 원동력이 된다.

영화의 마지막 부분에 비비안은 절친한 친구에게 거리의 여자를 그만두고 다른 일을 할 수 있다는 용기를 준다. 본인 역시 그동안 하지 못했던 일을 하기로 마음먹고, 발견하지 못했던 자아를 찾아 떠나려는 준비를 한다.

흔히들 매너와 에티켓의 용어가 나오면 상류사회나 신분이 높은 사람들 사이에서 지키는 어떤 규범 같은 것들을 떠올린다.

하지만 매너란 우리 생활에서 우리 삶에서 아침에 눈을 떠서, 다시 자리에 누울 때까지 함께하는 생활이다. 영화의 주인공 비비안처럼 생활 속에 알고는 있지만 지키지 않았던 것과, 그로 인해 자신도 괴롭고 상대의 마음을 불편하게 하는 나쁜 습관들을 바꾸고 누군가 나에게 '이렇게 해 주었으면 좋겠다...' 하는 생각을 내가 먼저 행동으로 보여주는 것이 진정한 매너이다.

몇 년 전 미국의 한 보고서에서 재미있는 설문결과를 보았다.

당시 미국 내 정계, 학계, 경제계, 문화계 등 사회 각 분야에서 최고의 위치에 오른 사람들을 상대로 설문조사를 실시하였다.

'당신이 오늘날 그 위치에 오를 수 있었던 가장 큰 요인이 무엇이라 생각하느냐?' 하는 질문과 함께 학벌, 배경, 재산, 행운 등 다양한 항목이 제시되었다. 설문결과는 엉뚱하게도 대상의 90% 이상이 '매너'를 으뜸으로 꼽았다.

"나는 별로 잘난 것도 가진 것도 없는데 곰곰이 생각해 보니 타인에게 늘 친절과 배려를 해왔던 것 같습니다. 그래서 주위 사람들에게 매너 있는 사람이라는 소리를 들었고, 그들이 항상 나를 도와주고 응원해 주었지요. 그것이 오늘의 나를 만든 힘이었던 것 같습니다."라는 응답을 했다고 한다.

매너란 눈에 보이지도, 손에 잡히지도 않지만 맹인도 볼 수 있고 청각장애자도 들을 수 있다고 한다. 진짜로 눈에 보이고 귀에 들려서 하는 소리가 아니라 온 마음을 다해 잔잔한 감동으로 느낄 수 있다는 것이다. 이렇듯 본인에게 있는 매너는 나를 표현하는 보이지 않는 상품인 것이다.

Key Point

1. 매너의 정의

'Manuarius' 라는 라틴어에서 파생되었다.
'Manus' 와 'Arius' 라는 말의 뜻으로 손이라는 의미와 사람의 행동 습관 등의 뜻 내포하고 있다.
'Arius' 는 영어로 'more at manual, more by manual라는 뜻으로 방식, 방법의 의미이다. 결국 매너란 사람마다 갖고 있는 독특한 습관이나 몸가짐이라고 할 수 있다.

2. 매너의 필요성

1) 사회에서는 자발적으로 지켜야 할 규범이 요구된다.
2) 개인적인 생활을 보다 품위 있는 수준으로 유지하기 위해서는 상대의 품위를 손상시키지 않는 범주 내에서 행동해야 한다.
3) 매너는 사람이 살아가면서 일정한 질서를 유지하고 품위 있는 삶을 영위하기 위해 반드시 필요하다.

3. 매너의 형태

1/3은 상식, 1/3은 친절, 1/3은 논리

4. 매너의 속성

대인적 속성
자의적 속성
습관의 표출
이미지와 연계 등의 면모를 보인다.

2. '프린세스 다이어리'로 본 에티켓이야기

프린세스 다이어리(The Princess Diaries)

미국/장르 : 가족, 코미디, 드라마/전체 관람가/상영시간 : 115분
개봉 : 2001년
감독 : 게리 마샬
출연 : 앤 해서웨이, 헤더 마타라조

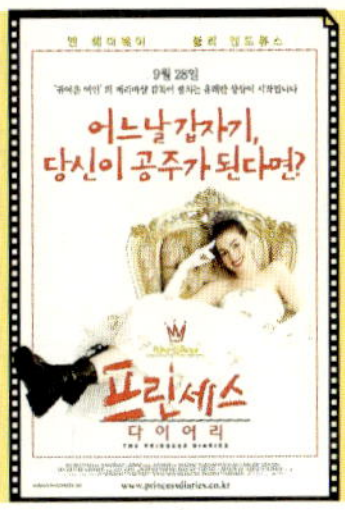

영화 〈프린세스 다이어리〉는 멧 카봇(Meg Cabot)의 원작을 영화화한 작품이다.

자신이 작은 왕국의 공주였다는 사실을 알게 된 에밀리아가 공주가 되기까지의 과정을 그린 로맨틱 코미디이다. 대부분 로맨틱 코미디류의 영화는 한번 보고, 웃어버리는 영화로 여겨지는 경우가 많다. 물론 〈프린세스 다이어리〉 역시 무언가 메시지를 전달한다든지, 심오한 내용이 있는 영화는 아니다. 하지만 그냥 웃어버리는 영화 속 장면에 한번쯤 생각을 해보게 하는 내용들이 담겨있다. 여성이라면 누구나 한번쯤 자신이 신데렐라가 되는 상상을 해본다. 예쁜 옷을 입고, 다소 사치스러운 생활을 하며, 누구에게나 사랑 받는 그런 신데렐라가 되는 상상 말이다. 얼마 전 인터넷 뉴스에서 엘리자베스 여왕처럼 살려면 일 년에 700억 원이 든다는 기사를 보고 놀란 적이 있었다. 그런데 엘리자베스 여왕도 그렇고, 신데렐라도 그렇고 화려한 생활 속에 수반되는 것들이 존재한다. 엄격한 규율이라든지, 규제, 제약 등이 화려함 이면에 숨어 있다는 것을 보여주는 영화이다.

영화의 장르 중 로맨틱 코미디를 좋아하는 것은 동전의 양면과 같은 것이다. 누군가에게는 좋을 수도 있고, 누군가에게는 나쁠 수도 있다. 그걸 어느 한쪽이 옳다 그르다로 표현할 수는 없다. 할리우드의 대표적인 상업영화지만, 영화 자체에 대한 호불호를 떠나, 다만 영화 속에서 우리가 알고자 하는 에티켓에 대한 여러 가지 묘사가 아주 잘 이루어져서 이 영화를 택했다.

〈프린세스 다이어리〉는 엄마와 단둘이 평범하게 살던 에밀리아가 어느 날 갑자기 제노비아라는 나라의 공주였다는 사실을 알게 되면서 시작된다. 갑자기 15년 동안 전혀 몰랐던 할머니의 존재를 알게 된 에밀리아는 할머니를 찾아간다. 그 나이 또래의 여학생들이 그렇듯 매너나 에티켓은 전혀 모르고, 성격은 소심하기까지 한 학생이다. 에밀리아의 이런 행동 양식 등을 처음에 잘 표현해 주는 장면이 나온다. 할머니가 계신 곳을 방문하는데, 정원의 잔디밭을 아무렇지도 않게 밟고 들어가는 장면과 할머니와 테이블에서 간단하게 차를 마실 때 보이는 장면들은 에티켓을 몸에 익히지 않는 모습들을 잘 표현해 준다.

대인관계에서 여러 사람들과 만나다 보면 여러 명이 함께 행동을 할 때, 공공시설물 등을 이용할 때, 공통으로 적용되는 규범을 지키지 않으면 서로 부딪치게 되고 복잡한 상황에 자주 직면하게 된다.

예를 들어 지하철역의 에스컬레이터를 이용할 때 오른쪽은 서 있는 줄,

왼쪽은 빠른 보행을 원하는 줄로 규정되어 있다. 그런데 왼쪽 줄에서 누군가 빠른 보행을 하지 않고 서 있다면, 그 한 사람으로 인해 뒤에 급하게 이동해야 할 많은 이용객에게 피해가 간다. 그렇다고 이렇게 이용하는 사람을 법으로 처벌할 수는 없다.

다만 눈살을 찌푸리고 속으로 화를 내는 정도로 그칠 것이다.

이렇듯 법적 구속력을 갖고 있지는 않지만, 우리가 살아가면서 만나게 되거나 행동하게 되는 모든 상황에서 쾌적하고 부드러운 마음을 갖게 하기 위해 지켜져야 할 규범적인 성격이 에티켓이라고 할 수 있다.

에티켓이란 용어의 유래는 일반적인 매너 책에서 아주 많이 소개되어 익히들 알 것이다. 프랑스의 베르사이유 궁전에는 원래 화장실이 없었다고 한다. 매일 많은 연회와 방문자가 있던 이 궁에서 사람들이 생리적인 현상을 해결하기 위해 잘 가꾸어놓은 화단에 들어가는 경우가 많았다. 너무 많은 사람이 이렇게 화단을 망가뜨리는 걸 보다 못한 관리인이 "화단을 밟지 마세요."라고 써서 세워둔 입간판에서 유래했다는 설이 가장 보편적이다.

그런데 우리나라도 그렇지만 서양의 경우도 생리적인 현상이다 보니 그리 잘 지켜지지 않았다. 그래서 프랑스 국왕의 명령으로 입간판의 내용을 반드시 '지켜야' 하는 것의 의무적 성격을 띠게 되었다고 한다.

이러한 에티켓이 프랑스에서 어느 정도 정착된 것은 15세기부터이며, 그 후 루이 14세(1643~1715)때 완전히 정립되었고, 다시 이것을 나폴레옹이 부활시켜 1830년 법령에 의해 현대에 이르는 공식 의전 형식이 되었다. 그러므로 에티켓이란 법적 구속력을 지니지는 않지만, 모두 어울려 사는 사회에서 꼭 지켜야 다른 사람에게 피해를 주지 않는 의무적 성격이 강한 행동 규약이라 할 수 있다.

영화에서 에밀리아는 며칠 후에 있을 만찬에 참석한 후, 공주가 될지 안 될지 결정을 하자는 할머니의 제안을 받아들이고, 만찬에 필요한 에티켓을 배우게 된다. 워낙 정찬이나 행동의 규범 등을 일탈하고 싶은 10대라는 나이를 잘 표현해 주듯 여러 가지 에피소드를 영화에서 잘 보여준다.

긴급한 처방으로 에밀리아는 똑바로 서 있는 방법, 걷는 방법, 인사하는 방법, 테이블에서의 자세 및 매너 등 여러 에티켓을 습득하게 된다. 이런 규범에 대한 교

육뿐만 아니라, 에밀리아는 마지막으로 외모를 변화시킨다.

매너도 그렇고 에티켓도 그렇고 나를 위한 행동 규정이기보다는 상대방을 배려하는 행동 규정이다 보니, 상대방에게 호감을 줄 수 있는 외모를 가졌다는 것은 큰 장점이다.

누군가와 사랑에 빠지게 되면 외모가 예뻐졌다는 이야기를 듣는 경우가 많이 생기는 것도 이렇게 상대방을 위해 배려하는 과정에서 자신에게 신경을 쓰다가 보면 자신을 조금 더 가꾸게 되고, 결국 더욱더 사랑스러운 외모로 바뀌는 것이 아닐까 한다.

영화 속 에밀리아는 엄마와 함께, 외롭게 살아가면서 많은 사람들과의 관계 형성 과정에서 움츠러들고, 쉽게 나서지 못하는 소극적인 행동으로 자신을 표현해 왔다. 하지만 외모가 바뀌고, 자신이 한 나라의 공주라는 사실은 그녀에게 큰 자신감으로 작용하게 되고, 그녀의 성격이나 행동양식 또한 과감하면서도 자신감 있게 바뀌게 된다.

물론 지금의 시대에는 탈이데올로기 · 탈정형화 · 개성중시 등 개개인의 성향이나 특성을 인정해 주는 사회로 변했지만, 중세나 가까운 근대까지도 어느 나라를 막론하고 지켜져야 하는 규범적인 형태의 에티켓이나 매너가 조금 엄격히 지켜졌다.

프랑스에서 정착화된 에티켓의 내용은 영국 · 스페인 · 이탈리아 등의 왕실 · 귀족 사회로 전파되면서 유럽사회에 확산되기에 이르렀고, 이것은 슈발리에나 기사의 전통으로 이어지며 기사도 정신을 출현시킨다.

이후 절대왕권의 약화와 함께 에티켓의 엄격성이 약화되었고, 신대륙인 미국으로 전파되면서 유럽의 체제에 비판적이던 사회 구성원의 특성에 따라 엄격성보다 실용성이 부각된 형태로 변모되었다. 결국 사교계의 관례를 준수하기 위해서 지급됐던 유의사항을 적은 티켓, 또는 당부의 입간판 등이 오늘날 '옳다고 생각되는 행위' 나 '바른 처신' 의 뜻으로 변화된 것이다. 에티켓의 기본은 상대를 먼저 생각하는 친절한 마음에서 비롯된 것이다.

워낙 소극적이긴 했지만 마음은 따뜻했던 에밀리아는 초대받은 정찬 자리에서 여러 가지 실수를 하지만, 파티에 참석한 많은 백작들은 그런 에밀리아를 웃음으로 위로해 준다.

이렇게 상대방을 먼저 생각해 주는 마음이 에티켓의 중요한 요소이다.

에티켓은 공동체 생활 속에서 더불어 살아가는 지혜로서 단순히 형식적이고 표면적인 예의범절만을 의미하는 것이 아니라, 자신의 위치를 낮추면서 상대방의 인격을 존중하고 상황에 알맞게 기분을 헤아려주는 마음을 상대방에게 전달하는 방법이라 할 수 있다.

요즘 사람들은 타인의 삶에 크게 관여하는 것을 싫어한다. 가족 간에도 개개인의 사생활이 존재할 정도로 말이다. 그래서 세대 간의 갈등이라는 문제가 왕왕 뜨거운 감자가 되기도 한다. 유교 사상이 지배적이던 우리나라에서는 나이가 최고인 경우

가 많다. 그래서 나이 어린 사람들에게 무조건 말을 놓는다든지, 무조건 대접받기를 원해서 생기는 사회적 작은 마찰들이 많다. 또한 지위고하에 따른 여러 상황에 의한 갈등도 많이 발생한다.

영화에서 이런 부분이 잘 묘사된 장면이 나온다. 에밀리아가 어렵게 마련한 자동차를 할머니에게 선보이려고 나간 시운전에서 교통위반을 하게 되고, 교통경찰이 이런 에밀리아와 할머니를 단속한다.

일반적으로 이런 상황이라면 '내가 누구입니다.' 한마디나 혹은 '이렇게 해주세요' 등의 상황이 벌어지는 것이 통상적인 예이지만, 제노비아의 여왕님인 할머니는 모든 사람이 즐거워하는 상황으로 모든 문제를 극복해 낸다.

과속 단속을 나온 경찰관에게 할머니는 손녀 딸의 작은 잘못을 먼저 시인하고, 경찰관들에게 즉석에서 제노비아의 백작 칭호를 하사한다. 모두가 지켜보는 가운데 즐거운 해프닝을 만들어낸다. 에티켓도 그렇고 세대 간의 갈등도 그렇고, 다른 사람과의 다름을 전혀 수긍하지 않는다면 갈등의 골은 더욱 심화된다.

누군가를 내편으로 만들고 싶다면, 그 사람을 먼저 존중해 주고, 믿어주어야 한다. 나이가 어리다고 신분이 낮다고 무시한다면, 무시당한 상대도 나를 인정해 주지 않는다. 존중하고 믿어주는 바탕 위에서 적절한 논리나 논쟁을 벌였을 때 성공의 확률도 높다. 에티켓 역시 상대방을 먼저 배려해 주어야만 내가 받을 수 있는 것처럼 말이다.

에티켓이란 일상생활 속에서만이 아니라 상대의 문화와 전통을 존중하면서 인간의 평등과 존엄을 바탕으로 지켜야 할 생활예절이며, 아울러 상대의 인격을 존중하고 형편을 이해하면서 마음을 다치지 않도록 노력하는 행위이다.

이를 지키지 않게 되면 '상대의 마음의 화원'을 해치게 되고 상대의 마음을 언짢게 한다. 에티켓은 '있다, 좋다' 대신 '지키다'라는 표현을 사용하는 데서 알 수 있듯이, 의무적 · 규범적 · 공공의 성격 · 외부 지향적 성격을 갖는다.

영화에서 본격적으로 한 나라의 공주로서 지켜야 할 행동규범들, 제스처, 언어, 행동까지 익히는 장면이 나온다.

물론 지금 현대에 이런 것들이 불필요하다 느낄 수도 있다. 에티켓은 변화되기도 하는 것이어서, 중세의 에티켓 중에는 소멸된 것도 많다는 데서 가변성을 지닌다. 타인을 존중하고 배려하는 가운데 타인에게 폐를 끼치지 않는 것으로써 해당 사회 · 문화 등과 관련하여 보편적으로 해야 하는 일에 대한 예절이라는 데서 보편성을, 그것이 형식을 필요로 한다는 데서 형식성을 갖는다 하겠다.

영화의 막바지에 에밀리아는 앞으로 본인이 선택해서 가야할 길에 대한 두려움과 걱정으로 고민을 하게 되고, 결국에는 아버지의 편지를 읽고, 본인도 원하며 많은 사람이 원하는 길을 가기로 마음먹는다.

1편의 영화 성공에 힘입어 영화는 두 번째 시리즈가 만들어지고, 공주가 된 에밀리아가 본격적으로 여왕이 될 자격과 준비를 하는 내용을 보여주고 있다.

공주에서 이제 여왕으로의 자격 조건은 결혼을 하는 것이라는 법규에 따르기 위해 여러 명의 후보자 중 한 사람과 데이트를 시작하고, 본격적인 여왕수업을 받는다.

국민들의 고충을 들어주기도 하고, 파티에 참석해서 참석한 분들과 담소 나누는 법, 인사하는 법, 그녀가 여왕이 되려면 꼭 지켜야 하는 규범들을 배우게 된다.

이런 에티켓과 매너, 규범 등을 배우면서 에밀리아는 단지 규정에 있는 대로의 규범으로만 배우고 느끼지 않고, 본인에게 잘 맞는, 그리고 본인만의 이야기로 풀

어내는 멋진 매력을 가진 공주로 거듭난다.

여왕과 함께 카퍼레이드를 하는 장면에서, 에밀리아는 고아원의 아이들이 서 있는 광경 속에서 꼬마아이를 괴롭히는 모습을 보고는 그 아이에게 멋진 공주 왕관과 퍼레이드를 선물하면서 그 아이의 자신감을 찾아주는 장면이 나온다.

에티켓의 기본은 상대를 먼저 생각하는 친절한 마음에서 비롯한다. 친절한 마음을 바탕으로 상대를 편하게 해주려는 생각을 하고, 그리하여 타인에게 불쾌감을 주지 않는 것이다. 상대방을 기쁘게 하고 타인과 원만하게 지내는 기술은 살아가며 배워야 할 많은 것들 중에서 가장 유용하고 가치 있는 것이다.

여자로 태어나서 월트디즈니의 만화 영화 등에 길들여지고, 결혼문화가 드레스화 되면서부터 어릴 적 한때는 우리나라 대부분의 여성들은 약간의 공주병을 안고, 백마 탄 왕자가 나타나 본인의 인생이 해피엔딩이 될 것 같은 상상을 한번쯤은 하게 된다.

무조건 예쁘고, 날씬하기만 하면 공주가 되는 허영심도 같이 포함해서 말이다. 이런 것 역시 겉으로 보이는 이미지만을 형상화해서 시각적 효과만 이용하는 상술에 불과하다. 정말 공주가 되고 왕자가 되기 위해 그들이 치러야 하고, 겪어내야 하는 그 많은 것들에 대한 시련 · 고통 · 감내 등을 인생의 한참 후에야 알게 된다.

상식이란 일반적인 생활 개념에서 벗어나지 않는 올바른 판단과 센스를 말한다. 간혹, 상식에 따르다 보면 에티켓의 규범에 어긋나는 상황이 생기기도 하는데, 상황에 따라 올바르게 처신하는 자세가 바른 에티켓이다. 타인에게 폐를 끼치지 않으려는 마음, 타인을 존중하는 마음 등은 에티켓의 기본정신이다. 이것을 염두에 두

고 사회생활을 한다면 상대의 마음에 상처를 주지 않고, 자신 역시 상대로부터 존중받으며 즐거운 삶을 영위할 수 있을 것이다.

내가 싫은 것은 남에게도 싫은 것이다. 남을 대하는 요령은 자기가 하고 싶지 않은 것을 남에게 맡기지 않는 것이며, 그렇게 했는데도 잘 되지 않으면 돌이켜 자신에게서 원인을 찾아야 한다.

누구도 결코 칼날을 손에 쥐려 하지 않고 손잡이를 잡으려 할 것이다. 또한 누구를 배신하려고는 하지 않을 것이고, 불필요한 폭행은 더구나 하려 들지 않을 것이다. 사랑하는 편에서 서려 할 것이고 도와주는 편에 서려 할 것이다.

슈바브가 이런 말을 했다. "그대의 몸, 그대가 하는 일을 소중히 생각하라. 그대의 것으로 생각하지 말고 하늘이 주신 것으로 알아라." 그대가 하는 일을 소중히 생각할 줄 안다면 그런 과오는 범하지 않을 것이다. 내가 싫은 것은 남도 싫을 것이다. 이것을 지키는 것이 에티켓이다.

Key Point

1. 에티켓의 정의

'etiquette'로서 예의, 예법 등을 의미한다. 어원은 프랑스어 'estiquieu(붙이다)'라는 동사에서 파생된 명사형으로 '입간판' 또는 '안내 표지' 정도로 해석할 수 있다.

2. 에티켓의 필요성

공동체 생활 속에서 더불어 살아가는 지혜 및 행동 규범
상대방의 인격과 품위를 반영하는 것

3. 에티켓의 속성

공공적 속성
의무적 속성
이질적 속성
가변적 속성
행동적 속성
보편적 속성

4. 에티켓의 기본 요소

상대를 먼저 생각하는 친절한 마음
공명정대한 정신
타인에 대한 관대함
자제력
성실함
유머
자존심
상식

3. 황후花로 다시 보는 동양 예절 이야기

황후花(滿城盡帶黃金甲, Curse Of The Golden Flower)

중국/장르 : 드라마, 액션/18세 관람가/상영시간 : 113분/개봉 : 2007년
감독 : 장이모우,
주연 : 저우룬파 주윤발, 공리

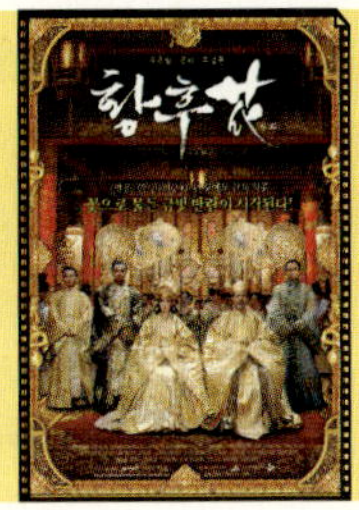

황금빛 국화로 물들인 9월 9일 중양절!

중양절 축제를 기점으로 엄청난 음모를 꾸미는 황후의 이야기를 다룬 영화 〈황후花〉. 중양절 축제는 아주 오랜 옛날부터 존재했던 것으로 현재까지 이어지고 있는 중국인들의 대표적인 명절로서, 중양절은 날짜가 9번째 달의, 9번째 날인, 9월 9일이기 때문에 중구(重九)의 축제로도 알려져 있다. 중국에서의 9가 의미하는 것은 장수이고, 음과 양의 전통으로 보면 이 두 개의 9는 양이 배가 되고, 양기와 남자다움을 내포하고 있다.

중국 역사상 가장 화려했던 당나라 말기 황실을 배경으로 그린 〈황후花〉에서는 황실의 화려한 매력을 강조하기 위해 황금 갑옷, 황금색 예복, 노란 국화 등 노란색을 광범위하게 사용해 화려함을 최대한 극대화시켰다. 영화 속 황궁을 가득 채운 수만 송이 국화는, 디지털 그래픽이 아닌 실제의 국화를 모두 채우고 영화를 촬영한 것이라 한다.

영화의 하이라이트인 대규모 전투 신에서 황금 갑옷으로 무장한 수천 명의 군사들이 노란색의 국화 위에 피를 뿌리는 장면은 영화를 보고 나서도 내내 잔상으로 오래 남았다. 영화 〈황후花〉는 중국 당나라 말기, 중양절을 앞두고 일어나는 비극을 다룬 영화이다. 영화 내용으로 보자면 많은 부분이 예절에 너무나 어긋나는 영화이다.

어느 부분이 예절에 어긋나는지, 의식을 중시하는 동양 문화권의 다른 모습에 대한 접근으로 이야기를 풀어나가 보면 좋을 듯하여, 이 영화를 예절의 이야기로 선택했다.

예(禮)는 실제로 인간의 일생에서 중대한 일인 관혼상제(冠婚喪祭)에서부터 이웃과의 일상적인 교제에 이르기까지 음식을 먹고, 옷을 입는 것, 말하는 법, 행동하는 법 등 일상생활에서 일어나는 일체의 행동을 규정하는 핵심적 기능을 갖고 있다. 또한, 사람이 살아가면서 지켜야 할 도리, 사람이 지켜야 할 올바른 것을 형식으로 나타낸 행동 규범이다.

禮(예)라는 한자의 풀이를 보면 示(보일시)와 豊(풍성할 풍)이 합성된 글자로, 제기에 제물을 넉넉히 담아 신에게 봉헌하는 제사 의식을 의미한다. 제사 의식에서는 정성을 제일 중요시하였기 때문에 해서는 안 되는 금기의 관습이 있었는데, 이 같은 금기의 관습이 예의 기원이 되었다고도 한다. 예절과 의식을 중시하는 유교의 영향을 받은 동양 문화권에서는 2,500년 전에 유교의 태두인 공자에 의해 예기(禮記)가 출현했을 정도로, 예절과 관련한 오랜 전통을 갖고 있으며, 인간관계에서의 예절과 사회관습상의 예의를 중시하였다.

영화는 궁녀와 내시들의 아침준비의 모습부터 멋진 영상과 함께 볼거리를 제공하고 있다. 예절은 불가피하게 공동생활을 영위하는 인간들 상호 간에 절도를 지켜 자신에게는 떳떳하고, 남에게는 기쁨을 주어 구성원 모두가 함께 즐겁고 명랑하게 조화를 이루며 화합하는 데 목적이 있다. 이같이 즐겁고 평화로운 사회를 이루기 위해서는 스스로 마음가짐과 행동을 자연스럽게 하고 사랑을 바탕으로 정성을 다하는 것이 기본이 되어야 한다.

그러니 영화에서처럼 임금 · 황후 · 태자를 모시는 궁녀는 궁녀의 신분에 맞는 몸단장을, 황후는 황후에 맞게, 태자는 태자에 맞는 몸가짐에 정성을 다하는 것이 기본이 된다.

공자는 '극기복례위인(克己復禮爲仁)' 이라 하여 인간 최고의 덕목인 인을 실천하는 방법을 자기의 욕망을 억제하는 극기와 예를 회복하는 복례(復禮)에서 찾았다.

하지만 영화에서의 황후는 자기의 욕망을 억제하는 극기와 예를 인의 개념이 아닌 복수의 개념으로 바꾸고, 그것을 준비해 나가는 데 예를 더욱더 갖춘다.

앞서 말한 공자의 이론은 예와 인을 동일시하고, 예를 인간 도덕성을 실현하기 위한 과제요 목표로 제시한 것이다. 그 뒤 맹자는 '사양지심예지단야(辭讓之心禮之端也)' 라 하여 예를 사양하는 마음, 즉 선한 감정이라 표현하였다. 반면 순자는 예를 인간 사회에서 각자의 분수를 한정 짓는 기준으로서 객관적 규범으로 파악하고, 인

간 성품의 약함을 다스리는 역할을 하는 것으로 이해하였다.

영화 속 황후는 몇 년째 본인에게 전달되는 탕약이 독약인줄 알면서도 내색하지 않고 마시는 장면이 자주 등장한다. 이런 상황을 어떻게 이해해야 할까?

주희(朱熹: 남송의 대유학자, 주자학을 대성시켰다)는 예를 하늘 이치의 절도 있는 문체요, 인간 사무의 본이 되는 행동 규범으로 파악하여 근본 개념은 관념적이나 실제 적용에서는 구체적으로 현실 생활과 관련된 행동규범이라 하였다. 황후에게 하늘은 곧 황제였으니, 황제의 개략이 어떻든 황후는 행동으로 그 규범을 따라야 하는 것이라는 걸 잘 보여주는 장면이다.

주희의 주장을 더욱 구체적으로 설명하고 있는 것은 태교신기(胎敎新記 : 조선 순조 때 실학자 유희의 어머니 사주당 이 씨가 저술한 교육학서)이다. 여기에서는 예가 아니면 보지도, 듣지도, 말하지도, 움직이지도, 생각하지도 말 것을 강조하였다. 물론 이런 예를 먼저 저버린 건 황제이긴 하지만, 황제는 곧 하늘이다.

영화의 대사 중 황제가 둘째 아들에게 "천지만물은 짐이 너에게 주어야 네 것이 된다. 짐이 주지 않으면 가지려 하지 말라(天地萬物 朕赐给你才是你的 朕不给 你不能抢)"라는 대사가 나온다.

이런 절대권력의 소유자인 황제를 상대로 눈에 보이는 예나 행동으로 황후는 복수를 꿈꿀 수가 없다. 황후는 그렇게 2년 가까운 시간을 왕의 독약을 받아 마시면서 또 한번의 패륜을 감행한다. 큰아들과의 연정을 품어 황제의 심기를 더욱더 불편하게 하기도 한다.

영화를 보는 내내 저 황후가 정말 왕자를 좋아하는 건지, 독약으로 미쳐가는 건지를 판단할 수 없게 황후의 패륜은 점점 더 예를 벗어나는 행동으로 치닫는다.

왕자는 또한 본의 아닌 실수로 인해 역시 엄청난 패륜을 저지르게 된다. 황제의 지나친 욕심과 예에 어긋나는 생각들 때문에 초래되는 엄청난 일들은 결국 종래에 가서는 황제 자신도 최악의 상황을 맞는 극단적인 방법으로 돌려받게 된다.

예절의 기능은 크게 세 가지로 설명할 수 있다. 자기 자신에 관계되는 것과 다른 사람과 관계되는 것, 그리고 우리 모두에 관계 되는 것으로 구분되며 각각 그 본질과 방법에 차이가 있다.

첫 번째, 자기 자신에 관계되는 것은 스스로 사람다운 행동을 하기 위해 부단히 모든 면(말, 행동, 표정, 마음씨)을 바르게 닦고 관리하는 것이다. 이때 예절은 자기 안에 있으며 자기 자신에게 작용하게 되는 것으로, 그 본질은 정성스러운 마음, 즉 자기 수양에 있다. 이 경우 홀로 있어도 스스로 삼가고 그 결과, 양심에 거리낌이 없고 떳떳하며 자신감을 갖게 된다.

두 번째, 다른 사람과 관계되는 것은 대인관계로서, 이때에는 타인과 바른 관계를 갖기 위해 자기에게 작용하던 예절을 밖으로 표현하여 남에게 활용하는 것이다. 타인을 대할 때 내가 공경하는 자세로 사랑의 마음을 갖고 대하면 상대방은 편안함을 느끼게 되고, 그 결과 나 자신의 기쁨을 얻게 된다.

마지막으로 우리 모두에게 관계되는 것은 위의 두 가지 기능, 즉 수기(修己)와 치인(治人)이 온전히 유지될 때 공동체 구성원인 우리 모두가 편안하고 기쁘며 조화가 이루어져 밝고 명랑한 사회를 이룩할 수 있다.

설명대로라면 동양문화권은 어떠한 문제도 없이 그동안 찬란한 동양문화의 꽃을 피우고 발전하였을 테지만, 실상은 겉으로 포장한 禮(예)라는 모습 뒤에 타인에 대한 심한 적대감, 타인을 누르지 않으면 내가 지고 마는 현실 속에 점점 더 禮(예)라는 허울 좋은 모습으로 포장해 나간다.

영화 막바지에 황후 역시 중양절 잔치를 앞두고 온 궁궐을 국화로 장식하고, 본인도 집착적으로 국화문양을 수놓는다. 그리고는 그날 이 모든 것을 끝내겠노라고 아들에게 고백한다.

아들은 독약으로 죽어가는 황후를 위해 아버지를 등지기로 결심하고, 이 일에 가담하게 된다. 큰아들은 여자를 탐닉하게 되고, 둘째 아들은 황제를 등지기로 하고, 막내아들은 이 모든 정황들을 관망하다 죽어간다. 이 모든 비극이 시작되기 전 온 식구가 식탁에 마주 앉는 장면이 나오는데 '예'라는 것을 마음으로 다하여 하지 않으면 안 된다는 것을 적나라하게 보여준다.

예절은 스스로 정성을 다하고 남을 공경하며 사랑하는 마음을 가질 때 그 기능이 온전할 수 있다. 마음속에 정성을 담고 있어도 이를 겉으로 표현하는 행위(언어, 행동)가 있어야 한다. 이때 언행에는 약속된 일정한 방식이 있다. 이것이 격식이다. 예절은 말과 행동이 일정한 격식에 맞지 않으면 성립될 수 없다. 마음속에 있는 자기 자신이 정성을 일정한 격식에 따라 표현해서 상대방에게 인식시키는 것이 예의 바른 생활이다.

하지만 나라가 망하게 될 때나, 정권이 교체될 즈음에는 반드시 이 '예'라는 것은 격식만 남고 마음은 없어지는, 그러다 종래에 가서는 처참한 상황을 낳는 경우를 자주 본다.

금빛 국화의 잔치는 아주 비극적인 결과만을 남긴 채 저물어간다. 한 나라를 다스리기 이전에, 한 가정의 가장이었던 황제의 무능함과 그런 황제의 무능함을 복수로 응수한 황후의 잘못된 행동 등을 영화는 바로 표현하지 않고, 관객 스스로 정리해야 하는 몫으로 남겼다.

이 영화가 개봉되고 중국 공산당에서는 도덕성의 결여와 가정의 파괴 등을 이유로 중국 최고의 치욕적인 영화라는 혹평을 남기기도 했다고 한다.

영화에서도 표현되었듯이 예절이란 마음가짐을 정성스럽게 하고, 타인을 존경하고 사랑하며, 나와 남이 함께 조화를 이루고 질서를 유지하여 함께 기쁨을 얻는 일정한 격식을 갖춘 행동 규범이다. 하지만 점차 사회가 안정되고 변화의 속도가 가

속화되면서 전통적으로 중시되던 예절이 점차 소홀해지고 무관심하게 되었다.

사회 · 문화적으로 중시되던 예절이 점차 소홀해지는 반면 새로운 풍습이 형성되고, 정체불명의 외국 풍습이 그대로 전래되어 이를 모방하면서 아노미(anomie: 가치 해체) 현상까지 나타나 사회 혼란이 더욱 가중되고 있다.

현대사회의 변화 속에서 인간성 회복과 정신적 가치의 제고를 위해서는 무엇보다도 우선해야 할 것이 예절을 올바로 이해하여 실천하는 일이라 할 수 있다.

요즘 우리나라나 일본의 도심가에 가보면 도저히 이해할 수 없는 복장과 헤어스타일을 한 젊은 친구들을 많이 만나게 된다. 우리나라는 조금 덜 하겠지만 일본의 신주큐나 하라주큐 등의 도심을 가보면 방금 게임속에서 걸어나온 캐릭터 복장부터 너무 현란한 복장의 젊은친구들이 눈길은 끈다. 그것을 지켜보는 어르신들은 걱정스러운 마음으로 지켜보고, 혀를 차기도 하고, 관광객들은 너무나 다른 그들의 문화에 신기함을 감추지 못한다. 하지만 그들도 사회의 일원이다. 옛날 같으면 복장이나 헤어스타일까지 다 표준화된 규범에 맞춰야 할 만큼 엄격했지만, 현대를 살아가는 지금은 그런 엄격한 규율만이 존재할 수는 없다. 기본적으로 지켜져야 하는 절차나 양식은 고수해 주고, 변화를 시도해 나가야 예도 시대에 맞춰 같이 나아갈 수 있을 것이다

예절은 사회적 질서의 규범이요, 행동의 표준적 절차로 이를 통해 나와 남이 함께 기쁨을 나누며 조화를 이루는 것이다. 남을 위해 자신이 일방적으로 희생하는 것이 아니라, 함께 조화를 이루어 공존하기 위한 생활의 약속이다. 때문에 예를 지키면 모두가 편안해지고, 그렇지 못하면 사회가 혼란하여 위태롭게 된다.

예절에는 말과 행동으로 표현하는 일정한 격식과 순서가 있다. 그러나 그 격식은 전통만을 고집하는 것이 아니라 시대 변화에 따라 부단히 변할 수 있다.

격식이 변한다고 하여도 그 근본정신인 정성 · 공경 · 사랑 등은 변할 수 없고, 또한 전통예절을 완전히 무시할 수도 없다. 옛것과 새것을 시대 상황에 맞춰 조화를 이루도록 할 것이며, 서구의 예절도 알맞게 수용하여 현대생활에 맞춰야 할 것이다.

가정에서나 학교에서도 기본적인 예절을 일상의 가정 및 학교생활 속에서 보고 배우며 익힐 수 있도록 해야 한다. 학교가 무너졌다는 소리는 1, 2년 정도에 들린

이야기는 아니다. 학생이 선생님 말을 듣지 않고, 학부모가 선생님을 때리고, 선생님이 촌지를 요구하고, 기본품성을 배우고 익혀야 할 시기의 교단이 무너져 내림을 애석해 하는 사람들이 많다. 이런 학교의 무너짐을 비통해하기 전에 가정이라는 작은 단위에서부터 예가 지켜져야 한다고 생각한다.

예절의 기준은 자신에게 있다. 상대방이 잘하기를 기대하기 전에 자신부터 잘하려는 노력이 있어야 한다. 상대방에게 친절하고 감사하는 생활, 자신만이 아니라 상대방과의 관계에서 자신을 생각하고 다른 사람에게 도움이 되도록 하는 것이 예절의 근본 생활이다.

인간은 누구나 욕구가 있고, 그 욕구를 따라 행동하려고 한다. 이때 개인적 욕구는 타인의 욕구와 충돌된다. 그러나 개인적 욕구는 예절을 통해서 조정되고 억제될 수 있다. 예절이 지켜지는 사회가 질서가 바로 잡힌 사회다.

요즘 예의범절을 전혀 모르는 아이들이 아주 많다. 필자가 나가는 대학에서도 당황스럽게 행동하는 학생들이 너무도 많다. 기본적인 인사도 안 하는가 하면, 무엇이 미안하고, 무엇이 부끄러움인지 잘 모른다. 어디서부터 잘못 끼워진 단추인지도 모른채, 이러한 학생들이 성인이 되어 사회에 나가고 있다. 교육의 기본은 올바른 인간으로 성장하게 만들어주는 것이고, 이를 뒷받침하는 요소 중 하나가 예절이다. 요즘을 돌아다보면, 머리는 똑똑하지만 가슴은 비어있는 바보들을 만들어내고 있다는 생각이 든다. 스스로를 낮추고 다른 사람을 존중할 줄 아는 예의범절이 절실히 필요한 시기이다.

예를 공자왈 맹자왈만 붙여 따분하게 지켜나가지 말고 아이들과 어른들이 모두 지킬수 있도록 재미와 위트가 넘치게 바꾸고 알리는 많은 사람들이 있어야 한다.

심형래 감독의 영화 디워의 마지막에 아리랑이 흘러나온다. 아리랑이라는 민요가 현대판 영화와 멋지게 매칭된 것처럼, 예절도 그런 멋진 만남을 기대해 본다.

Key Point

1. 예절의 의의

禮節이란 생활 문화의 전통 속에서 형성된 도덕성에 근거한 사회적 질서의 규범 및 행동의 표준 절차 등을 일컫는 말로 예의범절의 준말이다.

禮(예)란 자기를 낮추고 남을 높이는 것을 의미하는데, 이는 자기 비하가 아니라 개인의 사사로운 욕구를 억제한다는 것이다.

2. 예절의 기능

- 자기에게 작용하는 것(修己)
- 타인에게 작용하는 것(治人)
- 우리 모두에게 작용하는 것(공동체 의식)

3. 예절의 방법

- 정성, 홀로 삼가
- 공경과 사랑
- 상대방을 편하게
- 정성, 공경, 사랑
- 공동체 질서, 화목

4. 현대 생활에서 예절의 방향

- 개인이나 가족 중심의 가례의 한계를 넘어 올바른 시민정신을 함양하여 공동체 삶의 질을 향상시키는 데 목표를 둔다.
- 동양 예절과 서양 예절은 서로 행동양식이 다를 수 있다. 현대사회는 세계화를 추구하고 있다. 그러므로 동·서양의 예절을 조화롭게 취사 선택하여 우리 실정에 맞춤으로써 세계화의 추세에 부응하고 인류애 실현에도 기여하도록 한다.
- 전통예절을 무비판적으로 비난할 것만이 아니라 현대 생활방식에 맞추어 끊임없이 변형 적용하는 지혜를 발휘해야 한다.
- 예절도 이제 평등하고 대등한 인간관계를 지향하는 방향으로 변화되어야 한다.
- 예절은 끊임없이 반복하여 시행함으로써 습관화하고, 스스로 지켜야겠다는 굳은 의지가 있어야만 실효를 얻을 수 있다.

4. 타이타닉 속의 숨겨진 서비스마인드 이야기

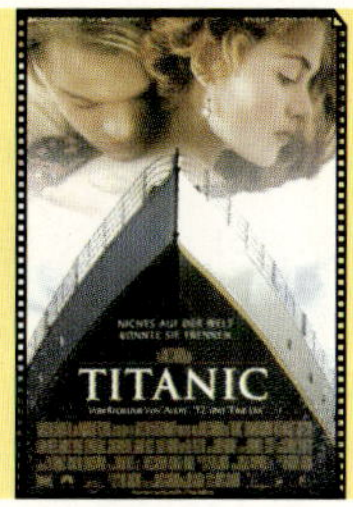

타이타닉(Titanic, 1997)

미국/장르 : 재난 드라마, 멜로, 애정/15세 관람가/상영시간 : 195분
개봉 : 1998년
감독 : 제임스 카메론
출연 : 레오나르도 디카프리오, 케이트 윈슬렛

영화 〈타이타닉〉은 역사상 가장 호화로운 여객선 '타이타닉호'의 침몰을 배경으로 그 속에서 피어난 두 남녀의 사랑을 그린 초대형 재난 영화이다.

터미네이터, 에이리언2, 트루라이즈를 만든 제임스 카메론 감독의 영화이다.

역사상 최고의 제작비 2억 8천만 달러에, 최대 규모의 세트장 제작, 그리고 영화를 만들기 위한 자료 준비기간 5년, 제작기간 2년이 걸린 20세기 마지막을 장식한 대작이라는 평가를 받았다. 아카데미상에 14개 부문에 노미네이트되었는데, 이는 1950년 〈이브의 모든 것〉 이래 70년 오스카상 역사상 타이 기록이고, 이 중 11개 부문 수상 역시 59년 대작 〈벤허〉와 동일한 기록이라고 한다.

97년 전 세계에 개봉되어 엄청난 흥행 성적을 거두며 〈타이타닉〉 신드롬을 낳기도 하였다. 할리우드에서 무려 15주간 1위를 차지하면서 최초 전 세계 10억 달러 돌파라는 기록을 세웠다. 천문학적 제작비와 특수효과로 무장된 철저한 할리우드식 상업영화라는 혹평도 있지만, 너무 아름다운 영화임엔 틀림없다.

영화가 개봉됐을 당시 영화관에 가서 보고 커튼콜이 될 때까지 자리를 뜨지 못했던 기억이 난다.

보통 영화 속에서 서비스 마인드를 느낄 수 있는 영화는 종종 있다. 그러나 서비스 마인드라는 것이 특정직업군으로 단정 지어 설명할 수밖에 없는 경우가 많다. 하지만 그런 일부에만 국한하지 않는 여러 상황에 따른 서비스 마인드 표현이 필요했다. 그러다 다시 보게 된 〈타이타닉〉에 이런 갈증을 조금은 해소시켜 주는 여러 다양한 상황이 있었다.

일반적으로 현대사회를 서비스 사회라고 한다. 오늘날에 있어서는 서비스 산업이 경제적 리더십의 원천이 되었다. 미국의 경우, 지난 30여 년 동안 서비스 부문에서 약 4,400만 이상의 새로운 일자리가 창출되었는데, 이는 주로 여성 노동력과 제조업에서 일자리가 감소되면서 발생한 노동력으로 채워졌다. 미국에서는 서비스 부문이 국가 소득의 약 70%를 차지한다. 우리나라 역시 큰 예외는 아니다.

현대를 살아가는 우리들은 각종 서비스의 홍수 속에 묻혀 살고 있다. 또한 앞으로의 사회에서도 점점 더 서비스의 비중이 폭발적으로 증가할 것이다. 그러므로 현대사회는 서비스 사회 혹은 서비스 경제활동 속에서 벗어날 수 없는 상황이 되었다.

앞에서 우리는 이러한 사회 속의 규범인 매너와 에티켓, 예절의 정의를 살펴보았다. 매너와 에티켓, 예절 등을 지키고 행하기 위해서는 서비스가 반드시 수반되어야 한다. 서비스란 '사회 구성원의 상호관계를 바탕으로 생성되고, 상대의 문제를 진심과 성의를 갖고 해결하여 만족을 주는 활동, 행위' 라고 정의할 수 있는데, 앞의 세 가지가 모두 그렇듯 서비스의 개념 또한 시대와 사회의 변화에 따라 변모되어 왔다. 서비스의 개념 속에서 가장 먼저 서비스 마인드가 얼마나 내 안에 내재되어 있느냐가 미래사회를 살아가는 열쇠가 될 것이다.

지금부터 풀어 볼 영화 속 서비스 마인드는 우리가 알고 있는 고대 중세의 봉건제도 하에서 노예 계층의 의무적인 성격을 지닌 봉사 행위로의 서비스가 아니라, 각자의 위치에서 능동적인 서비스에 대처하는 여러 가지 서비스 마인드의 이야기로 풀어보려 한다.

•

영화 〈타이타닉〉은 너무도 유명한 영화이다. 실화를 바탕으로 하기도 했고, 주연배우나 스케일, OST의 인기 등 너무도 유명한 영화이다. 내용은 〈타이타닉〉이라는 크루즈 호화 유람선이 난파되면서 겪게 되는 두 주인공의 가슴 아픈 사랑이야기가 주된 흐름이지만, 여기에 작은 서비스를 실천하는 여러 모습의 서비스맨들이 나온다.

영화의 중간 부분부터 타이타닉호는 빙하에 부딪혀 서서히 침몰하는 장면이 전개된다. 배는 서서히 가라앉게 되고, 일등석의 고객부터 구명조끼를 나누어주고, 작은 보트에 태우는 장면이 나온다. 삼등석 객실에 있던 고객들은 철창에 갇힌 채 문을 열기 위해 폭동을 일으키고, 일등석의 고객 역시 갑판 위로 올라와 타이타닉호는 순간 아수라장으로 변하게 된다. 이때 어디선가 음악을 연주하는 연주자들이 올라온다. 아수라장이 되어 버린 갑판 위에서 이 연주자들은 자신들의 본연의 임무인 악기 연주를 시작한다. 고객들이 듣건 듣지 않건, 이들에게 중요하지 않다. 다만, 이들은 그저 너무나 혼란스럽고 고통스러워하는 이들의 마음에 조그만 위안이 될까 싶어 계속 악기를 연주한다.

그러다 모두들 떠나기로 마음먹고 돌아서려는 순간 바이올린 연주자가 홀로 남아 연주를 시작하고 돌아가려던 다른 일행들도 다시 제자리로 와서 연주를 끝까지 진행하는 장면이 나온다. 물론 영화의 허구성이라는 면을 놓고 보면 실제 상황에서야 일어나지 않을 일인지도 모르지만, 우리는 종종 대형사고 현장 속에 고객 안전을 먼저 걱정해 본인들이 큰 피해를 입는 서비스맨들의 이야기를 가끔 듣는 걸 보면, 비단 영화속의 허구적인 이야기라고 단정 지을 수는 없다.

사람들은 점점 더 생존을 위한 몸부림이 치열해지고, 삼등석의 고객들은 철창을 부수고 갑판 위로 올라와 너도나도 구명보트를 서로 차지하겠다고 몸부림칠 때, 타이타닉호의 안전을 담당하는 경관이 나온다. 너무나 복잡하고 폭동으로까지 치닫는 그 순간, 이 경관은 폭동을 일으키는 사람들을 향해 총구를 겨누고는 발사한다. 상황은 바로 진정이 되고, 경관은 스스로 목숨을 끊는다.

물론 사람들을 죽이는 일이 절대 정당화되는 것은 아니다. 그러나 이 경관은 당황하지 않고 한 사람, 한 사람의 소중한 고객을 더 많이 살려내야 하는 의무를 가지고 있는 사람이었기에, 피치 못해 대를 위해 소를 희생하는 판단을 내리고는, 자신도 목숨으로 대가를 치른다.

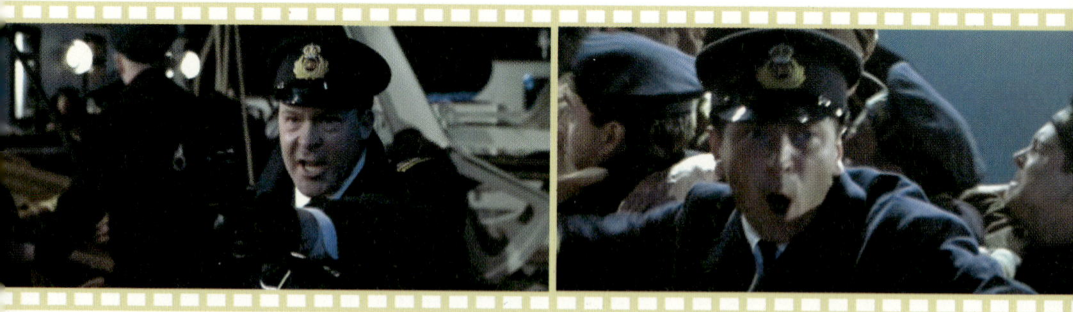

갑판 위가 이렇게 아수라장인 것과 대조적으로 선실 안에 또 다른 서비스 마인드의 모습들을 보여주는 장면들이 나온다. 귀족 신사들에게 구명조끼를 마지막까지 나누어주는 웨이터, 웨이트리스의 모습, 본인이 설계한 배와 마지막을 같이 하기 위해 준비하는 배의 설계자, 모든 책임은 본인에 있다고 조용히 선실로 들어가 마지막을 준비하는 선장 등, 또 다른 모습들도 카메라는 보여준다.

나이도 있고, 마지막을 혼란스럽게 보내고 싶지 않은 어느 노부부는 서로에게 굿바이 키스를 하며 침대에서 꼭 껴안은 채 마지막을 기다리기도 한다. 어린 두 자녀

에게 따뜻한 동화를 읽어주며 아이들의 손을 놓지 않고 있는 엄마의 모습, 한번 백작은 영원한 백작이라며 삶을 구걸하지 않고 끝까지 꿋꿋함을 잃지 않는 노신사, 어린 두 자녀와 부인만을 배에 태우면서 사랑한다 말하는 아버지, 이렇게 다양한 사람들의 모습을 카메라는 담아내고 있다.

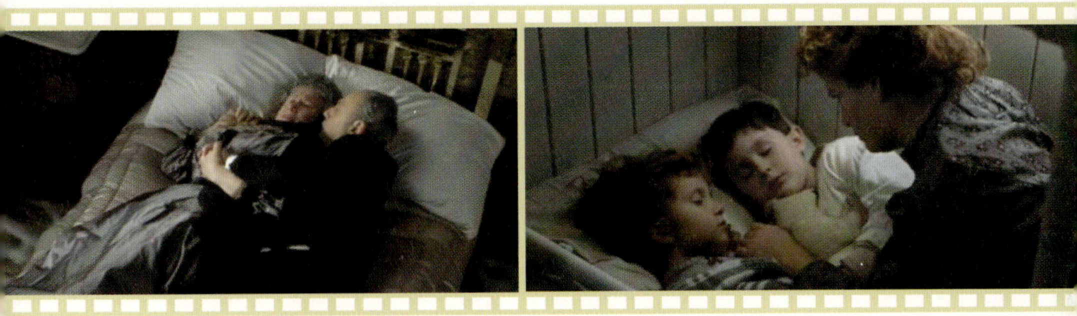

물론 끝까지 삶을 포기하지 않으려고 고군분투하는 것이 더 올바른 방법일 수도 있다. 하지만 지금 자신에게 닥친 상황을 겸허히 받아들이고, 마지막까지 본인의 임무를 다하는 방법도 틀렸다 할 수는 없을 것이다.

실제로 실화를 고증했고, 영화 제작을 위해 실제 생존자를 만나고, 바다 속에 묻혀 있는 타이타닉호를 잠수함을 타고 들어갈 정도로 열정적이었던 제임스 카메론 감독은 이런 모습들 하나하나를 표현해 내기 위해 그렇게 오랜 기간을 애썼나 보다.

서비스란 삶속에 아주 멀리 있는 것도 아니고, 유니폼을 입고 직장에 나가야만 하는 것이 아니다. 인간은 아침에 눈을 떠서 저녁에 잠자리에 들 때까지, 어느 날은 잠자리에 드는 나 자신에게도 서비스를 해야 하는 동물이다. '타인을 위한 봉사' 라는 소극적인 서비스는 수동적인 마인드로서 스스로 부정적 인식을 생성시키면서 서비스를 통한 자기구현에 장애 요인으로 작용한다. 서비스를 '타인에 대한 배려를 통한 자기실현' 이라는 적극적 인식 아래 부단한 자기 계발로, 상황을 예견한 철저한 준비와 상대에 대한 관심과 배려로 사전 권유를 여유롭게 수행하는 "proactive"한 서비스, 능동적 서비스(Do service)를 통해 진정한 서비스맨으로 거듭나야 한다.

이런 서비스 마인드를 아주 잘 보여주는 예 중에 '피그말리온 효과(Pygmalion effect)'가 있다. 그리스 신화 속의 조각가인 피그말리온은 자신의 정성과 재능을 다해 여신상을 조각했다 그는 그 조각상에 매료되어 사랑에 빠진다. 선물도 주고 안아주기도 하고, 그는 아프로디테 신전에 가서 '조각상과 같이 아름다운 여인을 아내로 맞게 해줄 것'을 기도한다. 집으로 돌아온 그는 누워 있는 조각상을 사랑의 눈길로 바라본다. 그 순간 조각상에 생기가 돌고 사람으로 변해서 그의 아내가 되었다고 한다.

항상 긍정적이고, 상대방의 마음을 사로잡을 수 있도록 노력하고, 외부고객뿐만 아니라 내부고객인 동료와 잘 어울려 지내는 것, 이러한 본인 자신에 대한 확실한 자아의식, 직업의식을 갖는 것이 진정한 서비스 마인드이다.

이 영화의 아주 대표적 장면인 뱃머리 장면이 나온다.

두려움도 떨치고 그저 난다는 생각을 하면서 뱃머리에 서서 바람을 느끼는 장면, 아마 많이들 기억할 것이다. 이 책을 읽고 있는 당신이 지금 이 영화의 주인공처럼 뱃머리에 있고, 누군가 믿을 만한 사람이 나를 잡아주고 있다면 바람을 가르며 내 몸에 닿는 바람의 느낌, 바다 내음, 물살 가르는 소리, 모두가 나를 정말 행복하게 만들 것이다. 서비스란 바로 누군가를 행복하게 하고 싶은 마음에서 출발한다.

일기일회(一期一會)는 일본의 다도(茶道)에서 나온 말이다. 차를 마시는 데 있어서 일본인 특유의 부동자세인 정좌 자세를 취하며 다다미 위에서 차를 마시는 순간에 몰입하는 것을 의미한다. 그 시간을 평생에 다시 올 수 없는 시간으로 인식하며, 상대를 이 세상에서 다시 만날 수 없는 사람이라는 생각으로 소중하게 대하는 것이다.

실제로 다음에 그 사람을 대할 수 있다 해도 그때는 지금과는 다른 또 다른 시간이며, 복장 · 생각 · 느낌 등에서도 지금 이 시간과는 또 다른 시간이며 느낌일 것이다. 즉, 60억이 넘는 인구가 사는 세상에서 지금 마주 앉은 사람과의 만남은 우연이 아닌 소중한 인연이며, 따라서 그 시간은 더할 나위 없이 소중한 시간이고, 그 사람은 더할 나위 없이 소중한 사람이라고 생각하기 때문에, 바른 자세와 애틋한 마음으로 상대를 대하는 것이다.

이러한 '일기일회의 정신'을 서비스에 적용시키면 좋겠다고 생각한다. 아무리 사이가 어색한 사람일지라도 다시는 만날 수 없다는 생각으로 대한다면, 그 애틋함으로 그 시간이 보다 소중하게 생각될 것이고, 고객을 대할 때도 그 고객을 다시 만날 수 없다는 생각으로 대한다면 그 순간에 최선의 성실을 다할 수 있을 것이다.

지금 자기가 있는 공간에서 마주한 상대를 다시는 만날 수 없는 사람으로 인식하는 긴장감과 애틋함으로 고객을 소중하게 인식하고 응대하는 것이야말로 서비스의 성심함을 잘 표현해 주는 말이다. <이어령, '축소 지향의 일본인' 재인용>

나와 내 가족을 위해 서비스하고, 내 친구와 동료 등을 그 범위를 넓혀서 생각하고 행동하는것, 굳이 서비스라 생각하지 않아도 놓치기 쉬운 작은 것들을 배려해 주는 마음 씀씀이가 서비스의 기본이다.

Key Point

1. 서비스의 어원

Service의 어원은 라틴어인 'Servitium(노예의 봉사)'에서 유래되었는데 이 말은 'Servitude(주인의 이익을 위해 자신을 희생하는 노예 상태)', 'Servant(노예, 하인)'의 의미이다.

2. 서비스의 개념

- 무료 제공의 의미
- 사후 관리의 의미
- 봉사의 의미
- 스포츠 용어
- 친절한 행위의 의미

3. 서비스의 속성

Sincerity : 성의를 다하는 마음으로 행하는 응대
Energy : 상대에게 활력을 느끼게 하는 응대
Revolutionary : 판에 박힌 응대가 아닌 혁신적이고 창의적인 응대
Valuable : 상대에게 가치 있는 시간·공간을 연출하는 응대
Impress : 상대의 감동을 실현하는 응대
Communication : 상대와의 원활한 의사소통을 통한 효율적인 응대
Entertainment : 상대에게 즐거움을 제공해줄 수 있는 응대

4. 서비스의 특성

- 인적 자원에 대한 의존도가 높다.
- 소멸성
- 무형성
- 이질성

5. 서비스 마인드의 10가지 속성

- 확고한 직업의식
- 원만한 성격
- 긍정적 사고
- 자기만의 원칙을 고수하라
- 자신감
- 고객의 입장에 서라
- 고객의 마음을 사로잡아라
- 공과 사를 구분하고 공명정대하게 대하라
- 참아라
- 부단한 자아 성찰과 개선의 노력

5. 호텔 르완다를 통해 본 진정한 서비스맨 이야기

호텔 르완다(Hotel Rwanda)

캐나다, 영국, 이탈리아, 남아프리카공화국 / 장르 : 전쟁 드라마
12세 관람가 / 상영시간 : 121분 / 개봉 : 2006년
감독 : 테리 조지
출연 : 돈 치들, 소피 오코네도, 와킨 피닉스, 데스몬드 듀브

영화 〈호텔 르완다〉는 할리우드 영화에 너무 길들여진 우리들에게 너무나 다른 느낌의 영화이다. 흥행에 성공하거나 잘 알려진 영화는 아니지만 실제 실화이기도 하고, 너무나 감동적인 서비스맨 모습에 몇 번을 다시 본 영화여서 서비스맨의 이야기로 결정을 했다.

이 영화는 1994년 당시 100만 명 이상 사상자를 냈던 아프리카 르완다 내전을 배경으로, 당시 호텔 지배인으로 일하면서 자신의 호텔에 1천 명 이상의 난민을 피신시켜 대량학살로부터 구해낸 실존 인물 폴 루세사바기나의 실화를 그린 감동의 전쟁 영화이다.

〈쉰들러 리스트〉의 아프리카 버전이라고 할 수 있는 작품으로, 생사가 오가는 당시의 절박했던 분위기에, 존 치틀의 절제된 연기가 돋보이며, 엔딩 크리딧에 흐르는 주제곡 "Million Voices"가 굉장히 인상적이다.

매일 바쁘고 반복되는 일상 속에서 투정을 부리기 일쑤였던 필자에게 지구 반대편에 이런 일들이 일어나고 있고, 나의 일상은 정말 너무도 행복하다는 것을 다시금 일깨워준 영화이기도 하다.

영화 속 배경이 되는 르완다의 4성급 호텔 사바나, 이곳은 식민 모국인 벨기에가 세운 호텔로 외국인들과 UN관련 봉사자, 종군기자, 외국인 관광객 등이 묵고 있고, 내국인인 르완다인은 투치족 세력의 부자들과 5성급의 장군들이 이용하는 아프

리카 내에서도 고급호텔이다. 이 호텔의 주인은 외국인이고, 총지배인 이하 모두는 현지인이다.

호텔이나 일반적인 서비스 업체에서 모든 직원들이 서비스를 한다.

"누구나 할 수 있는 것이 서비스이지만, 제대로 된 서비스는 아무나 할 수 있는 것이 아니다." 서비스맨은 서비스산업에 종사하는 사람들을 중심으로 스스로를 칭하거나 사회에서 그들을 일컫는 말로 사용되어 왔다. 이 말은 타인에게 서비스라는 무형적이며 배려가 담긴 친절한 행위를 제공하는 사람들을 의미하는 말이며 사회의 기대가 담긴 말이기도 하다.

서비스 사회로 이행된 현대사회에서는, 사회 구성원 모두가 서비스 마인드를 갖춘 서비스 맨이 되어야 한다. 서비스의 대상자가 나를 제외한 모든 사람으로 확대되는 사회가 서비스 사회의 특성이다. 인간은 누구나 대접받기를 원하며 이러한 성향은 신분사회가 붕괴되고 경제적 풍요를 경험하면서 널리 확산되었다. 이제 서비스 마인드는 현대사회를 살아가는 필수적인 요소가 되었으며 대인관계의 구축에 있어서 중요한 수단으로 자리 잡았다.

자신의 불편을 감수하면서 타인을 배려할 줄 알고 상대에게 즐거움을 주겠다는 마음이야말로 현대사회 인간 네트워크를 구축하는 기본 사항이 되는 사회를 살아가고 있는 것이다.

총지배인인 폴 루세사바기나는 여느 호텔맨들이 그렇듯 반듯한 용모에 생활 속에 서비스 마인드가 몸에 밴 호텔리어다. 개인적으로 가지고 있던 편견 중 하나는 흑인은 대부분 게으르고, 매너를 모를 거라 생각하고 있던 편협함을 일깨워준 영화이기도 했다. 외국 주요 고객이 오는 공항에 직접 pick up을 나가고, 주요 행사에 쓸 식재료를 직접 엄선하기도 한다. 가끔 서비스는 너무 잘하지만 개인적인 사생활과 직업적인 부분의 차이가 아주 큰 사람들을 볼 수 있는데, 주인공은 이런 차이도 거의 찾아볼 수 없다.

1994년 르완다 상황이 보여주듯, 이 호텔은 아프리카 내전으로 분위기가 흉흉해지는 그 시기에 투치족의 기존 부자세력들과 식민통치자였던 벨기에인들이 많이 상주하고 있는 곳이기 때문에 반군세력들의 표적이 되고 있는 곳이다. 연일 내군의 사령관들이 호텔을 방문하고 UN의 총지휘관 역시 호텔에 상주한다.

폴은 특유의 친근한 어투와 서비스로 고객들과 주요 관리자들과 친분을 두텁게 한다.

국내 상황이 점점 더 악화되고 있고, 돌아가는 국제정세가 내전을 도와주려는 나라가 없어져 가고 있는 상황에서 가족들이 안전한 곳으로의 피신을 권유하지만 폴은 절대 그럴 수 없고 자신이 있는 호텔은 가장 안전한 곳이라며 가족들의 권유를 거절한다. 하지만 이미 이성을 잃어버린 반군들은 폴의 가족과 부유층들이 살고 있는 폴의 마을을 습격하고, 폴은 자신의 집에 피신한 마을 주민들을 데리고 반군과 거래를 해 모두를 데리고 호텔로 들어가게 된다.

상황은 더욱더 악화되어 한 마을이 모두 몰살당하고, 길거리에 투치족의 아이들도 씨를 말려야 한다고 광분하는 폭도들로부터 안전한 길은 사바나 호텔 안이라는 소문이 돌자, 고아원의 아이들, 버려진 아이들, 학살의 공포에 떠는 사람들이 호텔로 모여들기 시작한다.

영화를 보면서도 내내 느낀 점이지만, 인간이 어디까지 악해질 수 있는지, 왜 그렇게까지 악해져야 하는지에 대한 의문이 들 정도로 내전은 끝을 보이지 않게 치닫게 된다. 더구나 굳게 믿고 있던 UN군도 더 이상의 지원이 불가능하다고, 르완다인만을 남겨두고 외국인과 종신기자들은 모두 떠날 준비를 한다.

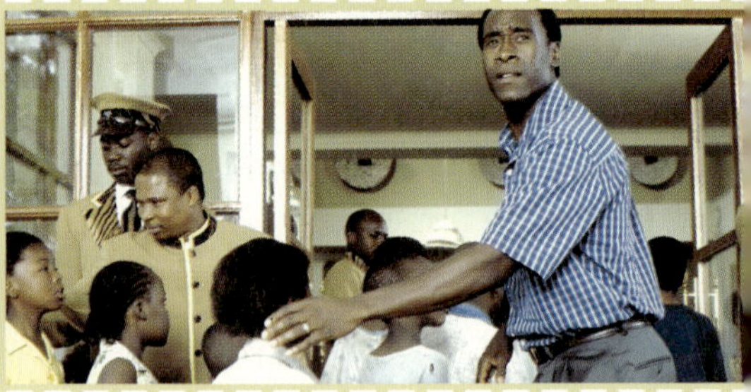

고아원의 아이들을 보살펴주던 신부와 수녀는 아이들과 함께 떠날 수 있는 줄 알고 왔다가 오열하고, 친근하게 지내던 종군기자들은 자신들만 떠나게 되는 현실에 고개를 들지 못한다. 하지만 폴은 좌절만 하지 않는다.

내전은 끝을 알 수 없이 달리고, 외국인이 모두 떠난 사바나 호텔은 더 이상 안전지대만은 아니다. 폴은 가지고 있던 보석과 돈으로 후투족 장군을 매수하고, 계속 호텔 입구를 엄호해줄 것을 요구하지만 상황은 그리 좋지 않다. 이런 와중에 UN의 사령관은 계속 구해지는 난민들을 사바나 호텔로 대피시킨다.

호텔은 더 이상 편안한 휴식을 할 수 있는 공간이 아닌 난민 피난소가 되어 버린다. 폴은 자가공급으로 근근이 이어지고 있는 전력과 물, 바닥나고 있는 식량 등을 구하기 위해 죽음의 사선을 뚫고 식량을 구해오기도 한다.

그리고 사바나 호텔의 본사로 전화를 걸어 현지 상황을 아주 생생하게 전달하고 도움을 요청한다. 그리고는 영향력 있는 사람들로 하여금 그들의 친구에게 전화를 걸어 도움을 요청하기를 권유한다. 이런 일들이 조금씩 위협에서 벗어나게 해준다.

더 이상 버틸 여유가 없을 만큼 위급한 상황에 반군의 지휘관이 쳐들어오고, 호텔에 투숙한 투시족 명단을 요구한다. 폴은 직원을 시켜 모든 기록을 삭제하게 하고, 반전이 일어나기 전의 기록만을 넘긴다.

물론 영화의 한 장면이기는 하고, 연출된 장면이라고 할 수 있지만, 이것은 실화를 바탕으로 한 영화이다. 이처럼 위급한 상황에 고객들의 안전을 생각해서 내리는 재치 있는 행동이 진정한 서비스맨의 자세가 아닐까 한다.

영화를 보는 내내 호텔에 근무할 때의 나에게 이런 일이 생긴다면 과연 나는 어떻게 처리했을까 하는 생각을 해보았다. 닥치면 다 하게 돼 있다는 한국식 표현을 빌려 그냥 막연히 해낼 수 있다는 생각은 오만인 거 같다.

폴의 이런 노력의 결과로 호텔 내로 피신한 1,400여 명을 난민으로 인정받고 조

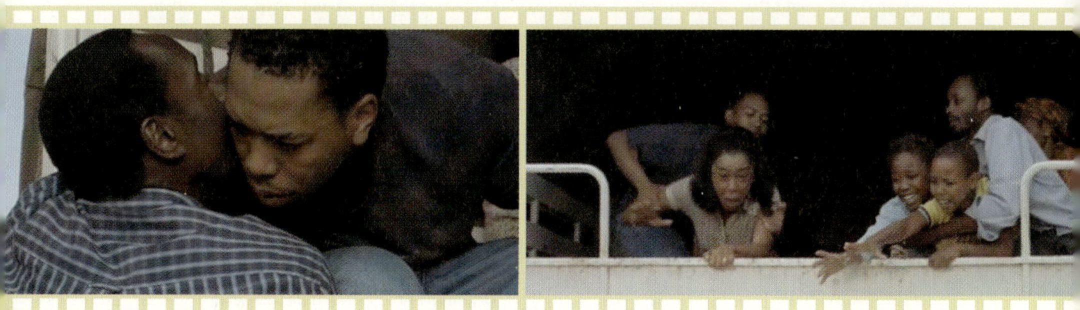

금씩 도와 이송해 준다는 약속을 받아내고, UN에서 몇 명의 가족 명단을 부르고, 폴의 가족이 떠날 수 있게 되었다. 폴은 직원들에게 뒷일을 부탁하고 떠나는 듯 보였으나, 가족들을 다른 사람에게 부탁하고 본인은 차를 타지 않는다.

이 상황에서 본인이 차를 탔다고 해서 누군가 손가락질을 하거나, 원망하지도 못하는 상황이다. 다들 목숨 자체가 파리 목숨밖에 되지 않는 현실 속에서 얼마나 많은 서비스맨들이 폴과 같은 선택을 할지는 장담하기 어렵고, 또 폴 같이 해야 한다고 강요한다는 것도 모순이다. 하지만 폴은 자신만을 물끄러미 바라보는 직원들과 난민들만을 두고 도저히 호텔을 떠날 수가 없었다.

가끔 서비스 피라미드의 형태로 서비스맨을 평가하곤 한다.

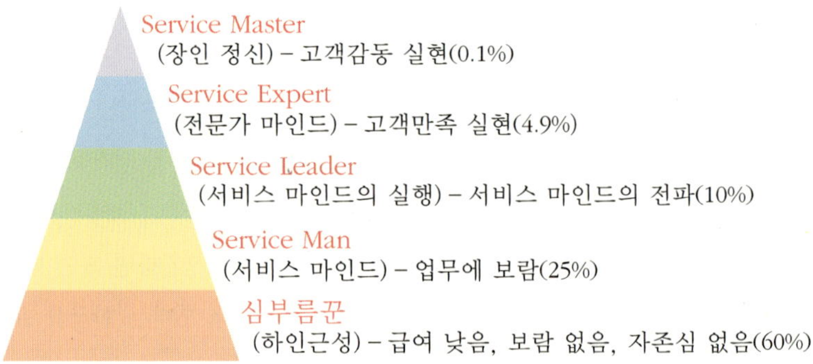

서비스에는 완성을 향한 노력이 있을 뿐, 완성이 없다고 한다. 서비스를 생활의 수단이 아닌 자기실현의 장으로 만들도록 노력하면서 서비스 마스터를 향한 사다리를 올라야 한다. 영화에 나오는 폴은 당연히 서비스 마스터급이다.

누구나 자신을 먼저 생각하게 되고, 특히 이런 극한 상황에서는 더더욱 그렇다. 평상시의 주인공이 어떠한 서비스맨이었는지를 다시 한번 느끼게 해준다.

실존 인물 폴 루세사바기나는 무사히 구출되고, 무사히 조카들을 찾아 안전한 곳으로 떠나는 장면으로 끝을 맺는다. 100일 만에 100만 명 이상의 목숨을 앗아간

금세기 최고의 참혹한 내전 르완다전을 보는 시각은 참 여러 가지다. 하지만 필자가 이 영화에서 말하고 싶은 건, 이런 참혹한 상황 속에서도 한 사람의 서비스마인드로써 많은 사람을 구해낼 수 있었다는 점이다.

흔히들 서비스는 그저 받으면 좋고, 안 받으면 기분 나쁜 정도라고 한다. 또 서비스맨을 하는 대부분의 많은 직장인들도 타성에 젖어 있어, 유니폼을 벗으면 나도 고객이라는 마인드로 서비스의 가치를 희석시킨다. 하지만 이 영화에서 보여주듯 정말 고객을 사랑하는 마음으로 건네는 서비스는 이렇게 엄청난 인명까지도 구할 수 있다는 것을 말하고 싶다.

서비스맨은 타인과 마주하는 순간 프로가 되어야 한다. 아니 자신의 마음을 프로로 만들어야 한다. 프로는 자신의 일이 직업이고, 전문가 집단이다. 그 속에서 생존하기 위해서는 끊임없는 노력을 해야 한다. 우리가 생각하는 고액 연봉, 화려한 각광의 이면에는 뼈를 깎는 수없는 연습 과정과 작은 부상쯤은 넘길 수 있는 정신력을 통한 자기 계발이 있는 것이다.

아마추어 역시 프로와 같은 일을 한다. 그러나 그 일은 직업이 아닌 취미 생활이며 여가 활동이다. 그래서 다치면 쉬고 힘들면 걸어 다녀도 되는 것이다.

아마추어의 경우 자기만족으로 보람을 찾을 수 있겠지만, 프로는 그 일을 통해서 자기를 구현할 수 있어야 한다. 인생을 건 직업이기 때문이다.

한번뿐인 인생을 아마추어처럼 살 수는 없는 일이다. 미래에 자신의 직업이 무보수의 취미활동이 되어서는 안 된다. 프로는 직업이고 능력이 연봉이다. 선수 등급도 1군, 2군이 있으며 활동기간도 짧으며 미래에 대한 보장이 없는 정글이다. 그 중 스타들은 최고액 연봉자들이며 미래 역시 준비된 사람들로서, 전체 규모의 3% 내외이다. 프로가 되어 치열하게 살아야 하는 것이 인생인 것이다. 그렇다고 '최고만을 지향하고, 1등만이 전부다' 라는 결론만을 의미하는 것이 아니다. 그저 마인드에 대한 마음가짐을 프로의 수준에 맞추자는 이야기이다.

영화의 주인공 폴처럼 진정한 프로가 되기 위해 오늘도 다시 자신을 넘어서려는 모든 서비스맨들에게 이 이야기를 건넨다.

Key Point

1. 서비스맨의 정의

서비스산업 분야의 직종에 종사하는 근무자들을 중심으로 일컫는 말

2. 서비스맨의 3강 5륜(三强五倫)

1) 서비스맨의 3강

- 소강(笑强) : 미소를 지을 수 있는 사람은 당당한 자신감을 갖춘 사람이다.
- 어강(語强) : 국제화 · 세계화 시대에 외국어 능력은 서비스맨의 필수조건이다.
- 체강(體强) : 서비스맨에게 체력은 필수조건이다.

2) 서비스맨의 5륜

- 매너와 에티켓 • 성실 • 친화력 • 자기 계발 • 자기 관리

3. 서비스맨의 5대 Point

- Smile • Speed • Sincerity • Safety • Security

4. 훌륭한 서비스맨이 말하는 고객 만족 10법칙

- 고객을 인식하라
- 긍정적인 첫인상
- 고객의 기대를 충족시켜라
- 고객의 노력을 줄여주어라
- 고객의 의사결정을 도와주라
- 고객의 관점에 focus를 맞춰라
- 고객이 말하지 않는 시간을 엄수하라
- 되새기고 싶은 기억을 창조하라
- 고객은 나쁜 기억을 두 배로 기억한다
- 고객이 빚졌다는 느낌을 갖도록 하라

5. 고객 만족 5W1H 법칙

- Why : 고객이 서비스를 원하는 이유는 무엇인가?
- When : 고객이 서비스를 받으려 할 때는 언제인가?
- Who : 서비스를 받기 원하는 고객은 누구인가?
- What : 고객이 원하는 서비스는 무엇인가?
- Where : 고객은 어떤 환경에서 서비스를 제공받으려 하는가?
- How much : 고객은 서비스에 어느 정도의 가치를 부여하는가?

Chapter 2

나를 만드는 매너

Chapter 2

나를 만드는 매너

1. 미녀는 괴로워(Pounds Beauty)로 생각해 보는 용모 이야기

미녀는 괴로워(Pounds Beauty)

한국/장르 : 코미디, 멜로, 애정/12세 관람가/상영시간 : 120분
개봉 : 2006년
감독 : 김용화
출연 : 주진모, 김아중, 성동일, 임현식

2006년 겨울 다른 영화를 보러 갔다가 전부 매진이기에, 그냥 돌아오기는 그렇고 하여 별 기대 없이 보았던 영화 한 편이 있었다. 그저 그런 로맨틱 코미디겠구나 생각하고 봤는데 의외로 가슴 찡한 영화였다. 이 영화를 보고 주인공의 심정이 공감되어 실제로 울고 나왔던 여자들이 많았다고 한다.

영화 〈미녀는 괴로워〉는 뚱뚱하고 못생긴 여자가 최고의 성형미인으로 거듭나면서 겪는 좌충우돌기를 그린 영화이다. 뛰어난 가창력에도 불구하고 엄청난 뚱보라는 이유로 주위로부터 멸시받던 여성이 목숨을 건 성형수술을 통해 미녀로 변신하면서 실력도 인정받게 되고, 성형 사실을 속인 것으로 인해 여러 가지 해프닝이 벌어지기는 하지만 결국 사랑도, 친구도 모두 찾게 된다는 내용이다.

미국의 유명 방송인 오프라 윈프리는 한 인터뷰에서 한국 여성들은 성형중독에 빠져 있다고 말해 파문을 일으킨 적이 있었는데, 그 이야기가 아니더라도 우리나라가 가지고 있는 외모지상주의에 대한 편견은 사실 적은 편이라 할 수는 없다.

용모(容貌)라 하면 대개 사람의 겉모습을 말하는 경우가 많다. 용모란 명사로서 얼굴 모양을 일컫는 말이다. 용모는 대개 첫인상을 많이 좌우한다. 따라서 사회생활을 하면서 처음 만나는 상대에게 좋은 이미지를 심어 주기 위해서는 깨끗하고 단정한 자신만의 용모를 갖춰야 한다.

영화의 주인공인 한나는 굉장히 뚱뚱하고 못생겼지만 노래를 정말 잘하는 가수이다. 하지만 외모가 이렇다 보니 날씬하고 예쁜 어느 여가수의 노래를 대신 해주는 얼굴 없는 가수이다. 무대 뒤에서 노래를 하는 입장인, 주인공은 본인도 직접 무대에서 노래하는 것처럼 의상을 갖춰 입고 오지만, 주위의 반응은 냉담하다.

또한 영화에서 한나는 가수 디렉터이자 연회기획사 PD인 한상준을 혼자 짝사랑한다. 하지만 누가 봐도 이 두 사람의 외모는 비교의 대상이 될 수 없음에 한나의 헛물켜기로만 여긴다. 영화의 진행중에 보면 한상준은 한나를 다른 사람들처럼 혐오하는 것 같지는 않다. 다만 그녀의 재능을 무척 아끼고 인정해 주는 장면들이 나온다. 그녀를 여자로 좋아하는 것 같은 느낌은 많이 묻어나지 않는다. 한나가 눈에 가시인 가수는 한상준의 생일파티에 본인과 똑같은 드레스를 선물로 보낸다.

몸에 너무 꼭 껴서 보기에 너무 민망한 원피스를 입은 한나는 생일파티에 찾아

가지만 심한 비교로 인해 자존심이 상한다.

링컨은 '그 사람의 얼굴에는 그가 살아온 삶의 흔적이 담겨 있다.'는 말을 했다. 영화 속 한나는 뚱뚱한 몸으로 인해 늘 사람들의 손가락질 속에 자랐을 테고, 그녀의 걸음걸이며, 말투, 표현 방식이 늘 소극적으로 바뀔 수밖에 없었을 것이다. 그러던 그녀에게 다른 남자들은 그녀를 이용의 대상으로만 생각하고, 한 사람의 사랑하고 싶은 여인으로 대하지 않았다. 하지만 한상준은 남자 이전에 자기를 알아주는 그런 남자로서 온 마음을 다 주었었는데, 우연히 듣게 된 화장실의 대화에서 본인을 하나의 도구로만 여기는 사람들에게 절망을 느끼고 자살을 시도한다.

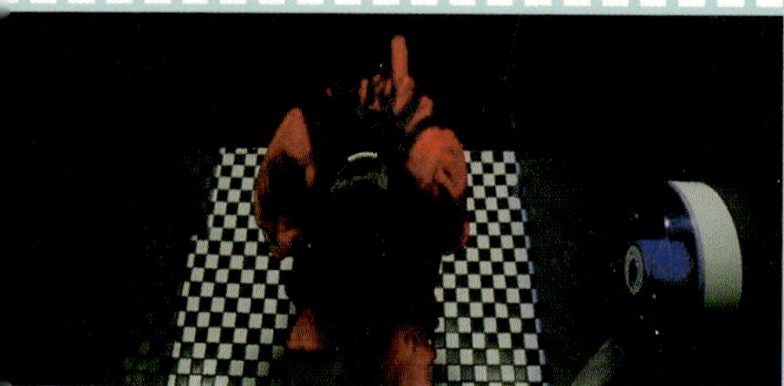

하지만 굉장히 절박한 한 통의 전화를 받으며 한나는 변화를 꿈꾼다. 그리고 성형외과를 찾아가 목숨과 맞바꾸는 성형수술을 결심한다.

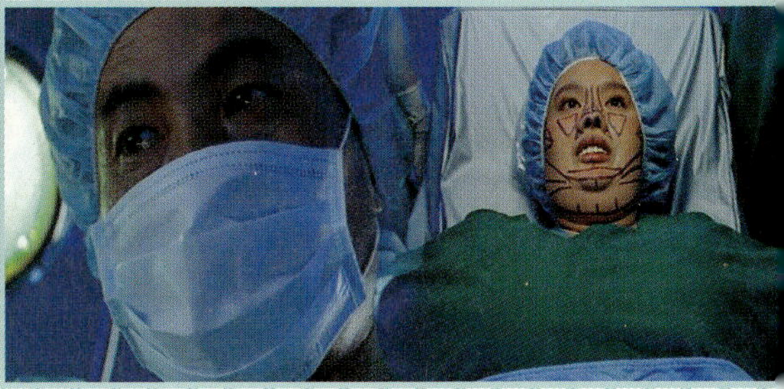

많은 여성관객들은 그냥 재미있는 영화이려니 하고 극장에 들어갔다가 의외의 공감대 형성으로 인해 눈물을 흘렸다는 평들이 많이 올라오는 걸 보면 살아가는 과정 중 외모에 대한 한두 가지 콤플렉스로 인해 이런 생각들을 해본 사람들이 많이 있는 듯하다.

외형적인 이미지는 유전적으로 타고나는 부분도 있겠지만, 대부분은 후천적이며 다원적이고 다변적이다. 나라는 사람은 하나지만 '나'에 대한 이미지는 수없이 많은 모습으로 타인에게 비춰지고 있다.

이제 타인의 시선에 나의 이미지를 그냥 맡겨두어서는 안 된다.

내가 타인에게 보여주고 싶은 이미지를 스스로 선택해서 연출해야 한다. 이미지의 연출은 남을 위해서가 아닌 바로 자기 자신의 삶의 질을 높이기 위한 작업이기 때문이다. 자신감을 잃지 않도록 하며 자신의 외모에 대해 스스로 책임을 지고 이미지 향상을 위해 노력하고 자신의 단점은 인정할 것은 인정하고 위축되지 않은 자세를 길러야만, 보다 호감있는 외형적 이미지를 연출할 수 있다.

이제 강한나는 더 이상 뚱뚱하고, 소극적이고, 바보 같은 취급을 당하는 강한나가 아니다. 영화의 OST로 유명한 beautiful girl이 흐르면서, 시내를 걸어 다니는 장면은 그 어떤 해방감보다 더 가슴이 펑 뚫리는 느낌이다.

이런 주인공을 바라보는 시선도 180도 달라진다. 그 차는 너무 위험하다고 절대 사지 말라고 권하는 자동차 딜러, 자동차 사고가 나서 땅에 드러누었던 택시 기사가 벌떡 일어나 되레 걱정하고, 이를 제지하려 달려온 경찰은 다친 곳이 없냐고 걱정을 하는 장면을 볼 때, 웃기기도 하면서 한편으로 가슴이 아프기도 했다.

실제로도 어느 오락프로그램에서 자동차고장을 설정하여 똑같은 상황에 이미지와 옷차림을 달리해서 실험한 결과, 예쁜 아가씨에게는 도움의 손길도 많았던 걸 보면 과장연출은 아닌 장면이다.

그렇다고 무조건 자신감이나, 타인에게 나의 좋은 모습을 보여주기 위해 전부 성형수술이나 다이어트 등의 눈에 보이는 효과만을 지향하라는 것은 아니다.

용모를 가꾼다는 것은 역시 사회생활을 해나가는 데 있어 자신을 제대로 표현하고, 상대방에게 예를 갖추는 의미에서 시작된다.

그러므로 내면과 외면을 골고루 가꾸어 나가는 것이 '최상의 나'를 만들고 표현하는 방법이다. "당신은 사랑받기 위해 태어난 사람~"으로 시작하는 노래가 있다. 사람은 그 어떤 조건으로 평가되기 전에 누구나 소중한 존재이다. 그 소중한 자신에게도 당당하고, 타인의 눈에 비치는 용모 또한 당당하고 멋지다면 그것이 최상의 조건이다.

영화에서 제니라는 가명으로 가수활동을 하며 성형사실을 숨겼던 주인공은 본인의 콘서트에서 이 모든 내용을 팬들에게 공개한다. 그리고는 뚱뚱하고 못생겼던 강한나를 그리워한다. 내면의 나와 외면의 나를 일치시키는 순간이다. 그렇게 본연의 나와 당당해진 자신의 두 모습을 찾은 강한나는 더욱 멋진 가수가 된다.

용모에 대한 관심은 정도의 차이일 뿐 시대를 초월하며 남녀노소의 공통된 관심사이다. 단정한 용모를 유지하기 위해서는 철저한 자기관리와 지속적인 노력이 필요하다. 화장품 구입비 56만원, 피부 관리비 32만원, 헬스클럽 등 운동 68만원, 미장원 20만원, 의상구입 등 월 220만원 지출, 이미지를 상품화하는 연예인의 이야기가 아니다.

꾸미기를 좋아하는 여성의 이야기가 아니다. 이제 40대를 바라보는 남성 직장인의 지출 내역서이다. 직업의 특성상 많은 고객들을 상대하면서 자신의 경쟁력을 높이기 위해, 과하다 싶은 지출을 감수하는 '자기관리' 인 것이다. 물론 지극히 드문 예이고 모든 사람이 이렇게 해야 할 필요도 없지만, 이렇듯 자기관리에 철저한 직장인도 많다는 이야기다. 이제 더 이상 용모에 무관심해서 '남들이 나를 어떻게 보든지 상관없어.' '남이 무슨 상관이야' 라는 식의 생각은 피해야 할 마음자세이다.

고려 말 팔은(八隱) 중의 한분인 송은(松隱) 박익(朴翊) 선조가 우리에게 남긴 교훈인 '아홉 가지 용모(九容), 아홉 가지 생각(九思)' 이라는 것이 있다.

먼저 "아홉 가지 용모"란, '발 모습은 무겁게, 손 모습은 공손하게, 눈 모습은 단정하게, 입 모습은 고요하게, 말 모습은 조용하게, 머리 모습은 곱게, 기의 모습은 엄숙하게, 서 있는 모습은 덕스럽게, 얼굴 모습은 씩씩하게를 말한다.

"아홉 가지 생각"은 '보는 것은 분명하게, 듣는 데는 총명하기를, 낯빛은 온화하기를, 얼굴가짐은 공손하기를, 말은 성실하기를, 일에는 조심하기를, 의심나면 물어보기를, 분할 적에는 곤란할 때를, 이득을 보거든 그것이 정당한가를 생각하라'라는 내용이다.

과유불급(過猶不及)이란 고사성어가 있다.

뭐든 지나치면 화를 불러일으킨다는 말처럼, 외모에만 치중하거나 또 너무 내면적인 것에만 신경 쓰는 일방통행의 행동보다는 내면과 외면을 골고루 발전시켜 자신감 있는 나를 표현해 내는 사회인으로 발전해 나가는 것이 21세기에 맞는 용모일 것이다.

매일 아침 일어나서 세수를 하고 화장을 하는 과정에서 적어도 거울을 세 번 이상 보게 될 것이다. 그런데 거울 속의 진정한 나까지 보질 않고 겉모습의 나만 가꾸고 나가게 된다. 그런 겉모습의 나만을 단장하지 않고 거울 속 안의 나를 만나서 가꾸는 시간도 조금은 할애한다면 정말 '멋진 나'를 만나게 될 것이다.

Key Point

1. 용모의 정의

용모(容貌)란 얼굴 모양을 일컫는 말

2. 아홉 가지 용모

발 모습은 무겁게
손 모습은 공손하게
눈 모습은 단정하게
입 모습은 고요하게
말 모습은 조용하게
머리 모습은 곱게
기의 모습은 엄숙하게
서 있는 모습은 덕스럽게
얼굴 모습은 씩씩하게

3. 아홉 가지 생각

보는 것은 분명하게
듣는 데는 총명하기를
낯빛은 온화하기를
얼굴가짐은 공손하기를
말은 성실하기를
일에는 조심하기를
의심나면 물어보기를
분할 적에는 곤란할 때를
이득을 보거든 그것이 정당한가를 생각하라.

4. 단정한 용모가 주는 효용

첫인상 좋은 작용
기분전환
타인의 신뢰
일의 성과 높임
이미지 높임

2. 더 우쵸우텐 호텔(THE 有頂天 ホテル)속 여러 가지 복장 이야기

더 우쵸우텐 호텔(The 有頂天ホテル)

일본/장르 : 코미디 영화/상영시간 : 136분/미개봉 영화
감독 : 미타니 코키
출연 : 야큐쇼 코지, 마츠 다카코, 사토 코지, 카도리 신고

일본판 러브 액츄얼리라 불리는 영화 〈더 우쵸우텐 호텔〉.

일본 대중문화에 관심이 조금만 있는 사람이라면 누구나 아는 일본 내 초호화 캐스팅 영화로도 유명하다. 일본을 대표하는 배우들이 대거 출연하여, 이 영화에 출연하지 못한 배우 중에는 자신이 일본의 최고가 아니라고 생각을 했을 정도라고 한다. 실제로 얼마 전 일본에 가보니 지하철, 옥외 간판에 영화 속 주인공들의 얼굴은 쉽게 볼 수 있었다. 영화는 새해를 하루 앞둔 한 해의 마지막 날, 호텔에서 벌어지는 수많은 에피소드를 옴니버스 형식으로 묶고, 다시 호텔이라는 공간 속 하나의 이야기로 만들어낸다.

'러브 액츄얼리'가 사랑에 관한 모음의 이야기라면, 우쵸우텐 호텔은 사람에 관한 이야기이다. 연말에 보면 조금 더 따뜻하고 훈훈할 것 같은 영화이다.

영화 속 공간이 호텔이다 보니 자연스럽게 이 호텔의 주인공 속에는 호텔의 직원들도 등장하고, 복장 매너에 대한 영화를 선택하던 중 마침 딱 맞는다는 생각이 들었다. 사실 복장보다도 이 영화 속에서 펼쳐지는 사람 냄새나는 내용이 더욱 좋긴 하다. 하지만 복장이라는 타이틀을 놓고 이야기를 풀어내려 한다.

우리가 흔히 복장이라고 말하는 개념은 단순한 옷차림을 말하는 경우가 많은데, 물론 틀린 말이라고는 볼 수 없다. 하지만 사전적 의미의 '복장(服裝)'이란 나이나 직업, 신분에 따라 달리 만든 옷이라는 것을 알 수 있다. 복장은 성별에 따라 또는 직업이나 사회적 지위에 따라 매우 다양하다.

사회생활을 하는 데 있어 옷차림은 개성이나 신분을 고려한 다양한 형태가 있으며, 옷차림의 형태에 따라 외모로 풍기는 이미지가 달라지는 경우가 많다.

또한 파티나 의식행사에서는 일반적으로 특별한 복장을 하기도 하지만, 여기에서는 일반적인 서비스 기업으로, 고객을 상대로 서비스를 제공하는 우쵸우텐 호텔의 직원을 중심으로 근무할 경우 갖춰야 할 복장에 대하여 살펴보기로 한다.

영화는 일본의 한 호텔에서 신년회를 준비하는 동안 겪는 여러 에피소드를 다룬다. 여느 호텔이 그렇듯, 신년회 행사 및 관광객에게 특별한 이벤트를 만들어 주는 과정에서 여러 에피소드가 생긴다. 이 호텔에 부총지배인 신도가 주인공이다.

이 사람은 호텔리어의 전형적인 모델이다. 'uniform' 이라는 말을 사전에서 찾아보면 형용사로서 '동일한', '한 모양의', '일정한' 이라는 의미와, 명사로서 '제복, 군복, 관복' 의 의미를 가지고 있다. 이는 곧 개개인의 개성을 배제한 채 같은 모양의 옷을 착용한다는 의미이다. 따라서 적어도 유니폼을 착용한다는 것은 한 조직에 속해 있다는 것을 의미한다.

유니폼을 착용했다는 것은 그 유니폼이 대변하는 조직을 대표한다는 것이기 때문에, 그 조직이 요구하는 행동 및 태도를 보여주어야 한다는 것이다. 다시 말해 기업은 종사원들의 유니폼 착용을 통해 종업원 개개인의 다른 생각이나 개성을 효율적으로 억제하는 동시에, 그들을 기업의 이름으로 결속하여 소속감을 가지게 하는 효과를 얻을 수 있다.

영화 속에는 유니폼 말고도 본인의 직업을 연상케 하는 여러 명의 고객이 등장한다. 거리의 여자로 보이는 여인이 금발에 밍크를 입고 호텔을 배회하며 남성 고객을 유혹하는 장면들이 나온다. 또한 나이가 아주 많은 회장님의 세컨드인 한 여인이 나오는데, 이 여인을 자신의 룸을 온통 쓰레기장으로 만들어 놓는 습관이 있다. 또 한 번 입은 옷은 그냥 벗어서 던져놓는 습관도 있어 룸메이드들이 기도를 하고 들어갈 정도이다.

즉 복장이라는 것, 옷이 주는 개념이 단지 사회생활을 하기 위한 수단으로만 정의될 수 없다는 것을 잘 보여준다. 자신의 직업, 지위, 마음상태까지 모두 보여주는 것 역시 복장이다. 물론 바람직한 복장의 요건에는 청결, 조화, 개성을 살리는 것이다. 사회활동에 잘 어울리면서 자기 개성도 살리는 옷차림을 하게 되면 주위 사람들에게 좋은 인상을 줄 수 있다. 용모뿐만 아니라 복장에 있어서도 T(time: 시간), P(place: 장소), O(occasion: 상황)에 맞게 품위 있고 단정하며 세련되게 입어야 한다. 하지만 이 거리의 여인은 본인을 존재를 뭇 남성들에게 알려야 하기 때문에 과장되고 눈에 잘 띄는 복장을 선택했을 것이고, 두 번째 숨겨진 여인은 나이 많은 회장님의 세컨드라는 자신의 처지를 어찌 받아들여야 하나, 사회에서 본인을 바라보는 시선에 대한 처리를 어떻게 해야 하나의 갈등이 이렇게 표현됐을 것이다. 복장이 개성과 조화를 살려야 하는 것이기는 하지만, 너무 과하거나 너무 튀어서 눈살을 찌푸리게 하는 복장은 바람직하지 않다. 영화에서는 또 여러 포지션별로의 복장을 보여준다. 벨맨, 하우스키핑, 룸메이드, 조리장 등 다양한 포지션의 복장을 보여주고 있다.

서비스를 판매하는 영업장, 또는 다른 종류의 모든 영업장에서 고객과 직접 접촉하는 종업원이 영업에 미치는 영향이란 별도로 설명할 필요가 없을 만큼 매우 중요하다고 볼 수 있다. 종업원으로부터 창출되는 서비스가 주상품인 영업장은 물론, 상품의 판매가 주업무인 영업장에서도 판매 시 이루어지는 종업원의 서비스는 그 영업장의 매출과 밀접한 관계가 있다. 사람의 복장은 그 사람을 상징하는 첫인상의 일부분이기도 하며, 잘 모르는 사람을 판단할 때 첫인상과 겉모습이 많은 영향을 끼치는 것 또한 사실이다. 영업장에서 종업원이 미치는 영향이 큰 점을 돌이켜볼 때 종업원의 겉모습(복장)이 고객의 심리, 곧 구매행동이나 태도에 어떤 영향을 끼칠지는 너무나도 분명한 사실이다.

이와 같은 현상을 기업들은 너무나도 잘 인식하고 있기 때문에, 많은 영업장이 종업원들의 복장에 상당한 관심을 기울이는 것을 볼 수 있다. 이와 같은 이유로 인하여 호텔은 물론, 백화점, 패션매장, 크고 작은 식당들, 주유소, 택시, 버스회사, 항공사, 철도, 금융기관, 유흥업소 등과 같은 조직에서는 어김없이 종업원들의 복장에 적지 않은 신경을 쓴다는 것을 알 수 있다.

우쵸우텐 호텔의 종사원들의 복장을 보면 단정하고 청결하며 정중하기까지 하다. 이러한 복장과 태도는 고객들로 하여금 단정하며 청결하고 정중한 차림과 태도를 유도한다고 볼 수 있다. 또한 종사원들의 복장인 유니폼(uniform)이라는 건, 때로 선망의 대상이기도 하고, 그 기업의 브랜드 이미지나 특징이 아주 잘 나타나 있다.

우리나라의 대표항공사인 K사의 유니폼이 바뀌고 항공사에 대한 선망도가 더 높아진 것을 보면, 유니폼이란 단순히 직업만을 표시하는 의복 이상의 것이다.

영화 속 회장님의 여인은 본인이 무엇을 하고 싶은지, 혼란스런 마음을 달래던 중 항공사 승무원의 유니폼을 훔쳐 입고는 호텔을 활보하게 된다. 그리고 잊고 있었던 자신의 자아를 조금씩 다시 찾게 된다. 위의 상황을 볼 때 복장에 관해서 공통점을 발견할 수 있다. 복장은 모두 각 영업장 나름대로의 특색을 살려야 하고, 고객이 편안하게 느낄 수 있어야 한다는 점이다. 고객에게 위압감이나 부담감을 주는 복장은 아무리 그 자체의 가치가 높더라도 서비스가 주는 부가가치를 잃는다는 것이다. 기업들은 종업원의 복장을 통해 고객으로부터 원하는 것을 간접적으로 얻으려 하고 있다.

각 영업장의 분위기와 목적을 고려해 알맞은 복장을 선택함으로써 그것이 영업에 미치는 효과를 극대화하려고 노력한다. 그리고 종업원의 복장을 통하여 기업홍

보의 효과도 얻게 된다.

영화의 마지막은 가수지망생을 꿈꾸던 나이 많은 여인이 신년회 파티에 빨간색 이브닝드레스를 입고 나와 노래를 시작한다. 처음엔 자신 없는 목소리로 노래하던 이 여인은 금세 자신감을 되찾고 신명나게 노래를 하기 시작한다.

'인간지의 재명미덕, 재신민, 재지어지선(人間之依 在明美德, 在新民, 在止於至善)' 이란 말이 있다. 인간이 옷을 입는다는 것은 아름다움과 덕을 나타내고, 사람이 새로워지며, 선함에 이르게 한다는 뜻으로, 옷을 입는다는 것은 곧 그 사람의 모든 것을 나타내는 것이다.

복장이란 체온의 보존과 위험으로부터 보호하는 역할뿐만 아니라 대인관계에서 상대방에게 대한 최소한의 예의 표시이다. 바람직한 복장의 요건은 청결, 조화, 개성을 살리는 것이다. 사회활동에 잘 어울리면서 자기의 개성도 살리는 복장을 하게 되면 주위 사람들에게 좋은 인상을 줄 수 있다.

'옷이 날개'라는 속담처럼 나에게 맞는 날개를 달 수 있도록 오늘도 외출 전에 다시 한번 거울 속에 비친 자신의 모습과 내면의 모습을 점검해 보자.

Key Point

1. 복장의 정의

나이나 직업, 신분에 따라 달리 만든 옷이라는 것을 알 수 있다.

2. 직업별 어울리는 패션

- 광고나 연예, 패션 등의 창조적인 분야는 의상이나 복장에 너그러운 편이다.
- 영업부에 있다면 고객에게 강한 인상을 남길 수 있는 옷을 입는다. 본인의 취향뿐 아니라 고객의 취향도 고려한다. 어떤 옷차림이 회사와 상품을 대표할 것인지를 고민하자.
- 교육계나 사회복지 분야, 또는 정부 부처에서 근무한다면 남에게 모범이 되는 옷차림이 좋다. 유행의 본보기가 되거나 비즈니스맨처럼 보일 필요는 없다. 하지만 세련되고 효율적이면서 말쑥하게 입어야 한다.
- 금융업이나 법조계 전문가들은 일반적으로 보수적이다. 최고급 소재로 된 몸에 잘 맞는 옷이 필수다.
- 일반기업은 그야말로 천차만별이다. 회사에서 어떤 옷을 선호하는지 알아보기 위해서는 회사에 오래 몸담아 온 여직원들을 살피면 된다.
- 허용되는 복장이 무엇인지에 대한 확신이 서지 않는다면, 좋은 취향 쪽을 선택하는 게 늘 안전하다. 근무복을 입는 목적은 바로 자신감을 100% 느끼기 위한 것이다.

3. 다음 질문을 통해 직장에서 필요한 근무복장을 알아보자.

- 당신의 업무를 가장 잘 나타내는 말은 무엇인가? (보수적임, 자유로움, 창조적임, 진지함, 기업적 분위기 중 어떤 것인가?)
- 당신이 근무하는 지역은 어디인가? (대도시, 교외, 시골)
- 당신이 하는 일은 어느 분야인가? (마케팅 및 영업, 창작, 연구, 금융직)
- 다른 여성 동료들의 근무복장은 어떠한가? (여성 상사의 복장은?)
- 불특정 다수를 대상으로 하는 일인가? (영업직인가? 고객과 만나는 일인가?)
- 당신의 체형을 가장 돋보이게 하는 스타일은 무엇인가?
- 적어도 한 벌 정도는 비즈니스용 고급 정장을 갖고 있는가?
- 근무에 적합한 의상을 여섯 벌 정도 갖고 있는가?
- 일할 때 어울리는 옷의 목록을 적어본다. 그리고 빠진 옷에 대한 목록도 만들자. (신데렐라 성공법칙 중에서 발췌)

3. 스텝포드 와이프(The Stepford Wives)에서 보여준 자세 이야기

스텝포드 와이프(The Stepford Wives)

미국/장르 : 코미디, 드라마, 스릴러/15세 관람가/상영시간 : 93분
개봉 : 2004년
감독 : 프랭크 오즈
출연 : 니콜 키드먼, 매튜 브로데릭, 베트 미들러 외

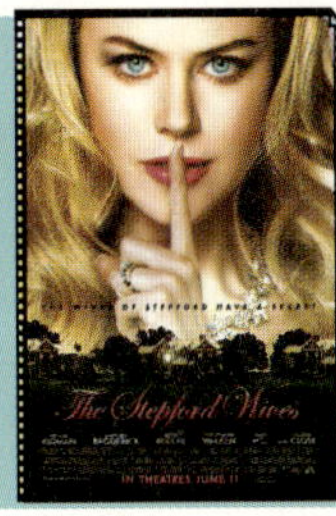

영화 〈스텝포드 와이프〉는 75년 이미 만들어진 스릴러물을 리메이크한 블랙 코미디이다. 자신의 부인을 로봇으로 바꿔치기 하는 남자들의 이야기인 아이라 레빈의 원작 소설을 바탕으로 한 당시대 페미니즘의 상징처럼 받아들여지는 걸작이다. 후에 〈스텝포드로의 귀환〉, 〈스텝포드의 아이들〉 등의 TV용 시리즈물이 만들어지기는 했지만 크게 성공을 거두지 못했고, 30년이 지난 시점에 만들어진 새 버전으로 새롭게 태어난 영화이다. 방송국 부사장이던 조안나(니콜 키드먼)가 기획한 프로그램에서 문제가 생겨 그 출연자가 조안나를 향해 총을 쏘고, 그 일로 인해 조안나는 해고당하는 것으로 시작된다. 몸과 마음이 많이 지친 조안나를 위해 남편은 스텝포드 마을로 이사를 간다. 고급 마을로 들어가는 길목에서부터 월터는 무언가 특별한 것을 느낀다.

너무나 잘 정돈된 마을, 한결같이 친절한 사람들, 집앞의 우편함을 나오는 데도 너무도 예쁘게 단장하고 나오는 여인들을 보면서 월터는 신비감 같은 것을 느낀다. 그리고 집앞에서 기다리고 있는 부동산 중개인이자 마을의 안주인인 미세스 웰링턴이 이들 가족을 맞이해 준다. 하지만 조안나는 이런 모든 상황들이 눈에 들어오지도 않고, 그저 짜증스러움만 묻어난다. 이런 조안나에게도 미세스 웰링턴은 늘 한결같은 자세와 어투, 동작으로 조안나를 위로한다. 너무 그들을 배척만 한다는 남편의 성화도 있고, 본인도 조금 달라져야겠다는 생각이 들어서 조안나는 미세스 웰링턴의 강요를 못 이기는 척, 마을 사람들과 인사를 하러 나간다. 조안나는 남자들 클럽도 보고, 여성들이 간다는 사우나에 들어간다. 사우나 안에서 만난 여인들은 모두 하나같이 완벽한 미모와 날씬한 몸매, 모두 똑같은 표정을 갖고 있고, 모두 친절하다.

여인들과의 첫 만남에서 당황한 조안나는 내내 이들을 이상하게 여긴다. 모두들 똑같은 사람들 속에 갇혀 있는 것 같던 조안나는, 남편과 아이들을 데리고 나온 독립기념파티에서 베스트셀러 작가인 바비 마코비치와 유명한 건축가이면서 동성연애자인 로저 배니스터를 만나게 된다. 이들은 스텝포드가 이상하다는 것을 공감하는 유일한 친구들이다. 이 파티에서도 스텝포드의 모든 와이프들은 바른 자세와 곧게 펴고 앉는 자세, 걸음걸이들이 정말 완벽한 모델을 연상시킨다. 심지어 댄스를 즐길 때도 한 치의 오차도 없는 바른 자세와 표정관리로 남편을 기쁘게 한다.

자세를 보면 그 사람의 마음가짐을 알 수 있다. 흔히 서비스맨들의 'Stand by,

See, Smile'은 기본자세이고, 언제든지 돕겠다는 마음이 드러날 수 있도록 단정하고 바른 자세를 갖춰야 한다. 바른 자세와 태도는 사회화된 언어의 일부로 통한다. 자세나 동작은 대개 심리 상태나 일정한 특징을 나타내는 움직임으로 표현된다. 정형화된 자세 및 동작은 언어의 효율성을 극대화하고, 사람과 사람끼리의 의사표시를 분명하게 도울 뿐 아니라, 호감을 주는 이미지 형성에 중요한 요소로 작용한다. 사람에게 고유한 몸짓언어는 말을 보충하여, 말하는 것을 강조하고 정확하게 한다. 하지만 어떤 경우에는 몸짓이 말에 덧붙여지는 것이 아니라, 말을 대신할 정도로 효율적이기도 하다.

영화 속 스텝포드 마을의 모든 아내들은 늘 남편과 아이들과 주민들을 향해 이런 바른 자세와 동작으로 나타나 언제든지 도와주고, 친절한 미소를 보낸다. 원래 바른 자세는 그 사람을 당당하고 자신감 있어 보이게 하는 효과가 있는데, 스텝포드의 아내들은 그런 당당함이나 자신감은 찾아볼 수 없고, 왠지 머리가 비어 있고, 표정만 살아있는 로봇들 같다는 생각만 든다.

그에 반해 남자들의 생활은 전혀 바른 자세를 갖추고 있지 못하다. 바른 자세라는 것은 외형적인 부분의 의미가 가장 크지만, 자세 역시 내면의 심리 상태를 말해주는 것이므로, 스텝포드 남성들의 심리상태도 이런 자세들로 표출되는 것이다.

자세는 마음의 표현이기도 하고 눈에 보이는 언어이므로, 나쁜 버릇이나 태도를 고쳐 나가야 하고 모든 상황을 상대방의 입장에서 이해하도록 해야 한다. 하지만 스텝포드 마을은 이런 기본 정신을 위배한 채, 여성들을 남편의 손에서 조정하는

와이프로봇으로 만들고, 그들에게 자신들이 원하는 자세와 동작, 행동양식 등을 주입하는 끔찍한 일을 저지른다. 그리고 그걸 알고 있는 남자들끼리 남성클럽에서 다음 순서를 기다리는 동료들을 부추기는 일들을 자행한다.

처음에 이 영화가 로맨틱 코미디물인 줄 알고 보았는데, 나중에 보니 영화의 장르가 코믹스릴러라 쓰여 있는 것을 보고 혼자 웃었던 기억이 난다. 하지만 아무리 과학문명이 발달하고, 천지가 개벽한다 해도, 사람의 마음속에 들어있는 감정을 어떠한 회로로 바꾸어 놓을 수는 없는 법. 영화에서 역시 월터는 아내 조안나를 로봇으로 바꾸려고 내려간 곳에서 아내를 로봇으로 바꾸지 않는다. 그리고는 로봇으로 바꾼 것처럼 위장하고 생활한다.

외모가 바뀌면 행동과 자세가 바뀌는 것처럼, 조안나도 역시 스텝포드의 와이프들처럼 우아한 워킹과 친절한 미소, 바른 자세를 한 스텝포드의 와이프들처럼 지낸다. 그리고 이들을 축하하기 위해 마련한 축제에서, 이 모든 사실들을 밝혀낸다. 영화는 조금 더 충격적으로 이들을 이끌었던 리더인 마이클이 로봇이었다는 사실과 이 로봇 남편을 만든 사람이 생물학박사인 여자였다는 사실에 다시 한번 놀랜다. 하지만 이 광란적 스토리는 여기서 끝나고, 모든 스텝포드의 와이프들은 그들이 있던 자리로 돌아가고, 그 자리에 스텝포드의 남편들만 남는다.

매너와 에티켓 강의를 하러 전국을 다니면서 참 많은 사람들을 만나게 된다. 그들은 학생이기도 하고, 직장인이기도 하고, 사회인이기도 하다. 그런 그들이 '참 바른 자세를 모르는구나.' 하고 생각한 적이 한두 번이 아니다. 신발을 질질 끌면서 걷는 행동, 고개를 푹 숙이고 어깨를 늘어뜨리고 걷는 걸음, 지하철이나 버스에서 다리를 쫙 벌리고 앉는 행동, 서비스맨들이 대기자세 중 잡담을 하는 행동, 고객이 길이나 위치를 물어보는데 앉아서 대답하거나 손가락만으로 위치를 안내하는 행동, 강의 중에 엎드려 있는 행동 등 일일이 열거할 수 없이 많다.

너무도 다양하고, 너무도 다채로워서 '나 혼자의 힘으로 이것을 바꿀 수 있을까?' 하는 걱정과 우려가 앞서기도 한다. 사회생활의 기본은 자세를 가다듬는 순간부터 시작된다. 출근 시간 20분 전까지 출근하여 화장실에 가서 다시 매무새를 다듬고, 거울에 비치는 내 모습 속에서 아랫배 힘주고, 턱 당기고, 손은 공수하고 "안녕하십니까?"라고 한번 연습하고 하루를 시작해 보자.

나에게 매일 쏜살같이 지나가 보이지 않던 여러 기회가 다시 보이게 될 것이다.

Key Point

바른 자세와 태도

- 바른 마음가짐
- 자세는 마음의 표현이므로 성실한 마음을 가지도록 한다.
- 모든 상황을 상대방의 입장에서 이해하도록 한다.
- 베풀려는 마음의 여유를 갖는다.

(1) 자세, 동작의 기본

- 등줄기를 곧게 편다.
- 손가락은 가지런히 한다.
- 동작은 하나하나 끊어 절도 있게 한다.
- 거두는 동작의 속도를 한 박자 느리게 조절한다.
- 반드시 상대방과 편안한 시선을 마주친다.
- 밝은 표정을 유지한다.

(2) 선 자세

- 등을 곧게 하고 가슴을 편다.
- 두 어깨는 힘을 빼고, 좌우 수평이 되게 한다.
- 배는 안으로 당기고 힘을 준다.
- 무릎에 힘을 주어 붙인다.
- 몸의 중심을 잘 잡고 발의 뒤꿈치를 붙이고 두 다리를 붙여 선다.
- 남자는 양발을 45°, 여자는 양발을 30° 정도 벌린다.

(3) 앉는 자세

- 등과 등 사이에 주먹 한 개가 들어갈 정도의 거리를 두고 깊숙이 앉는다.
- 등을 곧게 한다.
- 시선은 상대의 미간을 본다.
- 다리는 모아 수직이 되게 한다.
- 발끝은 가지런히 모은다.
- 의자에 앉을 때 발이 의자 아래로 들어가지 않도록 한다.

(4) 걷는 자세

• 몸의 중심은 바닥을 딛는 발에 얹는다.
• 어깨는 수평으로 하며 머리와 몸은 흔들지 않는다.
• 발은 일직선의 좌우에 붙여서 옮겨 디딘다.
• 여성은 무릎이 스치는 듯한 기분으로 걷는다.
• 허리와 가슴부터 나가는 기분으로 중심을 옮긴다.
• 발끝, 발바닥, 발뒤꿈치 순으로 닿도록 한다.
• 팔은 양손 끝이 옆 재봉선에 스치도록 자연스럽게 걷는다.
• 보폭은 자기의 체격에 맞도록 자연스럽게 한다.
• 뒤꿈치를 끌거나 신을 꺾어 신지 않는다.

4. '이보다 더 좋을 순 없다'를 통해 본 미소와 표정 이야기

이보다 더 좋을 순 없다(As Good As It Gets)

미국/장르 : 코미디, 드라마/15세 관람가/상영시간 : 138분/개봉 : 1998년
감독 : 제임스 L. 브룩스
출연 : 잭 니콜슨, 헬렌헌트, 그렉 키니어 외

개인적으로 이 영화는 영화 자체도 좋지만, 제목이 주는 느낌이 왠지 기분이 좋다. 이보다 더 좋을 순 없다(As Good As It Gets). 살면서 이런 상황들을 얼마나 자주 만나게 될 수 있을까? 그냥 막연하게 이 제목만으로 행복해질 때가 있어서 이 영화가 무척 좋다.

일반적으로 로맨틱 코미디라는 영화 장르에서 보면 주연 배우나, 내용들이 젊은 사람들의 시선에 편중된 것들이 대부분이다. 그러나 이 영화는 로맨틱 코미디라는 영화 장르도 어떤 메시지를 전달할 수도 있고, 배우들의 역량이 얼마나 중요한지를 알게 해준 영화이다.

할리우드의 더 이상 말이 필요 없는 배우 잭 니콜슨과 헬렌 헌트, 두 배우의 만남만으로도 영화의 완성도는 50%를 넘을 정도이다. 영화 전반에서 보여주는 잭 니콜슨의 카리스마 넘치지만 순수한 내면 연기와 헬렌 헌트의 수줍음과 독설, 당혹과 기대, 울먹이는 웃음의 연기는 우리네의 일상적인 삶의 아이러니를 실감나게 살려낸다.

영화 〈이보다 더 좋을 순 없다〉는 강박증세를 보이는 로맨스 작가, 멜빈유달과 병든 아들에 대한 의무로 자기 삶을 포기해 온 식당 종사원 캐럴의 사랑을 다룬 제임스 브룩스 감독의 어른들을 위한 로맨틱 코미디이다.

주인공인 멜빈은 뒤틀리고 냉소적인 성격으로 다른 사람의 삶을 경멸하며 신랄하고 비열한 독설로 그들을 비꼰다. 그의 강박증 역시 유별나다. 길을 걸을 땐 보도블록의 틈을 밟지 않고, 사람들과 부딪치지 않으려고 뒤뚱뒤뚱 걷는다. 식당에 가면 언제나 똑같은 자리에 앉고, 가지고 간 플라스틱 스푼과 나이프를 사용한다.

'얼굴은 마음의 거울이며, 웃음은 그 사람이 살아온 삶의 기록이고, 표정은 그의 신상명세서'라고 한다. 링컨 대통령은 '사람은 나이가 들어가면 갈수록 본인의 얼굴에 책임을 져야 한다'는 이야기를 했다. 우리는 인생을 살면서 자신의 얼굴을 본인보다는 주로 타인에게 보여주며 살고 있다. 하지만 이 사실을 자주 잊곤 한다. 우리는 외형적 모습이 어떠한 의미를 나타낼 때 표정이라 부른다.

그래서 의사소통의 수단은 언어이지만 표정을 통하여 말하고자 하는 의도를 알 수가 있다. 즉, 표정으로 상대방의 마음을 읽을 수 있다. 말은 거짓으로 할 수 있으나, 표정을 거짓으로 장식하기는 무척 어려운 일이다. 상대하기 싫은 사람과 대화를 나눌 때의 표정은 굳어질 수밖에 없다. 반대로 좋은 이미지를 갖고 있는 사람과 대화를 나눌 때의 표정은 밝고 아름답다. 그래서 표정은 마음의 정표요, 정신의 표현이라고 하는 것이다.

영화 속에서 이런 멜빈을 다들 사이코라 상대도 하지 않으려 하지만, 캐롤은 그런 멜빈에게 주문을 받아주기도 하고 가끔 말상대도 해준다. 그녀는 천식을 앓는 아들에, 넉넉하지 않은 살림을 꾸려나가면서도, 항상 밝은 표정을 잃지 않는다. 그런 그녀만이 열린 마음으로 멜빈을 대해주는 유일한 사람이다.

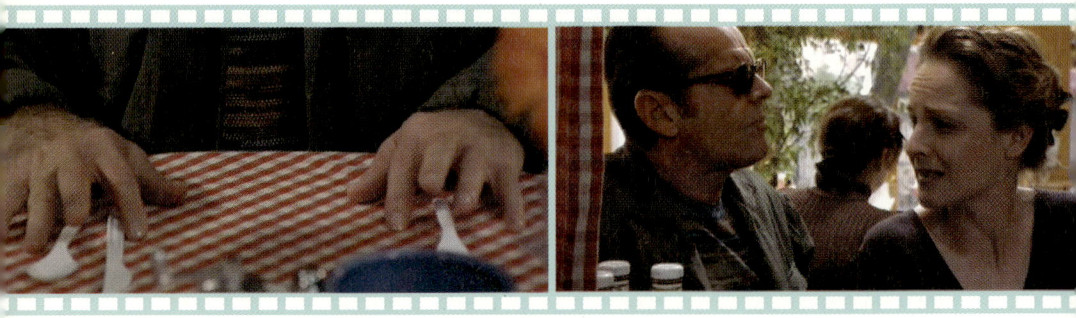

흔히 우리가 서비스맨이라 부르는 사람들은 서비스를 하기 위해서 타고난 성격과 사람을 부드럽게 할 수 있는 좋은 인상의 얼굴 표정이 전제되어야 한다고 한다.

이런 성격과 인상이 사람을 매일 상대해야 하는 데 있어서 거부감을 주지 않고 편안한 느낌을 주어 서비스의 질을 향상시키기 위한 기본적인 요소인 것이다.

영화에서 또 다른 등장인물을 소개된다. 사이먼과 그의 아들이자 애완견인 버델이다. 사이먼은 굉장히 알려진 동성연애자이자 화가이다. 그는 외로움을 강아지 버델을 통해 위안을 받는데, 앞집에 사는 멜빈이라는 작가가 자신과 자신의 애완견 모두를 싫어하는 것을 알고 서로를 경멸한다.

하지만 그런 사이먼이 강도를 당하고 만신창이가 된다. 그러면서 사이먼 역시 표정을 잃어버리게 된다. 준수한 외모의 화가고 경제적인 여유까지 갖췄던 그가 한순간에 모든 것을 잃게 되자 다시 그림을 그릴 수도 없고, 사람들의 시선을 피하고 본인도 또 다른 느낌에 강박증에 시달리게 되고, 그런 마음속 변화들이 표정에 그대로 나타나게 된다. 당분간 사이먼이 강아지를 돌볼 수 없게 되자 사이먼의 친구는 그 강아지를 앞집 멜빈에게 맡긴다. 그의 강아지를 강제로 맡게 되면서 멜빈은 조금씩 변화하게 된다. 자기 집에 누군가 들어온 적이 없던 멜빈은 강아지 버델이 들어오자 아무것도 하지 못하고 안절부절못한다. 하지만 곧 버델을 위해 피아노도 쳐주고, 산책도 시켜주고, 베이컨도 나눠주면서 본인의 내부에 존재하는 다른 모습을 발견하게 된다.

또한 멜빈은 캐롤이 아이 때문에 더 이상 레스토랑에 나오지 못한다는 말을 듣고 아이를 위해 의사선생님을 보내주고, 식당에 나와서 근무하기를 원한다. 캐롤 역시 아들의 병으로 늘 표정 한구석이 어두운데, 의사가 다녀가고는 그동안 너무도 제대로 된 의료서비스를 받지 못한 데에 대한 자책을 하지만 마음의 여유를 얻는다. 멜빈은 출판사 사장을 통해 캐롤의 아들을 치료해 주고, 캐롤과 함께 차로 사이먼을 고향까지 데려다 주기로 한다. 여행을 떠나는 세 사람은 처음에 만났을 때와는 사뭇 달라져 있다. 표정도 조금은 여유 있는 표정이 된다.

얼굴의 형상은 부모님으로부터 물려받지만, 얼굴의 표정은 자기 노력에 의하여 개인적인 이미지를 형성할 수 있다. 얼굴의 표정은 상대방과 무언의 대화를 하고 있다는 증거이므로, 상대방에게 여러 가지 의미를 나타낼 수가 있다.

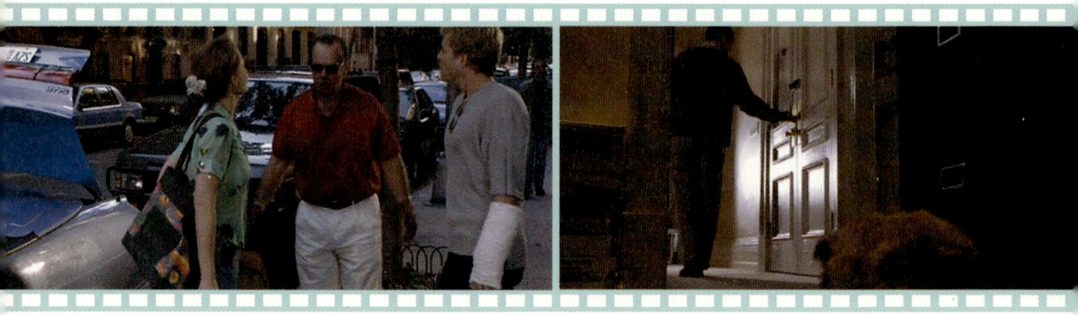

고객을 상대로 서비스 상품을 판매하기 위해서는 상품 자체의 가치뿐만 아니라 서비스 제공자의 얼굴 표정에서 풍기는 따뜻한 분위기도 서비스 상품의 가치를 높일 수 있기 때문에 서비스 제공자의 얼굴 표정은 대단히 중요하다.

또한 얼굴의 표정은 사람의 감정에 따라 다양하게 변화하기 때문에, 서비스 상품을 취급하는 사람은 긍정적인 얼굴 표정을 표출하여 상품의 가치를 향상시키도록 노력해야 한다. 따라서 대부분의 서비스 기업은 상품의 부가가치를 높이기 위해 서비스 제공자의 얼굴표정 관리에 대한 교육을 실시하고 있다. 예를 들어, 찡그리는 얼굴상으로 고객에게 서비스를 제공하면 서비스를 제공받는 고객의 마음은 매우 부담스러울 것이다.

그래서 많은 환대산업에 종사하는 종사원들은 자신의 얼굴에 대한 표정을 철저히 관리하여 제공하는 서비스 품질의 가치를 향상시켜서, 고객들의 서비스에 대한 기대 수준을 능가하기 위한 교육을 실시하고 있다. 비단 환대산업에 종사하는 직업을 갖지 않았다 해도, 특별한 문제에 민감하게 반응을 하는 사람은 얼굴에 즉각적으로 표출되기 때문에, 사회생활에 나쁜 영향을 주는 경우가 자주 발생한다. 내면의 감정을 얼굴에 긍정적으로 표현하여 부드러운 표정을 창출하기 위해서는 항상 긍정적인 사고와 적극적인 마음자세가 요구된다.

좋은 표정은 멋진 미소와 동반될 때 훨씬 효율적이다. 아이들의 울음과 웃음을 살펴보면 웃음의 메커니즘을 알 수 있다. 선천적으로 시각, 청각 장애를 지닌 아기가 학습이나 흉내를 내지 않고도 웃을 수 있다는 것, 얼굴을 찡그릴 때 64개의 근육이 움직이는 데 반해 웃을 때는 13개의 근육만 이용해도 될 정도로 쉽다는 것을 보면, 선천적 요소를 지닌 것으로 보인다.

아이들은 생후 2~3개월부터 웃기 시작하여 자라면서 웃음의 횟수가 급작스럽게 증가해서 취학 전후에 1日 300~400회로 최고조로 이르고, 성인이 되면서 1日 15~40회로 줄어들고, 장년이 되면 6~14회 정도로 줄어든다고 한다. 웃음을 생리적으로 분석하면 뇌의 특정 부위를 자극한 결과라고 한다. 나이가 들면서 웃음이 줄어드는 것을 보면 외부환경이라는 자극요소가 작용한 것으로 보인다.

얼마 전 화제가 된 외국의 한 택시 기사가 말하는 기막힌 '동양인 구별법'을 아는가? 그는 특히 한국인을 구별하기 쉬웠다고 하는데 그 이유는 '얼굴에 아무 표정이 없기' 때문이었다고 한다. '한국 사람들은 표정이 없다.'라는 이 비난에 불쾌해하기 이전에 거울에 자신의 얼굴을 비추어 보면 그 사실을 아마 수긍하지 않을 수 없을 것이다.

상대방에게 좋은 이미지를 전달하는 데 가장 효과적이면서 기본이 되는 수단이 '미소'이다. 사람들은 누구나 기쁨과 즐거움으로 살아가기를 원하고 있으나, 원망 · 불평 · 불만으로 살아가는 경우가 점점 더 많아진다. 미소를 잃어버리고 있기 때문이다. 영화 속 주인공들처럼 외부환경이나 자극요소로 인해 미소를 잃어버렸던 사람에게도, 자신의 마음을 훈련하고, 편안해지면 다시 얼마든지 찾아낼 수 있고, 보여줄 수 있는 것이 미소다.

사람들 간에 대화를 하든, 하지 않든 얼굴에서 풍기는 분위기는 그 사람의 감정을 읽을 수 있는 수단이 된다. 따라서 자신의 얼굴을 상대방에게 노출시킬 때에는 처해진 상황에 따라 다르겠지만 상대방에게 좋은 감정을 전달하기 위해서 노력해야 하는데, 슬픈 상황이나 두려운 상황이 아니라면 얼굴에 미소가 있어야 한다.

즉, 미소는 경우에 따라서 말은 하지 않지만 상대의 이야기에 동의한다는 무언의 대화를 의미하기도 한다. 특히 서비스산업에 종사하는 사람이라면 고객을 대상으로 서비스를 제공하는 데 있어서 서비스 제공자의 미소가 없다면 서비스의 핵이 없는 것과 다름이 없다.

미소는 서비스의 가치를 높여주는 역할과 함께 지속적인 서비스의 구매로 연결되는 중요한 역할을 한다. 즉 서비스를 제공하는 데 있어서 상품자체로서의 가치는 동일하지만 미소를 곁들인 서비스는 고객의 마음을 훈훈하게 하여 서비스를 획득하는 데 부담을 덜어주는 역할을 한다. 따라서 서비스를 제공하는 사람은 항상 얼굴에 가벼운 미소로 고객을 응대하여 고객이 편안한 마음으로 서비스를 구매할 수 있도록 해야 한다. 예를 들면, 고객이 비위에 거슬리는 언행으로 불쾌하게 했을지라도 가벼운 미소와 함께 기교와 재치로 응대할 수 있는 아량이 있어야 한다. 아무리 잘생긴 선남선녀라 할지라도 얼굴의 표정이 어두우면 상대방에게 호감을 줄 수 없다. 미소는 어떠한 상황에서도 강력한 무기의 역할을 할 수 있으며, 어느 사람에게도 잘 어울릴 수 있는 수단이다. 미소는 상대방에게 편안한 기분이 들도록 해주고, 자기 자신에 대한 호감을 갖도록 해준다. 또한 미소는 좋은 이미지 가운데 인간관계를 유지시켜 주어 결과적으로 자기 자신의 마음도 즐거워진다.

유교적 전통이 있는 우리나라에서는 얼굴의 무표정을 정상적인 표정으로 간주하기도 하나, 외국에서는 무표정을 불만족이나 반감 등으로 이해한다. 또한 우리나라에서 웃는 사람은 싱거운 사람으로 이해하고 있는 반면, 외국에서는 웃는 얼굴을 친밀감을 나타내는 표현이라고 생각한다. 세계화를 추구하고 있는 현시점에서 표정관리에 대한 사고전환이 필요하다. 우리나라 사람들은 내적인 감정은 매우 따뜻한 편인데도 다른 사람들에게 미소 띤 얼굴을 표현하는 데 매우 인색하다.

유교적인 영향으로 인해 오랫동안 어른 앞에서 웃는 행위가 흠이 되며, 여자가 큰소리로 웃는 것도 예의에 어긋나는 행위로 간주되고, 어른에게 유머를 사용하는 것도 실례로 취급됐다. 또한 폐쇄적인 정치적 환경 하에서 상당기간 동안 경제적으로 궁핍했기 때문에 기본적인 삶을 영위하기 위해 여유로운 표정으로 웃음을 지을 수 없었다. 외부의 간섭을 싫어하는 민족일지라도 역사적으로 외부의 간섭과 침략이 끊임없이 계속 되어왔기 때문에 웃을 수 있는 여유를 갖지도 못했다.

표정 연구가에 의하면 미소 짓는 입의 표정은 입 꼬리가 위로 올라가는 형태를 취해야 한다고 한다. 즉, 입 꼬리가 위로 올라가도록 웃는 얼굴은 매력적이며 상대방에게 호감을 줄 수 있다. 무심코 지나쳐 버릴 수 있는 미소 지을 때의 입 표정은 평소에 훈련에 의해서 매력적인 형태로 만들 수 있다. 입가의 근육은 나이가 들수록 처지는 경향이 있으나 젊은 사람일수록 입 꼬리에 근육에 탄력이 있어 연습에 의해서 아름다운 모습의 미소를 연출할 수 있다.

세 사람이 동행한 여행길에서 캐롤은 사이먼에게 예술적 영감을 불러일으키고, 멜빈은 여행에서 돌아온 후 캐롤에게 서툰 몸짓으로 사랑을 고백한다. 너무도 냉소적이던 멜빈의 환한 미소가 아주 인상적이다. 미소와 좋은 표정은 억지로 지어지는 것이 아니라 마음으로부터 우러나와야 한다. 그러려면 항상 긍정적인 사고를 가져야 하고, 자기 자신을 사랑할 줄 알아야 한다. 타인을 존중하고 배려할 줄도 알아야 한다.

영화 속 주인공 멜빈은 이제 본인 자신도, 캐롤도, 또 캐롤의 아들도, 사이먼의 강아지 버델도 사랑할 줄 아는 남자가 된다. '이보다 더 좋을 순 없다'는 제목처럼 사회생활을 하면서 항상 미소 짓는 날만 가득하다면 얼마나 좋을까? 그런 날은 본인 스스로 만드는 것이다.

Key Point

표정

1. 표정의 중요성

서비스 마인드는 표정으로 표출된다. 표정은 호감을 생성하는 만국 공통의 언어

① 표정은 첫인상에 작용하여 이미지를 결정짓는다.
② 첫인상이 좋아야 그 이후의 대면이 가능하며 호감을 형성할 수 있다.
③ 밝은 표정은 인간관계의 기본이다.
④ 밝은 표정은 환영을 의미하고, 자신감을 갖게 해주며 소극적인 감정을 치료해 준다.
⑤ 상대방의 표정은 나의 책임이다(나의 표정이 밝고 환하면 보는 이로 하여금 즐겁게 만드는 효과가 있다).

2. 밝은 표정의 효과

① 마인드 컨트롤 : 밝은 표정을 지으면 내 기분이 좋아진다.
② 감정 이입 효과 : 내 기분은 물론 상대의 기분까지 좋게 만든다.
③ 건강 증진 효과 : 위장병의 치유
④ 신바람 효과 : 상호간의 밝은 표정은 업무의 효율을 증진시킨다.
⑤ 호감 형성 : 표정은 내 것이지만, 내가 보는 것이 아니라 상대방에게 보이는 것이다.

3. 표정의 체크 포인트

① 자신의 웃는 표정이 마음에 드는가?
② 자신의 얼굴을 웃는 얼굴로 바꾸고 싶은 생각은 없는가?
③ 자신의 웃는 얼굴에 대한 칭찬받은 적이 있는가?
④ 웃을 때 입을 가리는 버릇은 없는가?
⑤ 사진을 찍거나 사람을 대할 때 자연스러운 미소를 지을 수 있는가?
⑥ 자신의 표정이 다양하다고 생각하는가?
⑦ 자신의 표정 관리 수준은 어느 정도인가?

4. 표정이 갖는 영향력

① 밝은 표정은 환영을 상징한다.
② 밝은 표정은 자신감을 갖게 한다.

③ 밝은 표정은 고민, 비판, 의기소침을 없애준다.
④ 밝은 표정은 소극적인 감정을 치료해 준다.
⑤ 밝은 표정은 타인의 반대를 용해시켜 준다.
⑥ 밝은 표정은 화를 낼 수 없게 만든다.
⑦ 밝은 표정은 행복감을 느끼게 한다.
⑧ 밝은 표정은 자연스러움, 안정감, 온정, 희망, 기쁨을 느끼게 한다.

미소

1. 미소의 중요성

좋은 표정은 멋진 미소와 동반될 때 효율적이다. 미소는 나의 가치를 높여주는 역할과 함께 지속적인 서비스의 구매로 연결되는 역할을 한다. 미소는 말은 하지 않지만 상대의 이야기에 동의한다는 무언의 대화이므로 신중해야 한다.

2. 미소의 효과

- 상대방을 편하게 해준다.
- 인간관계를 좋게 해준다.
- 호감 가는 인상을 준다.
- 자신의 마음도 즐거워진다.

3. 좋은 미소의 3요소

눈이 웃고, 입이 웃고, 마음이 웃는, 미소

4. 미소 만들기

- 눈의 표정 : 이야기할 때 상대의 눈을 중심으로 얼굴 전체를 차분한 눈으로 본다.
  주의해야 할 시선 : 곁눈질하는시선, 아래위로 훑어보는 눈, 한곳만 응시하는 눈, 졸린 눈, 게슴츠레 보는 눈
- 입의 표정 : 아름다운 미소를 만드는 데 가장 중요한 역할을 한다.
- 바람을 잔뜩 불어 넣은 상태에서 좌우, 위아래로 움직인다.
- 입을 크게 벌려 '아, 에, 이, 오, 우'를 연습한다.
- 마음의 표정 : 좋은 미소의 기본은 즐거운 생각과 긍정적인 마음이다.
- 마음이 담겨 있는 미소는 여러 사람의 마음을 열어준다.

5. '왓 위민 원트(What Women Want)'로 생각해본 인사 이야기

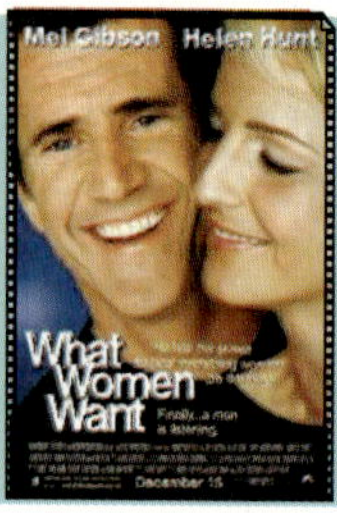

왓 위민 원트(What Women Want)

미국/장르 : 멜로, 애정, 드라마/15세 관람가/상영시간 : 123분
개봉 : 2001년
감독 : 낸시 마이어스
출연 : 멜 깁슨, 헬렌 헌트, 마리사 토메이 외

과거 세계사 속 인물 중 90% 이상이 남성이었다. 세계사 속이 아니라 우리나라만 보아도 위인전에 나오는 여성 위인은 손에 꼽을 정도다. 과거 씨족국가에서는 여성이 대표되는 모계사회의 형태를 띠고 있었다. 이런 모습들이 언젠가부터 남성중심의 사회로 변모됐다. 사냥과 전쟁을 일삼던 남성들이 여성들을 억압할 수 있었던 도구는 성적인 유린이나 성적인 억압이 아니었나 생각된다. 근대에 와서도 역시 남성은 가정 경제의 모든 것을 지휘하는 가장의 역할이 주어지고, 여자는 안에서 보필을 잘해야 한다는 관념으로 남성중심의 모습들로 진화해 갔다. 하지만 이제는 달라졌다.

갈수록 모든 국가는 고령화사회가 되고, 더 이상 경제의 주체가 남성만이 아닌 시대가 되었다. 여성들이 사회로 쏟아져 나오면서, 모든 경제와 소비의 주체가 이제 여성을 주목하는 시대가 됐다. 마케팅에서, 홍보에서, 구매에서도 역시 여성이 주도적인 시대가 됐다. 그런 사회를 잘 반영하는 영화 한 편이 있다.

왓 위민 원트!

다소 황당한 내용을 소재로 다루기 했지만 참신한 영화다.

최고의 광고 기획자이면서 멋쟁이 이혼남인 닉 마샬(멜 깁슨)은 세상이 자기중심으로 돌아간다고 믿는 속물근성이 있는 남자다. 스스로 남성적인 매력을 아주 많이 갖추고 있다고 생각하고, 늘 주위의 여성들이 본인을 어찌 생각하는지도 모른 채 자가당착에 빠져 있는 인물이다. 이런 닉에게 최대의 고비가 다가온다. 바로 미모와 지성을 겸비한 여성 팀장 달시 맥과이어가 그를 앞지르고 승진해 상사로 부임한 것이다.

처음 부임하는 날부터 달시는 닉을 경계한다. 닉에게 달시는 엄청난 잔소리를 해대며 자신을 못살게 구는 상사일 뿐이고, 달시에게는 닉이 구닥다리 사고방식을 가진 남성우월주의자일 뿐이다. 그런데 그런 어느 날 여성 용품을 써보던 닉에게 작은 사고가 생기고, 닉은 새로운 능력이 생긴다. 바로 여성들의 속마음이 들리는 것이다. 이 영화 아니고도 다른 영화 속에서도 '인사' 하는 장면은 아주 많이 있다. 하지만 이 영화를 인사 이야기의 영화로 결정한 것은 여성의 마음을 잘 읽어낸다는 이유 말고도, 인사라는 것이 결국 상대에게 나의 마음을 표현하는 수단인 것에 대한 표현이 재미있는 상상 속에 전개되기에 정했다.

인사는 인간관계를 형성하는 데 있어서 가장 기본이 되는 에티켓이다.

사람이 태어나서 엄마, 아빠라는 단어를 구사하게 된 후 가장 먼저 하게 되는 단어 역시 '안녕' 이라는 단어이고, 가장 먼저 배우게 되는 사회 행동이 인사인 걸 보면 인사가 사람들 간의 관계에 가장 기본이 되는 에티켓이라는 말을 더욱더 강조하게 된다. 인사의 한자 표현인 '人事' 의 의미를 생각해 보면 '사람이 마땅히 해야 할 일', '사람을 존중하는(섬기는) 일' 이라는 의미이다. 이는 인간관계의 기본이며 사람이 가장 사람다울 수 있게 하는 아름다운 행위이다.

따라서 무엇보다 중요한 것이 인사하는 마음가짐인 바, 상대를 존중하는 마음으로 인사를 해야 한다. 인사는 상대방에 대한 우호적 감정의 표현으로 과거에는 상대로 하여금 공격적인 마음의 상태나 적대감을 상쇄시키는 의미로 사용된 자기 보호의 수단이기도 했다. 실제로 일본인들의 바른 인사성 역시 사무라이 문화에서 자신을 보호하기 위해 상대에게 적개심을 보이는 대신 호감을 생성하려는 문화의 표현 양식이라고 얘기하기도 한다. 인사는 인간관계에 있어서 시작과 끝을 장식하는 것이며, 서비스의 첫 동작이자 마지막 동작이다.

영화 속에서 닉은 매일 아침 만나는 도우미에서부터 아파트 보안원, 회사의 동료, 비서들에게 매일 아침 인사를 건넨다. 하지만 모두들 닉이 인사하면 기분이 나빠진다. 다른 사람을 배려하는 인사라기보다 자신만의 기준으로 판단하고 생각한 후 상대의 기분에 대한 배려 없이 인사를 하기 때문이다. 여자에 대한 개념이 잠자리 파트너라는 개념뿐인 닉은 그들에게 어떻게 인사를 건네고 대화해야 하는지는 관심이 없다. 이런 형태로의 인사는, 인사를 받는 상대방이 가장 먼저 느낄 수가 있다. 우리가 일상생활 속에서 다른 누군가에게 인사를 건네고 받을 때 보면 그 사람이 형식적인 것인지, 정말 마음에서 우러나오는 것인지는 인사하는 목소리, 동작만 보아도 알 수 있지 않은가?

원래의 인사 의미는 마음에서 우러나오는 만남의 첫걸음이다. 또한 나의 마음가짐의 첫 번째 외적인 표현이다. 인사는 또한 사회생활의 시작이고 끝이기도 하다. 직업이 서비스업이라면 서비스맨의 기본이 되는 척도이기도 하다. 또한 가장 중요한 것은 마음의 문을 여는 열쇠이다. 호감이 가는 상대를 만나서 하는 인사는 목소리와 동작에서도 호감이 묻어난다. 상대에 대한 존경심의 표현이기도 하고, 내가 당신에게 친절하겠다는 약속의 표현이기도 하다. 그리고 무엇보다 우리가 사회생활 속에서 매일 만나는 누군가에 내가 줄 수 있는 첫 번째 감동이기도 하다.

영화 속 공간처럼 직장인에게는 애사심의 발로이기도 하고, 상사에 대한 존경심의 표현, 동료 간의 우애의 표현이기도 하다. 즉 자기 자신의 인격과 교양을 표현하는 척도인 것이다. 이런 소중한 인사를 닉은 그동안 너무도 소홀히 했다. 상사 달시는 이런 닉에게 여성 용품을 모두 써보고 광고 시안을 만들어 오라는 지시를 내린다.

나이도 어린 상사에게 무시당하기 싫어진 닉은 집에서 혼자 여성 용품을 써보게 된다. 그러다 닉은 드라이어에 감전되어 쓰러지게 되고, 눈을 떴을 때 세상은 달라져 있다. 여자들의 속마음이 환청처럼 들리게 된다. 너무나 당혹스러운 닉은 회사에 출근하고 그동안 반갑게 인사하고 자신을 좋아하는 줄 알았던 여성들이 자신을 혐오스럽고, 뻔뻔한 상사로 인식하고 있는 것을 알게 된다. 그리고 그동안 자신에게 친절하고 상냥하게 인사하던 행동들이 모두 가식적이었다는 것을 알게 된다. 혼란스러운 마음에 정신과 상담을 받으러 간 닉은 새로운 능력이 생긴 것을 알고 그것을 잘 활용해야겠다고 받아들인다. 그리고는 여자들을 다시 보기 시작한다.

이런 닉의 변화에 여성들은 당황하지만, 자신들의 마음을 너무도 잘 알아주는 닉이 이제 매력적으로 느껴지게 된다. 그동안은 얼굴도 보기 싫어 대충 인사하던 닉에게 달려와 눈 맞추고 미소 지으며 인사를 하게 된다. 인사는 상호 간에 나누는 것을 원칙으로 하며, 상대방에게 받는 것보다 자신이 먼저 행하는 데 의의가 있다.

보통 '서비스가 참 좋아' 라는 평가를 받는 곳을 가보면 인사를 잘한다는 공통점을 갖고 있다. 인사는 우리가 매일 수도 없이 하는 단순한 동작이지만 많은 의미를 내포하고 있는 중요한 의식인 만큼, 바른 자세로 마음을 담아 밝은 미소와 함께 나눠야 한다.

그렇다면 인사라는 것이 이렇게 중요하고, 모든 회사에서 '친절하게 인사하기' 등을 외치며 그 많은 시간을 교육에 투자를 하는 데도 여전히 인사가 잘 되지 않는 이유는 무얼까? 그건 인사가 '일' 이 되었기 때문이다. 유니폼을 입건, 입지 않건, 회사라는 곳에 출근하게 되면 누군가에게 서비스라는 것을 하라고 지시를 받게 된다. 그럼 그때부터 인사도 일이 되는 것이다. 또 하나의 의미를 부여하자면 어릴 적 불특정 다수의 타인을 보고 그렇게 상냥하게 인사를 잘하던 꼬마들이, 자신이 아는 사람과 모르는 사람의 개념이 생기는 그 순간부터 자신이 아는 사람을 제외한 모든 사람에게 인사를 하지 않는 우리나라의 정서 탓일 수도 있다.

인사를 나만의 세상 속에 가두어 두고, 내가 잘 아는 사람, 내가 인사하고 싶은 사람, 이렇게 나누고 나서 형식적으로 인사를 하려니 인사가 제대로 잘 되지 않는 것이다. 그리고 우리나라 사람들이 가장 지키지 못하는 것은 가장 가까운 가족들에게 인사를 생략하든지, 대충 한다는 것이다.

사회의 기본이 되는 단위인 가정에서부터 제대로 인사를 하고 받지 못하는데, 외부의 타인에게 인사를 잘한다는 것은 어불성설(語不成說)일 것이다. 예전에 우리나라는 외출을 할 때나, 돌아올 때 반드시 부모님께 절을 올렸다.

세상도 변하고, 변화의 속도를 따라갈 수 없을 만큼 변화되고 있는 요즘에, 매번 부모님께 절을 하라는 이야기는 아니다. 다만 최소한 가정에 돌아와서 부모님과 눈 맞추고, 자녀들과 눈 맞추고 밝게 인사해 주고, '+1% 화법' 을 더해 한마디씩만 더 붙여주는 인사! 인사가 연습돼야 한다. 그리고 자신과 함께 근무하는 옆자리 동료에게 또 이런 밝은 인사를 건네는 것이다. 하루 24시간 중 가장 많은 시간을 함께 보내는 사람들이 바로 내 옆에 있는 동료이다. 이런 동료들과 상사, 후배들에게 기분 좋은 인사, 기분 좋은 대화를 진행하고 나면, 고객에게 하는 인사는 자연스럽게 친절한 인사가 된다. 사람의 마음은 다 똑같다. 나에게 친절하게 대해주면 좋고, 내가 특별하다 생각되면 더더욱 기분이 좋다. 그리고 누군가 나에게 밝게 인사해 주면 좋다.

영화 속에서도 이런 모습들이 묘사된다. 그동안 이혼하고 엄마와 살던 딸이 엄마의 재혼으로 아빠와 며칠의 시간을 보내러 돌아온다. 하지만 너무도 커버린 딸과 이야기를 나눌 방법을 모르는 닉은 딸에게 무시당한다. 딸도 자신의 마음을 전혀 몰라주고, 자신과 이야기를 하지도 않는 아버지에게 원망만 커진다. 그리고 매사가 부정적이 된다. 하지만 달라진 아빠 모습에 딸도 조금씩 변화하게 된다. 그리고 닉은 딸이 자신에게서 원하는 것이 무엇인지 깨닫게 된다.

인사는 환영의 의미만을 포함하지 않는다. 물론 기본은 밝은 마음과 상냥한 마음으로 상대를 맞이하는 것이지만 위로의 마음, 사과하는 마음, 겸허한 마음, 감사하는 마음, 헤어짐을 아쉬워하는 마음, 축하하는 마음 등 다양한 마음들의 표현이기도 하다. 닉은 이런 마음을 깨닫게 된 것이다. 영화의 마지막으로 가면 닉은 달시

의 마음을 읽어 광고를 만들고, 그것이 대형업체의 광고로 채택되면서 달시가 쫓겨나게 된다. 양심의 가책도 느껴지고 달시를 사랑하게 된 닉은 달시를 찾아가고, 이런 모든 것을 고백하고 사랑을 얻는다는 결론으로 영화는 끝이 난다.

누군가의 생각이 귀에 들린다는 것은 매력적일 수도 있고, 너무 고통스러울 수도 있는 경험일 것 같다. 하지만 우리는 이런 초능력이 존재하지 않아도 상대방이 어떻게 하면 기분이 좋아지는지, 환청이 들리지 않아도 알 수 있는 경우가 많다.

어릴 적부터 칭찬을 많이 듣고 자란 사람은 다른 사람을 칭찬할 수 있고, 어릴 적부터 사람들에게 자존심 상하는 말을 많이 듣고 자란 사람은 역시 사람들을 혐오하는 사람이 되고, 끔찍한 범죄를 저지르는 사람으로도 자랄 수 있다고 한다. 이렇게 소소한 일상들이 모여 하나의 나를 이루듯, 사람도 매일매일 마주치는 일상의 작은 만남과 인사 속에서 또 하나의 나를 만들어내는 것이다. 그것이 업무의 연장이든, 아니면 가까운 사람들과의 만남이든, 그곳엔 인사가 있다. 이런 인사를 늘 마주하는 타성으로 대하지 말고, 늘 새롭게 밝은 마음으로 해본다면 지금보다 더 많은 기회와 사람들이 내 주변에 모이지 않을까!

우리는 너무나 형식적 인사를 많이 했기에 어쩌면 이런 인사의 중요함을 잃고 있는 것은 아닌가? 공기처럼 없어져 봐야 아는 인사가 아닌, 내 삶의 윤활유가 되는 인사를 오늘부터 다시 해보자.

Key Point

인사의 의미

- 마음에서 우러나오는 만남의 첫걸음이며 마음가짐의 외적 표현이다.
- 안간관계의 시작이고 끝이다.
- 마음의 문을 여는 열쇠이다.
- 상대방에게 줄 수 있는 첫 번째 감동이다.

6. '금발이 너무해'로 만들어 보는 나만의 이미지 메이킹 이야기

금발이 너무해(Legally Blonde)

미국/장르 : 코미디, 드라마/12세 관람가/97분 상영/개봉 : 2001년
감독 : 로버트 룩케틱
출연 : 리즈 위더스푼, 루크 윌슨, 셀마 블레어

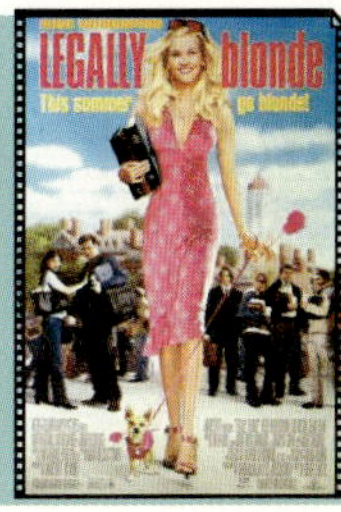

일반적으로 사람에게는 4가지의 이미지가 있다.

'내가 알고 남이 아는 나의 이미지', '나는 모르고 남이 아는 나의 이미지', '나만 알고 남이 모르는 나의 이미지', '나도 모르고 남도 모르는 나의 이미지' 이렇게 4가지의 이미지를 가지고 있다. 이 4가지의 이미지의 분포에서 '내가 알고 남이 아는 나의 이미지'가 가장 높고, 다른 세 가지는 그 분포가 몹시 작아야 겉과 속이 다른 이중적인 사람이 아닌 것이 된다. 현대를 살아가기 위해서는 나만의 이미지를 필요로 한다. 있는 듯 없는 듯한 사람으로 치부되지 않고, 나를 생각하면 떠오르는 나만의 이미지라는 것 말이다.

이미지라는 것을 결정하는 데는 여러 요소가 필요하다. 얼굴의 생김새, 키, 체형, 목소리, 걸음걸이, 실력, 직업, 성격, 이 모든 것들이 나를 형성하는 이미지의 구성요소라 할 수 있다. 그 중 어떤 것 하나가 특별히 특출나면 나의 이미지를 만드는데 그 부분이 가장 크게 작용할 것이고, 다른 것이 다 특별한데 그 중 한 가지가 부족하다면 사람들은 그 부분이 빠진 나의 이미지를 또 인식할 것이다.

이미지란 '어떤 대상에서 연상되는 느낌'을 의미한다. 또한 '어떤 대상의 외적 형태를 인위적으로 모방하거나 재현하는 것'이라는 의미를 포함하기도 한다.

우리나라 4,800만 국민들에게도 자기만의 이미지라는 것이 있다. 크게는 남자·여자의 이미지가 있을 테고, 지역적 이미지라는 것이 있을 테고, 각자의 이미지라

는 것도 있다.

그러나 이미지는 그 대상이 지닌 다양한 속성의 부분적인 것이고, 전체를 표현하기에는 한계를 갖는다. 한 개체는 수없이 많은 부분이 있고, 보여지는 것이 빙산의 일각에 불과하다. 기분이 무척 좋아서 너무 밝고 경쾌한 모습만을 보였던 어떤 모임에서 함께 했던 사람들은 나를 굉장히 활발하다 여기게 된다. 반면 몸의 컨디션도 무척 안 좋고, 기분도 좋지 않은 날 참석했던 모임에서 함께 했던 사람들은 나를 굉장히 과묵하거나, 잘 기억해 내지도 못할 것이다. 이처럼 이미지라는 것은 다양성 · 복합성을 지녔을 뿐만 아니라 주관적이어서, 어떤 관점으로 어떤 면을 보느냐에 따라서 다르게 작용하고 경험 등이 작용하여 형성되는 것이다. 그러나 이런 이미지는 실체의 한 부분이지만 대표성을 갖는다는 점에서 중요한 의미를 갖는다.

모든 대상에는 나름의 이미지가 존재하는데, 사람들 역시 각자의 이미지를 갖고 있을 뿐만 아니라, 수많은 만남을 통해 상대의 이미지를 새기며 살아간다.

지금 책을 읽으며 가장 먼저 떠오르는 사람을 하나 생각하고, 그의 이름과 생김새, 직업, 옷차림, 걸음걸이, 말투 등을 떠올리는 가운데 그 사람에 대한 이미지를 떠올려 보자. 그 사람의 다양한 모습 중에 나에게 떠오르는 그 사람의 이미지가 있을 것이다. 그런데 다른 사람이 그 사람을 생각하면 이미지가 다르게 떠오를 수도 있다.

이러한 주관성 때문에 이미지는 같은 대상에 대해 저마다 다르게 느낄 수 있는 것이다. 사람들은 누구나 정도의 차이가 있을 뿐, 타인에게 보여지는 자신의 모습에 관심을 갖고 있고, 아울러 '좋은 모습'을 보이고 싶어 한다.

그러나 이미지를 형성하는 요소가 다양한 조합을 하게 됨에 따라 어떤 사람이 어떤 시각으로 나의 다양한 모습 중 어떤 면을 보느냐에 따라서 그 이미지는 실제와 다른 모습으로 각인될 수 있다. 관점에 따라서 긍정적으로도 부정적으로도 새겨지고, 실체보다 과장된 모습으로 보일 수도 있다. 마치 배우의 역할과 그 배우의 실체를 동일시하는 것도 이러한 예가 된다. 가끔 드라마 하나가 끝나면 '스타'가 되는 배우들이 있다. 이 사람들의 실체와 무관하게 사람들은 드라마에서 투영된 이미지를 그 사람에게 대비시켜 열광한다.

그리고 성공한 사람들은 많은 사람들에게 공통적으로 새겨질 수 있는 이미지를 어필한 것이라 하겠다. 이렇듯 주관적이면서 허상일 수도 있는 속성이 이미지로 각인되면서 현실에서 중요하게 작용된다. '저 사람이라면 믿고 맡길 수 있어.', '저 사람과 함께 일하고 싶다' 등 인생의 중요한 결정이 이미지에 의해 작용된다.

요즘은 광고 역시 이미지 광고를 한다. 이미지의 중요성을 대변하는 예이다. 현실에서 중요하게 작용하는 이미지를 타인의 주관적 사고에만 맡겨둘 수만은 없는 일이다. 호감을 생성하는 이미지의 연출 즉 이미지 메이킹(Image Making)이 중요하고 필요하게 되었다. 타인에게 비춰질 자신의 모습에 관심을 갖고 좋은 이미지를 새길 수 있도록 노력하는 것이 필요하다.

이런 이미지 메이킹(Image Making)이 아주 잘 표현된 영화 한 편이 있다. 〈금발이 너무해〉라는 영화이다. 아주 멋진 금발의 엘우즈는 학교에서도 우등생이고, 학교의 May Queen이기도 하고, 하버드 Law School에 다니는 멋진 남자친구도 있는, 그야말로 남부러울 것 없는 여대생이다. 아만다 브라운(Amanda Brown)의 소설을 원작으로, '금발은 곧 백치미' 라는 세상의 편견을 잠재우고 성공한다는 이야기이다.

영화의 첫 장면은 엘우즈가 워너 헌팅턴3세에게 프로포즈를 받을 거라는 생각에 준비를 하는 모습으로 시작된다. 타고난 금발에 예쁜 외모를 가진 엘 우즈는 누가 봐도 부러움이 대상이고, 관심의 대상이다. 그녀는 선천적으로 예쁨을 받고 자랐기 때문에 본인이 가지고 있는 이미지를 당당하게 사람들에게 보여주고 사랑을 하고,

받을 줄 아는 여자다. 그러나 워너로부터 프로포즈를 받을 줄 알았던 우즈는 예쁘기만 한 금발은 정치인의 아내로는 결격 사유가 많다는 이유로 헤어짐을 통보받는다. 태어나 처음으로 남자에게 채여보고, 자신을 머리가 빈 금발로 치부해 버리는 워너에게 화가 나서, 우즈는 워너가 다니는 하버드 Law School에 진학해서 워너를 다시 찾을 결심을 하고 준비를 한다.

자신을 소개하는 자기 소개서에서부터 독특한 출발을 하는 우즈는 대학에 합격하게 되고 하버드 대학의 생활을 시작한다. 하지만 너무도 성향이 다른 그들은 자신들의 부류에 우즈를 넣어 주려 하지 않고, 그녀를 배척한다. 이미지라는 것은 단지 외모적인 부분에서 예쁘다든지, 멋지다든지 하는 부분만을 의미하는 것은 아니다. 그들이 가지고 있는 사고와 행동유형도 이미지로 표현되는데, 하버드라는 대학은 전 세계의 천재라고 불리는 수재들이 모이는 곳이다. 이곳에서의 이미지는 지적 이미지가 제일 크기 때문에, 자신들과 다른 우즈를 자신들의 범주에 포함시킬 수가

없는 것이다. 그리고 우즈는 같은 로스쿨에 다니는데도 자신을 하버드 로스쿨의 학생으로 인정하지 않는 워너의 말을 듣고 또 한번의 변신을 한다.

이미지 메이킹을 하는 방법에는 두 가지가 있다. 있는 그대로의 모습으로 자신의 이미지를 만들어가는 것이 그 첫 번째 방법이다. 수수하면 수수한 대로, 멋지면 멋진 대로, 자신을 드러내는 것으로 인간적이고 솔직한 방법이지만, 자신의 진실된 내면을 상대가 알게 되기까지는 많은 시간과 만남이 필요하다. 또한 많은 사람들에게 자신을 인식시키는 데는 한계를 갖는 방법이라 하겠다.

두 번째 방법은 자신과 유사한 인물을 모델링하는 방법이다. 이미지의 어원인 'Imago'가 '모방하다'의 의미를 지녔음은 시사하는 바가 크다. 우리의 모습에는 부모의 모습이 많이 담겨져 있다. 가장 가까이에 있는 부모님의 닮고 싶은 모습을 모방하고, 자신이 닮고 싶은 유사성이 있는 인물을 선정하여 그를 모방하는 것이다.

한국의 역대 영부인 중 베스트 이미지는 단연 육영수 여사이다. 단아하면서도 인정미 넘치고, 푸근하지만 절제된 듯한 모습, 한 나라의 국모라 부르기에 전혀 손색이 없었던 육영수 여사는 지금도 많은 사람들에게 최고의 영부인이라는 호칭을 받는다. 정치인의 아내들은 그녀의 이미지를 따라하는 분들도 많이 있다고 한다. 박정희 대통령과 육영수 여사의 큰 딸이기도 하고 한나라당 대표를 지내기도 한 박근혜 씨는 정치 활동을 시작할 즈음, 그녀의 정치 입문은 여러 면에서 시기상조이고 무언가 2% 부족하다는 평이 지배적이었다. 그런 그녀가 우리나라 국민이 가장 좋아하는 그녀의 어머니, 육영수 여사 이미지를 그녀에게 투영시키는 전략으로 올린 머리 헤어스타일로 이미지 메이킹을 했다.

이런 이미지 메이킹 후에, 그녀는 전체적으로 열세일 거라 생각한 예상을 뒤엎고 경선에서 승리를 했다. 모방전략은 쉽게 자신의 이미지를 전달할 수 있다는 특성이 있으나, 장기적으로는 모방에서 끝나지 않고 자신의 개성이 더해져서 새로운 이미지를 구현하도록 해야 한다는 점이 중요하다.

영화 속에서 우즈는 첫 번째 방법인 자신의 모습을 그대로 간직하면서 하버드 로스쿨에 맞는 지적 이미지를 중점적으로 보강한다. 그동안 패션과 미용 쪽만 관심을 갖고 즐겼던 우즈는 이제 법률서적과 이것들을 병행하면서 자신만의 새로운 우즈를 만들어 간다.

하지만 하버드 생활은 우즈에게 쉬운 일은 아니다. 답답한 그녀가 마음을 달래러 간 네일숍에서 네일 아트 관리사인 폴넷 보너폰트가 친구가 되어 준다. 폴넷은 동거했던 남자에게 쫓겨나고, 사랑하는 애완견을 두고 나온 가슴 아픈 사연으로, 자신에 대해 굉장히 의기소침해 있다. 그런 폴넷도 외로운 가운데 우즈를 만나고 둘은 마음을 터놓고 이야기하는 친구가 된다. 이제 점점 법 공부가 재미있어진 우즈는 폴넷의 동거남을 찾아가 사랑하는 강아지를 찾아오고 혼을 내주는 장면이 나온다.

이제 막 법 공부에 걸음마를 걷고 있는 우즈에게 풋내기 같은 모습도 보이지만, 그녀는 이제 자신이 하는 일에서 조금씩 눈을 뜨기 시작한다.

일반적으로 Image Making하면 5단계로 이야기 한다.

1단계 : Know yourself(자신을 알라)

2단계 : Model yourself(자신의 모델을 선정하라)

3단계 : Develope yourself(자신의 계발하라)

4단계 : Direct yourself(자신을 연출하라)

5단계 : Market yourself(자신을 팔아라)

1단계 'Know yourself'는 자신의 이미지를 창출하기 위해서는 먼저 자신을 파악해야 한다. 스스로 자신을 객관화함으로써 마케팅에서의 SWOT분석처럼 자신의 장점(Strength)과 단점(Weakness)을 파악하고, 자신의 선택과 관련한 기회(Opportunity)와 위험 또는 장애 요인(Threat)을 파악하면서, 그 흐름에 맞추어 자신의 장점을 극대화해야 한다. 자신의 장점을 극대화하는 것은 자신의 목표와 연관시켜야 하는 것은 물론이다. 정기적으로 자기의 이력서를 구체적으로 써 보는 것은 자신을 객관화하고 자신의 목표를 재점검하는 데 도움이 된다. 아울러 이 단계에서는 주위의 친한 사람들과 대화를 통해 평소 느낀 자신의 이미지 등에 대해 조언을 구하는 것도 좋을 수 있다.

2단계 'Model yourself'는 이미지를 형성해 가는 첫걸음은 자기만의 모델을 선정하는 것이다. 자신의 모델를 수립하고 이미지 형성을 해나가는 데 있어 자신이 추구해 나갈 방안을 구체화할 수 있어야 한다. 자신이 선택한 모델은 자신이 선호하는 것이므로 그의 모든 것을 모방하게 된다. 모방부터가 시작인 셈이다. 나만의 최고를 찾아 그의 행동과 모습을 모방하고 그와 관련한 끝없는 연구를 통해 자신의 발전을 도모한다. 또한 모방이라는 단순한 과정만을 따라하는 것이 아니라 자신의 개성이 드러날 수 있도록 노력하여 궁극적으로는 자신만의 특성을 살릴 수 있어야 한다.

3단계 'Develope yourself'는 이미지 전체를 대신하는 일부분을 보여주는 것이다. 그래서 부분적인 이미지를 연출할 수도 있다. 바람직한 이미지는 궁극적으로는 연출이 아니라 자신의 실체가 자연스럽게 묻어나는 가운데 드러나는 일부여야 한다. 가식적이고 인위적인 연출이 아닌 그의 삶이 배어 있는 서비스맨의 이미지야말로 고객을 존중하는 최고의 서비스인 것이다. 따라서 자신의 완성을 위해 끝없는 노력을 계속하는 것이 중요하다.

4단계 'Direct yourself'는 자신의 개성을 살린 자신의 이미지를 상황과 대상에 맞도록 표현하는 것이 이미지 연출이다. 실제로 서비스를 모토로 하는 회사의 입사 지원서를 내는 사람들의 인상을 살펴보면 남들보다 예쁜 미소를 가지고 있다. 처음에는 남들에게 보여지기 위해 연습을 시작했지만, 연습을 거듭할수록 자기 얼굴의 자연스런 미소를 찾게 되고, 그러다 보면 평상시의 얼굴에서도 미소를 지을 수 있게 되는 것이다. 모 항공사의 CF모델은 미소가 아름다운 배우를 고른다고 한다. 그리고 그 회사의 CF를 찍는 배우는 곧 톱스타가 된다고 한다. 일반적으로 타인의 시선이 가장 먼저 가는 것이 외모이다. 그 중에서도 얼굴이다. 그러다 보니 미소가 아름답다거나, 웃는 얼굴이 매력적이라는 것은 큰 장점으로 작용한다.

이미지란 그런 것이다. 서비스맨의 이미지는 더 말할 나위가 없다. 무형성을 지닌 서비스를 상대에게 제공할 수 있기 위해서는 서비스맨 다운 이미지를 확실하게 구축하고 연출해야 한다. 그러므로 고객의 선택을 위한 유형적 단서로 작용되어 신뢰감을 형성함으로써 고객으로 만들 수 있는 기회를 갖게 된다. 상대방에게 호감을 주고 신뢰를 형성할 수 있는 이미지 구축이야말로 현대를 살아가는 우리에게 중요한 것이라 하겠다.

5단계 'Market yourself'는 자신을 파는 것이다. 현대는 마케팅 시대다. 자본주의 경제체제가 구축되고 시장이 형성되면서 마케팅은 필수불가결한 요소였다. 따라서 지금은 마케팅을 하지 않는 시장이라는 것이 존재하지 않는 시대가 됐다. 이미지 메이킹에서도 예외는 아니다. 어떤 직업군이건 경쟁이 치열하다. 처음엔 독창적인 아이디어와 새로운 직업군이라 생각하는 것들도 금세 경쟁자들로 가득 차게 된다. 이런 사회에서 아주 짧은 시간에 상대에게 어필할 수 있게 자신을 팔 수 있는 능력은 더 이상 선택사항이 아니다. 나를 상품화하는 것은 필수사항인 시대이다. 그렇다고 자신의 상품화에 그치는 것이 아니라, 부단한 자기계발을 통해 끝없이 발전시켜 나가야 한다. 단순히 자신의 상품화에서 그치는 것이 아니라, 자신의 능력 개발을 통해 자신을 브랜드화해야 한다. 보기에 다 똑같은 화장품이라는 상품도 브랜드를 가지고 백화점 1층에 진열되면, 그 화장품의 가치는 달라진다. 수많은 브랜드가 경쟁하는 백화점에서 명품이라는 브랜드를 가지면 그것의 가격은 일반 상품의 몇 배를 호가해도 날개 달린 듯 팔려나간다. 이것이 브랜드의 힘이다.

자신을 이처럼 '상품화' 하라. 그리고 '브랜드화' 하라. 더 나아가 자신을 '명품화' 하라. 그것이 서비스 분야에서 성공을 꿈꾸는 당신에게 길을 만들어줄 것이다.

다시 영화 이야기로 넘어가자. 앞에서 제시한 5가지 단계가 이미지 메이킹의 중요한 단계라 설명했다. 영화 속 주인공인 우즈 역시 위의 5단계를 충실히 지켜냈다. 점점 더 학교 공부에 충실하고 재미가 생긴 우즈는 그동안의 자신감 있는 태도를 수업시간에도 유감없이 발휘하여 인턴십을 모집하는 시험에 합격하게 되고, 유명 연예인 변호를 맡는 팀에 합류하게 된다. 이 사건에 가해자로 지목된 사람은 바로 우즈의 대학선배이고 우즈가 존경하던 여배우라는 사실을 알게 되고, 우즈는 절대 범인이 아니라는 확신을 갖게 된다. 그리고 독단적인 행동이지만 의뢰인을 찾아가 그날의 알리바이를 묻게 되고, 지방흡입을 하러 갔다는 의뢰인을 진술을 듣고,

그 비밀을 끝까지 지켜준다. 그리고 우즈는 끝까지 의뢰인에게 신뢰를 주고, 재판 휴정 중 만나게 된 증인이 게이라는 사실을 알게 되고, 그 사실을 에밋에게 알려주어, 그가 거짓진술을 한다는 것을 밝혀낸다. 벤자민 프랭클린은 '남보다 빨리 승진하기 위해서는 두 조건이 있다.' 고 하였다.

첫 번째는 일을 남보다 잘 하는 것이고, 두 번째는 타인의 호감을 얻는 것이다. 타인의 호감을 얻기 위해 가장 중요한 것이 이미지 연출이다. 부정적인 이미지를 형성하는 사람은 자신의 능력과 상관없이 소중한 기회를 상실하게 된다.

우즈는 자신을 희롱한 교수에 실망하여 변호를 그만두려 하였지만 의뢰인과 에밋의 도움으로 자신이 의뢰인의 변호를 맡게 된다. 그만큼 이제 우즈는 타인에게 그녀가 어엿한 법대생임을 심어주게 된 것이다.

결국 영화는 우즈의 승소로 끝나고, 우즈는 하버드 로스쿨 졸업식에서 졸업사를 발표하는 영광까지 안게 되고, 멋진 변호사 에밋과 교제까지 하게 되는 것으로 끝이 난다.

금발의 바비인형 같기만 했던 우즈는 사랑하는 남자를 찾기 위해 시작된 모험에서 뜻밖에 자신의 모습을 찾고 성공하게 된다. 그러나 자신의 모습을 바꾼다든지, 누군가를 모방하지 않고 자신만의 모습 그대로 멋지게 성공을 해낸다. 무언가 성공한 사람들에게는 한 가지 정도의 자기만의 약속이라는 것이 있다. 절대 타협하지 않는 '자기관리' 인 것이다. 세상에는 참 다양한 성격과 시각의 사람들이 있다. 그 시각 하나하나에 나를 맞출 수는 없다. 어떤 이에게는 나의 모습이 장점으로 작용할 테고, 어떤 이에게는 단점으로 작용할 수도 있다. 그저 자신만의 방식을 개발하고 꾸준한 자기관리를 하여 이런 장점과 단점을 잘 보완하는 능력을 키워나가는 것, 이것이 진정한 이미지 메이킹이다.

자기 분야의 최고가 되고자 하는 철저한 자기 노력 + 상대에게 최대의 만족을 제공할 수 있는 능력을 겸비하고 + 긍정적인 마인드와 + 건강만 있다면, 자신만의 이미지를 형성할 수 있을 것이다.

Key Point

1. Image Making의 개념

이미지는 '어떤 대상에서 연상되는 느낌'을 의미한다. 더 나아가 '어떤 대상의 외적 형태를 인위적으로 모방하거나 재현하는 것'이라는 의미를 포함하기도 한다.

2. 이미지의 속성

다양한 요소의 조합이다.
주관적 작용 - 변수
경험의 작용 - 개인차
선택적 속성 - 연출 가능
대표성

3. Image Making의 5단계

Know yourself(자신을 알라)
Model yourself(자신의 모델을 선정하라)
Develope yourself(자신을 계발하라)
Direct yourself(자신을 연출하라)
Market yourself(자신을 팔아라)

4. Image Making의 방법

First smile

- 우선 웃어라
- Best Smile(세상에서 제일 멋지게 웃어라)

겸손한 태도

길게 끌지 않는 시간 - 시간은 공평하지만 충분하지는 않다

품위 있는 말씨

조리 있는 대화

단정한 외모, 복장

능숙한 대화법

5. 자기 관리

(1) 건강관리

① 소육다채(小肉多彩) : 육식을 줄이고 채소를 많이 섭취하라

② 소차다보(小車多步) : 차량 이용을 줄이고 많이 걸어라

③ 소주다과(小酒多菓) : 술을 줄이고 과일을 많이 섭취하라

④ 소욕다시(小欲多施) : 욕심을 줄이고 많이 베풀어라

⑤ 소의다욕(小衣多浴) : 옷을 얇게 입고 목욕을 자주하라

⑥ 소번다면(小煩多眠) : 고민거리에 대범하고 충분한 수면을 취하라

⑦ 소언다행(小言多行) : 말을 줄이고 많이 움직여라

⑧ 소염다초(小鹽多醋) : 싱겁게 먹고 신것을 많이 섭취하라

⑨ 소식다요(小食多齩) : 조금 먹고 많이 씹어라

⑩ 소분다소(小憤多笑) : 분노를 빨리 잊고 많이 웃어라

(2) 정신 건강 - 스트레스 해소 수칙

① 긴장을 느낄 때는 의자에 앉거나 편히 누워 평화롭던 기억을 회상한다.

② 한번에 3회 정도의 심호흡을 시간당 3회 정도 시행한다.

③ 주기적으로 신체 근육을 수축시켰다가 이완시킨다.

④ 항상 평화롭고 조용하며 평온한 생각을 갖도록 노력한다.

⑤ 다른 사람을 항상 웃는 얼굴로 대한다.

⑥ 닥쳐올 일에 대한 두려움을 갖지 말고 있는 그대로 맞이한다.

Chapter 3

Communication 매너

Chapter 3

Communication 매너

1. '에린 브로코비치(Erin Brockovich)'를 통해 본 효과적인 대화법 이야기

에린 브로코비치(Erin Brockovich)

미국/장르 : 드라마/15세 관람가/132분/개봉 : 2000년
감독 : 스티븐 소더버그
출연 : 줄리아 로버츠, 알버트 피니

우리는 늘 말을 하고 산다. 말을 통해 자신의 의견을 나누고 정보를 교환하고, 자신의 주장, 분노, 기쁨 등을 표현한다. 말을 통해 사람과 사람이 상호 연결되고 있다. 사회생활에서 가장 중요한 것은 인간관계이다.

말과 말이 서로 오가고 서로가 교감하게 될 때 이를 '대화'라고 하는데, 모든 인간관계는 대화로써 이루어진다고 볼 수 있다. 대화는 상대방과의 공감대와 호의적인 인간관계를 형성할 수 있는 수단이지만, 잘못된 대화로 인해서 인간관계를 그르치는 일도 있다.

따라서 대화를 할 때는 상대에 따라 호칭과 말씨가 달라져야 하고, 나타내려는 의사에 따라서 말 쓰임새가 달라져야 한다. 특히 여러 사람들이 모여 일하는 직장에서는 윗사람이든 아랫사람이든 대화의 예절을 잘 지켜야 인간관계가 원활해지며, 업무가 보다 효율적으로 수행될 수 있다. 이는 영화 〈에린 브로코비치〉의 주인공 줄리아로버츠의 캐릭터를 통해서 대화매너의 중요성을 배울 수 있다.

수질 오염을 초래한 대기업과 법정 소송을 벌이고 미국역사상 최고의 손해배상금을 받아낸 영웅적인 여성 이야기로, 실화를 바탕으로 2천만 달러라는 여배우 최고 개런티를 받은 줄리아 로버츠가 주연했고, 그녀에게 여우주연상을 안겨준 영화이다. 줄리아 로버츠의 거칠 것 없고 당당한 연기가 돋보인다.

주인공 에린은 자신의 말 때문에 사회로부터 외면을 당하는가 하면, 말 때문에 사회로부터 존경을 받게 된다. 우린 이 영화를 통하여 그녀의 말이 자신의 인생에 어떻게 영향을 미쳤는가를 알 수 있다.

말의 중요성

에린(줄리아로버츠)은 두 번의 이혼경력과 16달러의 은행 잔고가 가진 것의 전부인 여자. 고졸 학력에 자격증도 없어 일자리를 구하기도 힘들다. 하루는 입사 면접에서 또 떨어지고 실의에 빠져 차를 몰고 가던 그녀는 교차로에서 신호위반 차량에 부딪힌다. 에린은 변호사를 찾아가 피해보상을 요구하는 소송을 제기한다. 변호사 말대로 다 이긴 것으로 생각했지만, 패소하고 만다. 피고측 변호사가 에린이 의사인 가해자로부터 두둑한 피해보상을 받으려고 한다며 그녀를 의심하자, 이에 흥분한 에린이 배심원들 앞에서 육두문자를 사용한 까닭이다. 그녀가 무심코 내뱉은 욕설은 배심원의 판결에 불리하게 작용했고, 결국 궁핍한 그녀는 한 푼의 보상금도 받지 못한다.

"다 이긴 소송을 당신의 욕설 때문에 진 거요." – 에드

사람들은 자신의 의사를 표현할 때 상대방이나 주위 사람들에게 그 말이 어떤 영향을 미칠 것인가를 미처 생각하기도 전에 먼저 말부터 하는 경향이 있다.

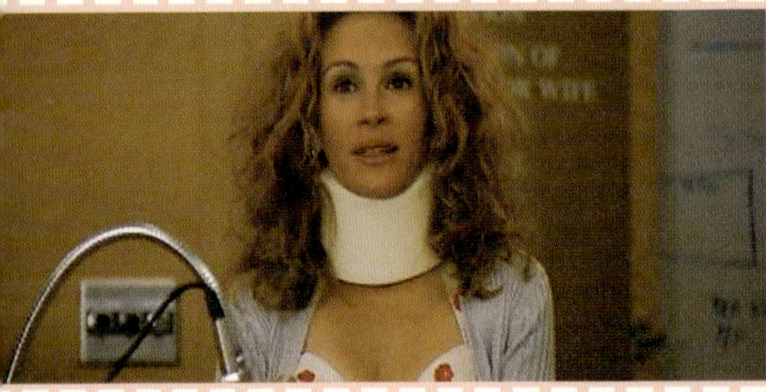

언어에는 눈에 보이지 않는 힘이 존재한다. 그것이 비록 물리적인 힘은 아니지만, 말로 인해 사람들은 상처를 받기도 하며 용기를 얻기도 한다. 말이라는 것은 어떻게 표현하는지에 따라서 사람에게 긍정적이면서 호감 가는 인상을 줄 수 있다. 반면에 자신의 부주의하고 어설픈 말투나 말솜씨로 인해 예상하지 못한 상황에 부딪힐 수도 있다.

에린의 습관적인 말투가 재판의 결과에 커다란 영향을 미친 것처럼, 말은 상대의 감정 상태와 판단, 그리고 결과에 영향을 줄 수 있으므로 매우 중요하다.

직장에서의 대화매너

노출이 심한 옷차림과 10cm 높이의 하이힐, 시종일관 욕설을 내뱉는 에린. 그녀는 상당히 직설적이며, 하고 싶은 말은 주저 없이 이야기하는 스타일이다. 욕을 즐겨 쓰며 약간은 억세 보이지만, 호기심 많고 정이 많은 성격으로 보인다. 이에 반해 에드는 상대방에게 상당히 우호적이며, 감정에 쉽게 치우치지 않아 보인다. 따라서 화를 잘 내지 않으며 어떤 큰일이 있어도 쉽게 당황하지 않는 성격이다. 그리고 오랜 사회 경험으로 인하여 조금은 현실적인 면을 가지고 있다.

에린의 거친 말투와 욕설에도 에드는 절대로 화를 내는 법 없이 차분하게 대화를 이끌어낸다. 이렇게 전혀 다른 두 사람은 나중에 최고의 비즈니스 파트너가 된다. 소송에서 패소한 에린은 변호사 사무실을 찾아가 "소송을 지게 했으니 책임지라"며 일자리를 달라고 떼를 쓴다. 애드 변호사는 하는 수 없이 연금이나 보험 혜

택이 없는 임시계약직으로 그녀를 채용한다. 에린은 서류정리법, 복사기 사용법을 배워가며 일을 하지만 그녀의 버릇없고 거친 말투와 눈에 거슬리는 옷차림에 직장 동료들이 그녀를 보는 시선은 곱지 않다. 여직원과 어울리고 싶으면 차분한 옷차림으로 바꿔보라는 상사의 조언도 그녀는 받아들일 생각이 전혀 없다. 어느 날 수북이 쌓인 서류를 정리하다 부동산 관련서류에 있는 의료기록을 발견한다. 에린은 수상한 의료기록에 대해서 동료 여직원에게 물어보지만, 왜 자기 일을 남한테 물어보냐며 대답해 주지 않는다. 의료기록에 의심을 품은 에린은 현지 조사를 하며 엄청난 사실을 발견하는데, 바로 그 마을에 들어서 있는 대기업 PG&E의 공장에서 유출되는 크롬 성분이 마을 사람들을 병들게 하고 있었던 것이다.

그녀가 현장을 확인하러 다니는 동안 에드 변호사는 무단결근 했다고 그녀를 해고한다. 열심히 일했음에도 불구하고 인정받지 못한 에린은 상사에게 거칠게 항의하지만, 옆에 있던 동료마저도 에린을 책임감 없다며 비난한다. 화가 난 에린은 자신을 비난한 동료에게 '뚱보'라며 상대의 약점을 들춰내기도 하며, 에린의 말투에 거부감을 느낀 직원에게 "천박한 말을 쓰지 말라"는 얘기도 듣지만, 화가 난 에린의 욕설은 거침없다. 상대방에게 거부감을 주는 은어나 비어, 속어 등의 어휘는 대화의 장애요소가 되기도 하는데, 결국 에린은 너무 흥분한 나머지 대화를 통해 해결점을 찾지 못하고 회사를 나온다.

여기서 우리는 대화매너가 대인관계에서 얼마나 중요한가를 알 수 있다. 습관적인 거친 말투 때문에 에린은 직장동료들에게는 냉대를 받고, 상사에게는 신뢰를 얻지도 못했다. 직장인의 대화매너는 실력과 함께 성공적인 직장생활을 결정짓는 매우 중요한 요소이다. 아무리 친한 사이라 하더라도 상사나 동료에게 무례한 말투를 사용해서는 안 되며, 근무 중에는 말씨와 태도를 공적인 입장에서 품위 있게 하도록 해야 한다. 말의 내용은 물론 그 내용을 전달하는 방법, 즉 말하는 사람의 표정 · 말투 · 억양 등이 사람관계를 좋게도 하고 또 나쁘게도 한다. 이런 의미에서 사회생활을 잘한다는 것은 말을 적절하게 잘하고 있다는 것에 다름 아니다.

회사에서 쫓겨나 집으로 돌아온 에린은 이웃집 남자 죠지에게 위로를 받는다. 거친 말투와 제멋대로인 그녀, 알고 보니 미스 위치타(Miss Wichita) 출신이었다. 한때 전 세계 기아를 종식하고 평화로운 지구를 만들겠다는 꿈을 가지고 있던 미스 위치타 에린은 두 번의 이혼경력에 통장에 잔고도 없이 세 아이들을 혼자 키우는 자신의 현재 모습에 눈물을 보인다. 이 영화에서 에린의 공격적인 행동들을 이해할 수 있는 장면이다. 미스 위치타 출신이었던 그녀가 어느 순간 상대방으로부터 무시를 받고 낮은 집단으로 하향 평준화되면서 수치심을 은폐하려는 심리가 작용한 것이다. 에린은 심리 자체가 상대방이나 세상을 향하여 닫혀 있는 상태이다. 이런 상태에서는 상대방에 대한, 혹은 집단이 개인에 대해 공격하는 대화가 된다고 한다.

이 장면에서 그녀의 말투나 행동이 왜 그렇게 바뀌었는지를 보여주는데, 앞으로 그녀가 변화할 수 있음을 암시하기도 한다.

뒤늦게 에린의 힝클리 마을 현지조사 사실을 알게 된 에드는 에린의 집을 찾아간다. 다음 이들의 대화에서 에린의 말투나 행동이 직장생활에서 얼마나 불리하게 작용했는가를 알 수 있다.

"미안해요. 무단결근하고 놀러간 줄 알았어요." - 에드

"왜 그렇게 생각했죠?" - 에린

"당신은 왠지 그냥 즐기는 타입의 여자로 보였어요." - 에드

에드는 중요한 단서를 쥐고 있는 에린에게 봉급을 10% 인상하고 의료보험 혜택까지 주기로 하고 그녀를 다시 출근케 한다. UCLA의 프랭켈 박사가 중크롬의 법적 기준치를 알리려 회사에 전화하지 않았다면 에린의 눈부신 활약상을 지켜볼 수 없었을 것이다. 에린이 무단결근하고 놀러갔을 거라고 오해한 에드를 보면서 말씨와 몸가짐이 그 사람의 평가하는 기준이 된다는 것을 알 수 있다. 그리고 그 평가된 기준으로 실제 그 사람의 능력이나 실력이 저평가 받기도 한다. 올바른 대화매너는 사람의 인품을 평가하는 기준이 될 뿐만 아니라, 자신과 회사의 성공을 좌우할 만큼 중요한 것이다.

성공적인 대화법(말하기와 듣기)

아이들 돌보는 일마저 보류한 채 에린은 밤낮으로 일에 매달린다. 에린의 치밀한 조사에 감동받은 변호사 에드는 그녀와 파트너가 되어 소송을 준비한다. 대기업 PG&E사의 공장이 크롬 성분이 있는 오염물질을 대량 방출하여 인구 650명의 작은 마을인 힝클리의 수질을 오염시키고 주민들을 질병에 걸리게 했다는 사실을 주민들에게 알려주지만, 야한 옷차림을 한 그녀의 말을 주민들은 믿지 못한다. 전문적인 법률지식을 갖고 있지는 않지만 열정과 노력으로 하나하나 진상을 밝혀내고, 주민들을 설득하여 피해 보상을 받기 위한 노력을 시도한다. 과연 그녀의 거침없었던 대화 방법으로 힝클리 주민들을 설득할 수 있을까?

영화 전반부 내내 거친 말투와 공격적인 행동으로 상대방에게 거부감을 주었던 그녀는 어느새 힝클리 주민들에게 심적인 버팀목이 되고 있었다. 처음엔 에린에게 대문조차 열어주지 않던 주민들이 문을 열고, 가족들의 질병에 대해서 얘기하기를 꺼렸던 주민들도 그녀에게 하나 둘씩 털어 놓는다. 나중에는 놀랍게도 대부분의 주민들이 소송에 동의하고 있었다.

그렇다면 에린은 어떻게 주민들을 설득할 수 있었을까? 그 비결은 바로 성공적인 대화법에 있다. 세상과 담을 쌓고 살았던 그녀는 이 지역 주민들의 마음을 열기 위해, 자신이 먼저 마음을 열기 시작한다. 그녀는 진심으로 마을 주민들을 걱정하고 어려움에 처한 주민들의 마음을 헤아리는 지혜와 함께 인간적인 대화법으로 주민들에게 다가선 것이다.

영화의 전반부에 나왔던 그녀의 옷차림과 말투는 어느새 바뀌어가고 있었다.

소송사건 원고가 634명에 달할 정도로 확대되자 변호사 에드는 대형사건의 경험이 많은 파트너와 손을 잡는다. 이 과정에서 파트너는 일류대 출신의 여자변호사 테레사를 데려오는데, 에린하고는 법률지식은 물론 용모에 있어서도 비교조차 되지 않는다. 그러나 주민들은 똑똑하고 젊은 여변호사를 거부하고 에린을 더 믿고 신뢰한다. 이는 다름 아닌 그녀들의 대화법에 따라 주민들이 각각 다르게 반응한 것이다. 여기서 주민들의 마음을 열기도 하고 닫히게도 했던 에린과 테레사의 대화법을 한번 살펴보자.

에린의 대화법

에린은 주민들의 소송을 위해 집집마다 찾아다니며 질병 증세를 조사한다. 그러나 에린은 직업에 대한 사명감으로 사건을 조사하기보다는 감성적인 대화를 시도한다. 즉, 그들의 감정을 파악하고 상대방의 입장을 고려한 적합한 언어를 구사한다. 이 마을의 사건을 조사하기 위해 마을 주민들을 찾아간 그녀는 사건을 조사하기 전에 먼저 낯선 사람의 방문으로 불안해하는 어린 애나멜에게 칭찬 화법을 사용함으로써 화기애애한 분위기를 만들고, 수질오염으로 질병에 걸린 애나멜 가족을 진심으로 걱정하며 위로해 준다. 경청할 때에는 몸을 약간 앞으로 굽히고 매우 주의 깊게 듣는다. 상대방이 웃으면 같이 웃고, 울면 같이 우는 그녀의 공감적 경청은 상대방의 마음을 열게 한다. 따라서 갈등 없이 상대방의 문제에 접근하고, 자연스럽

게 대화를 풀어갈 수 있게 된다. 결국 그녀는 주민들의 믿음과 신뢰를 얻게 되고, 든든한 버팀목이 된다.

여변호사 테레사의 대화법

일류대학 출신인 테레사는 에린을 무시하는 태도로 처음부터 이 둘의 관계는 삐걱거린다. 다른 사람을 깔보는 식으로 말하는 것은 바람직한 관계 형성에 도움이 되지 않는다. 같은 이유로 애나멜 집에 방문한 테레사는 바로 사무적인 이야기로 대화를 전개해 나간다. 또한 에린과는 반대로 감상적이 얘기는 법정에서 아무 도움이 되지 않으니 삼가달라고 한다. 그녀의 표정과 태도 또한 어떠한가? 에린처럼 상대방을 관심 있는 표정과 따뜻한 시선으로 바라보며 이야기를 한다면, 같은 내용이라도 훨씬 더 부드럽게 전달된다.

그러나 딱딱한 표정과 폐쇄적인 그녀의 태도에 상대방 역시 방어적인 태도를 보이고 어린 애나멜은 겁을 먹는다. 주민들은 에린에게 전화를 해 테레사 변호사가 다시는 안 왔으면 좋겠다고 한다. 이론과 논리로 무장한 똑똑한 여성변호사 테레사의 대화방법은 오히려 힝클리 주민들의 반감을 얻었다. 주민들은 딱딱하고 사무적인 테레사보다 자신들을 속속들이 이해해 주며 감정까지도 교류하는 에린이 훨씬 좋다. 여기서는 법보다 우선한 것이 관심과 배려를 바탕으로 한 인간관계를 이끄는 대화방법(말의 표현방식)임을 알 수 있다. 또한 삶의 한 해결에 있어서 쟁쟁한 변호사들의 고정 관념을 넘어서 에린이 이들보다 더 당당하게 서 있을 수 있다는 것을 보여준다.

수년간에 걸친 에린의 노력이 결실을 맺는 순간을 맞이한다. 주민들은 에린이 수백억 달러의 자산을 가진 대기업을 결코 이길 수 없다고 생각하는 대부분의 주민들을 설득해 모든 고소인의 서명을 받아낸다. 결국 법원의 조정결과 PG&E는 미국 법정사상 최고 배상액 3억 3,300만 달러를 지불하라는 판결을 받는다.

이 영화는 실화를 바탕으로 줄리아 로버츠가 수질 오염을 초래한 대기업과 법정 소송을 벌이는 영웅적인 여성으로 분한 한 편의 드라마로 영웅주의와 휴머니즘을 통해 감동을 주는 한편, 통장에 잔고도 거의 없이 어렵게 살아가던 그녀가 성공적인 삶을 이끌 수 있었던 수단과 방법을 알 수 있게 해주었다.

Key Point

1. 말하기의 기본자세

1) 대화 장소의 환경과 상대의 성격과 수준 등을 참작해 화제를 고르고 말씨를 결정한다.
2) 감정을 평온하게 갖고 표정을 부드럽게 한다.
3) 말은 침착하고 간결하게 한다.
4) 조용한 어조, 분명한 발음, 맑고 밝은 음성, 적당한 속도로 말한다.
5) 상대방의 눈을 보고 말한다.
6) 외국어나 어려운 말은 삼간다.
7) 남의 말을 가로채서는 안 된다.
8) 긍정적으로 말한다.

2. 올바른 경청자세

1) 호의적인 태도로 듣는다.
2) 정면을 향해 조금 앞으로 내밀듯이 앉는다.
3) 손이나 다리를 꼬지 않는다.
4) 맞장구를 친다.
5) 상대방의 입장에서 듣는다.

3. 직장 내의 대화 매너

1) 아무리 친한 사이라 하더라도 상사에게 무례한 말투를 사용해서는 안 된다.
2) 친한 동료라도 근무 중에는 말씨와 태도를 공적인 입장에서 품위 있게 하도록 한다.
3) 상대방의 약점을 들추어 자존심을 상하게 하는 일이 없도록 한다.
4) 모든 대화는 부정적인 표현보다 긍정적인 표현을 쓰도록 한다.
5) 타인의 험담이나 약점 및 좋지 못한 소문을 퍼뜨리는 발설자나 맞장구치는 자가 되지 않도록 한다.

2. 친구를 통해서 보는 DISC 행동유형 및 유형별 의사소통 방법

친구(Friend)

한국 / 장르 : 드라마, 액션, 범죄 / 18세 관람가 / 상영 : 115분 / 개봉 : 2001년
감독 : 곽경택
출연 : 유오성, 장동건, 서태화, 정운택, 김보경

요즘 거리에 나가봐도, TV를 켜 보아도 여자보다 더 예쁜 남자들이 가득하다. 예전에는 TV에서나 볼 것 같은 꽃미남들이 이제는 서울의 번화가에 가득하다. 화장하는 남자, 여자보다 더 날씬한 다리를 가진 남자, 네일아트를 하는 남자가 더 이상 낯설게 느껴지질 않는 걸 보면 과히 아름다움이 여자들만의 상징은 아닌 시대가 온 것이다. 개인적으론 잘생기고 멋진 남자보다, 남자다운 남자가 더 매력적으로 느껴진다.

남자다움이란 터프함 내지는 카리스마 넘치는 정도라 생각하겠지만, 강약의 조절이 가능하고 자신의 일에 열중하는 남성의 남성다움이 좋다는 뜻이다. 즉, 아주 강한 카리스마와 때론 위기 상황에서도 냉철할 수 있는 이성, 함께 있으면 재미있는 유머, 그리고 따뜻한 커피 한잔 같은 부드러움을 간직한 남자. 현실에선 이 모두를 다 가지고 있는 남성이란 존재하지 않지만, 이 4가지의 남성을 모두 볼 수 있는 영화 한 편이 있어 행복했던 기억이 난다.

영화 〈친구〉이다.

물론 조직폭력배 이야기를 다뤘다는 점과 영화에서 여성의 위치나 여성의 역할이 여느 한국영화와 크게 다르지 않다는 아쉬운 점도 있지만, 각각의 캐릭터를 아주 잘 살려낸 영화라는 점에서 보면 참 멋진 영화다.

1976년대부터 약 20여년의 세월을 함께 지낸 네 친구의 이야기로, 부산에서 자란 곽경택 감독이 자신과 그 친구들의 자전적 이야기를 각색했다고 한다.

이 영화는 감독의 자전적 경험을 바탕으로 마음속 본향을 그대로 그려냈다는 점에서 '감독의 영화' 이지만, 연기자들의 열연이 극을 이끌고 가는 '배우의 영화' 이기도 하다. 부산 사투리로 된 수많은 명대사들이 히트한 이 영화는 당시 국내 최고의 흥행 기록을 경신했다.

폭력조직의 두목을 아버지로 둔 준석과 장의사 아버지를 둔 동수, 평범한 가정의 상택, 밀수업자를 아버지로 둔 중호는 매일 같이 어울려 다닌다. 플레이보이지를 함께 보고, 이소룡의 브로마이드를 보며 경쟁하듯 흉내 내고, 바닷가에서 물놀이를 하며 어린 시절의 우정을 꾸려 나간다.

이들의 우정은 고등학교까지 이어진다. 큰형처럼 친구들을 다독거려 주는 준석, 준석에게 열등감을 가진 동수, 모범생 상택, 촐싹대지만 없으면 심심한 중호, 이들은 여전히 즐겁다. 하지만 몰매를 맞던 상택을 구하려던 준석과 동수는 극장에서 싸우다가 퇴학을 맞고, 중호는 전학을 가고, 상택은 정학을 맞는다.

대학에 진학한 상택과 중호, 어머니의 죽음에 대한 충격과 아버지 조직을 배신한 부하직원의 음모로 약물중독에 빠진 준석, 감옥에 수감돼 있는 동수. 부모라는 어른들이 부여한 환경과 상관없이 이들은 학창시절의 우정을 이어 나갔지만, 어느새 각자 다른 길을 가고 있었다.

이 영화에서는 어린 시절의 환경이 자라는 아이들에게 어떠한 영향을 미치는지도 잘 나타내주고 있다. 이들 각각의 등장인물들을 비교 분석하여 보면 더욱 재미있는 사실들을 알 수 있는데, 각 등장인물의 성격을 DISC유형을 통하여 살펴보고자 한다.

일반적으로 사람들은 태어나서부터 성장해 현재에 이르기까지 자기 나름대로 독특한 동기요인에 의해 선택적으로 일정한 방식의 행동을 취하게 된다. 그것은 하나의 경향성을 이루게 되어 자신이 일하고 있거나 생활하는 환경에서 아주 편안한 상태로 자연스럽게 그러한 행동을 하게 된다. 우리는 그것을 행동 패턴(behavior pattern) 또는 행동 스타일(behavior style)이라고 한다.

사람들이 이렇게 행동의 경향성을 보이는 것에 대해 1982년 미국 콜롬비아대학 심리학교수인 William Marston 박사는 독자적인 행동유형모델을 만들어 설명하고 있다. Marston 박사에 의하면 인간은 환경을 어떻게 인식하고 또한 그 환경 속에서 자기 개인의 힘을 어떻게 인식하느냐에 따라 4가지 형태로 행동을 하게 된다고 한다. 이러한 인식을 축으로 한 인간의 행동을 Marston박사는 각각 주도형, 사교형, 안정형, 신중형, 즉 'DISC 행동유형'으로 부르고 있다.

DISC는 인간의 행동유형을 구성하는 핵심 4개요소인 Dominance, Influence, Steadiness, Conscientiousness의 약자이다.

등장인물들의 DISC유형은 어릴 고무튜브를 타고 '조오련과 바다거북의 시합'에 관해서 이야기하는 장면을 통해 이들의 유형을 쉽게 파악할 수 있다. 중호는 물 위로 가건 물 아래로 가건 그게 뭐 중요하냐, 누가 더 빠르냐 그 결과가 중요하다며 매우 흥분하여 언성을 높이고 있다. 반면 동수는 물 위에서 싸우느냐, 물 아래에서 싸우느냐 하는 점을 명확히 하고 싶어 한다. 즉 결과가 아니라 환경, 조건에 대해서 집착한다. 준석은 중호와 동수의 대화에 관심조차 없다. 그리고 친구들의 대화를 상택이는 묵묵히 지켜본다. 처음부터 각자의 다른 행동으로 등장하는 네 친구의 행동유형을 통해 DISC 유형을 알아보고 그들과의 의사소통 방법을 알아보자.

Dominance(주도형) – 준석

주도형은 보편적으로 리더의 자질을 타고난 사람인데, 이 영화에서는 항상 친구들 사이에서 리더 역할을 하는 준석이 이에 해당한다. 주도형 위주로 회사나 어떤 조직의 장이 되는 것은 강한 책임의식을 가지고 있기 때문이다. 인격이 성숙한 주도형은 항상 솔선수범하고 잘못된 결과를 남에게 미루지 않는데, 이는 법정에서 동수의 죽음을 자신이 책임지려는 준석의 행동에서도 알 수 있다.

준석의 아버지는 폭력조직의 두목이었기 때문에 아버지의 자기중심적이며, 권위주의적인 모습이 어린 시절부터 학습되었다. 준석은 자라면서 아버지처럼 거친 행동을 일삼았으나, 의리 있고 친구들을 보호해 주는 맏형 노릇을 하는 리더이다.

주도형은 준석이의 어린 시절 모습에서도 알 수 있듯이 주로 지배하고, 결단력 있고 독재적인 유형이다. 준석은 행동뿐만 아니라 대화에 있어서도 간단명료하게 타인과의 대화를 이끌어가는 주도형의 특징을 잘 나타내고 있다. 주도형은 빠른 결과를 만드는 데에 급한 유형이기 때문에 단문이나 단답형의 스타일을 선호한다. 따라서 주도형과 대화 시 간략히 말하고 핵심만 이야기하도록 하며 핵심에서 벗어난 감정적인 이야기는 피하도록 해야 한다.

Influence(사교형) - 중호

사교형은 보편적으로 인간관계를 잘 유지하고 있다. 이들이 인간관계를 잘하는 것은 천성적으로 사람을 좋아하기 때문이다. 낙천적이고 생동감이 있어 낯선 사람들과도 잘 어울리며, 즉흥적이며 놀기 좋아한다. 호의적인 인상과 말솜씨로 주변 사람들을 즐겁게 한다.

이 영화에서는 중호의 활달한 행동과 개구쟁이 같은 표정만으로도 사교형임을 알 수 있다. 무뚝뚝한 경상도 사나이들 가운데에서 재치있는 입담으로 친구들을 항

상 즐겁게 해주는 분위기 메이커이다.

촐싹대고 여기저기 나서며 일을 벌이는 마당발 중호는 친구들을 지역 내 남고생들의 우상인 여고생 그룹사운드 '레인보우' 의 공연에 데리고 간다. 여기서 진숙에게 호감을 느낀 모범생 상택이를 준석이 집으로 데려가 만나게 해주며, 달리기 시합, 극장관람 등 주변 친구들의 행동을 유발시키는 재미있는 감초역할로 등장한다.

중호의 재치있는 입담은 말솜씨가 좋은 사교형의 특징을 잘 나타내고 있는데, 이들은 주도형과 반대로 자신의 생각과 느낌을 말하기를 좋아하기 때문에 감정적인 대화방법과 호의적이고 우호적인 환경에서 경청하는 것이 중요하다.

Steadiness(안정형) – 상택

안정형의 행동유형은 조용하며 침착하다. 그리고 하루 종일 남의 말을 들어줄 수 있는 사람들은 오직 안정형밖에 없다. 안정형은 부드럽고 한결같으며 감정의 기복이 없어 안정적이며 수줍어한다. 또한 협조적이고 맡은 일에 충실하다. 다른 사람

의 말을 잘 들어주지만 급격한 변화를 싫어하고 피동적인 성향을 갖는 사람이다. 어릴 적부터 성인이 되어서까지 변해가는 친구들을 변함없이 지켜보는 상택이 이 유형이다.

친구들 중 가장 모범적인 상택. 안정형의 외형적인 특징인 편안함과 따듯한 얼굴을 가지고 있다. 수줍음이 많아 상택은 호감을 가지고 있던 여학생 진숙의 얼굴을 똑바로 쳐다보지 못하고, 강압적이고 공격적인 태도를 싫어하기 때문에 상택이 맞으면 준석이가 대신해서 싸워준다. 이러한 안정형은 의사결정과 행동이 느리므로 이들과의 대화할 때에는 목표를 끌어내는 데 인내심을 가지고 해야 하며, 갈등에 대해서는 간접적 혹은 우회적으로 접근하여 대화를 이끌어가야 한다.

Conscientiousness(신중형) – 동수

신중형은 폐쇄형으로 자신들이 드러나는 것을 싫어한다. 어디에서 자신들의 허점이 드러나거나 또한 자신의 비밀스러운 프라이버시가 침범당하는 것을 극히 꺼려하기 때문이다. 때문에 속마음을 잘 표현 않고 소수와 관계를 맺는다. 또한 논리적이고 분석적인 과정을 선호하는데, 이는 바다에서 튜브를 띄워 놓고 '조오련과 바다거북의 헤엄치기 시합' 을 두고 말싸움을 하는 장면에서 동수는 신중형임을 알 수 있다.

자신의 사생활이 드러나는 것을 조심스러워 하기 때문에 어릴 적 친구들은 동수의 아버지가 장의사라는 사실을 친구들은 나중에서야 알게 된다. 연탄집 아들 명길이가 동수 입술이 빨간 것은 동수 아버지가 죽은 사람들 간을 많이 먹어서 그렇다

고 동수를 놀렸을 때, 그런 명길이를 초등학교 5학년인 친구 준석이 흠씬 패주는 모습을 보고 난 후, 항상 약자로서 당하고만 살아오던 동수는 강자 준석에 대해서 어린 마음에서부터 동경심을 품게 되지만, 나중에 갈등의 골이 깊어져 동수의 부하에게 죽음을 당한다.

신중형들은 업무의 품질과 정확성을 높이기 위해 기존의 환경 안에서 신중하게 일한다. 그들은 업무수행에 있어 명확한 기준이 제시되는 환경을 선호하고, 전문성을 입증할 수 있는 환경을 선호한다. 그리고 신중형들은 "왜"라는 질문을 항상 요구한다.

동수와 갈등의 골이 깊어지게 된 계기도 늘 자기 멋대로 행동하고, 감정대로만 진행하는 동수를 더 이상 신뢰할 수 없게 된 후가 된다. 이런 신중형들과 효과적으로 대화하는 방법은 대화하기 전에 충분히 준비할 시간을 줘야 한다는 것이다. 아이디어에 대한 찬성과 반대의견을 직접 제공하고, 반드시 정확한 데이터를 갖고 아이디어를 지지해야 한다. 또한 갑작스럽게 말의 내용이 바뀐다든지, 신뢰할 수 없는 말을 계속하면 신중형들은 절대 마음을 열지 않는다. 만약 신중형을 설득해야 할 일이 생긴다면, 그들에게 참을성 있게 지속적으로 설득하는 방식으로 이야기해야 한다.

DISC는 자신과 타인을 이해하기 위해 만들어진 프로파일 시스템이다. DISC 진단지를 검사해 보면 다들 정도의 차이는 있겠지만 D.I.S.C가 골고루 분포되어 있다. 다만 이 수치의 %가 어느 쪽으로 편중됐느냐에 따라 그 사람의 성향이 결정된다. 그럼 효과적인 대화를 하기 위해 DISC를 왜 이해해야 하는가? 라는 의문이 생긴다. 초중고를 다닐 때 수업시간에 앞에 불려나가 노래를 부르게 되는 상황들을 한두 번쯤 겪었을 것이다. 이때에 I형은 '저 노래 못해요~~.' 하다가 이내 노래를 부른다. D형이나 S형도 조금은 빼긴 하지만 노래를 부른다. 하지만 갑작스런 요구에 C형은 절대 노래를 부르지 않는다. 그럼 노래를 시킨 선생님도 민망하고, 다른 친구들은 그냥 좀 부르지 하는 등, 금세 분위기를 어색하게 만드는 친구가 있었을 것이다. 이런 부분을 이해하기 위해 DISC를 진단하는 것이다.

사람의 성향은 각자 타고 나는 것이다.

물론 후천적인 환경에 의해 바뀌는 경우도 있지만, 근본적인 성향은 크게 좌우되지 않는다. 그래서 그 성향에 맞게, 그 사람을 존중해 주기 위해 DISC란 성향을 파악하는 것이다.

우리는 일반적으로 나와 맞지 않는 사람은 '틀렸다' 라고 생각한다. 하지만 나와 맞지 않는 사람은 그저 나와 성향이 '다를' 뿐이지, 틀린 것이 아니다.

나와 다르다는 전제조건을 놓고 대화를 한다면, 조금은 상대방과 융통성 있는 대화를 할 수 있다. '당신을 이해합니다.' 라는 전제를 깔아놓고, 진실로 누군가와 대화한다면, 성공하지 못할 대화법은 없다.

'나를 알고 적을 알면 백전백승' 이라고 했던 손자처럼, 자신의 성향을 정확히 파악해 장 · 단점을 적절히 사용하여 대화한다면 누구나 최고의 달변가가 될 수 있다.

Key Point

1. Dominance(주도형)

1) 일반적인 경향

- 빠르게 결과를 얻는다.
- 다른 사람의 행동을 유발시킨다.
- 도전을 받아들인다.
- 기존의 상태에 문제를 제기한다.
- 지도력을 발휘한다.
- 어려운 문제를 처리한다.
- 문제를 해결한다.

2) D와 의사소통하는 방법

- 직접적인 대답을 제시한다. 간략히 말하고 핵심만 이야기한다.
- 그가 원하는 결과에 관심을 가져준다.
- 결과를 성취하고 문제를 해결하고 책임을 질 부분에 대해서 얘기한다.
- 사실과 아이디어에 관심을 집중한다.
- 최종 결과나 목표에 대해서 얘기한다.

2. Influence(사교형)

1) 일반적인 경향

- 사람들과 접촉한다.
- 호의적인 인상을 준다.
- 말솜씨가 있다.
- 열정적이다.
- 사람들을 즐겁게 한다.
- 사람과 상황에 대해 낙관적이다.
- 그룹활동을 좋아한다.

2) I와 의사소통하는 방법

- 호의적이고, 우호적인 환경을 만든다.
- 자신의 생각, 느낌에 대해 이야기할 기회를 제공한다.
- 자극적이고 사교적인 활동을 위한 시간을 제공한다.
- 세부 사항을 대충 말하지 않고 글로 써서 제공한다.
- 참여적인 관계를 제공한다.
- 보상을 제공한다.

3. Steadiness(안정형)

1) 일반적인 경향

- 중요한 지시나 기준에 관심을 둔다.
- 세부사항에 신경을 쓴다.
- 외교적 수완이 있다.
- 갈등에 대해 간접적 혹은 우회적으로 접근한다.
- 정확성을 점검한다.
- 업무수행에 대해 비평적으로 분석한다.

2) S와 의사소통하는 방법

- 진실되고 개인적이고 호의적인 환경을 만든다.
- 개인적 진실된 관심을 가진다.
- "How" 질문에 대해 명확하게 답변을 해준다.
- 목표를 끌어내는 데 인내심을 가진다.
- 위협적이지 않은 방식으로, 현 방식에서 벗어난 접근방식이나 아이디어를 제공한다.
- 명확하게 목표, 역할, 절차, 전체계획에서 위치를 규정한다.
- 사후 지원을 해준다.

4. Conscientiousness(신중형)

1) 일반적인 경향

- 예측가능하고 일관성 있게 일을 수행한다.
- 논리적이고 분석적인 과정을 선호한다.
- 참을성을 보인다.
- 전문적인 기술을 개발한다.
- 다른 사람을 돕고 지원한다.
- 충성심을 보인다.
- 남의 말을 잘 듣는다.
- 흥분한 사람을 진정시킨다.
- 안정되고, 조화로운 업무환경을 만든다.

2) C와 의사소통하는 방법

- 대화하기 전에 충분히 준비할 시간을 준다.
- 아이디어에 대한 찬성과 반대의견을 직접 제공한다.
- 정확한 데이터를 갖고 아이디어를 지지한다.
- 갑작스럽게 합의된 내용을 바꾸지 않는다는 확신을 제공한다.
- 체계적이고 포괄적인 방법으로 내용을 제시한다.
- 만약 동의하지 않는다면 구체적으로 말한다.
- 참을성 있게 지속적으로 설득하는 식으로 얘기한다.

Chapter 4
비즈니스 매너

Chapter 4

비즈니스 매너

1. '악마는 프라다를 입는다'로 다시 보는 직장인의 자세 이야기

악마는 프라다를 입는다(The Devil Wears Prada)

미국/장르 : 코미디, 드라마/상영시간 : 108분/개봉 : 2006.10.25
감독 : 데이빗 프랭클
주연 : 메릴 스트립, 앤 해서웨이, 스탠리 투치, 에밀리 브런트

〈악마는 프라다를 입는다〉는 명문대를 갓 졸업하고 뉴욕에 올라온 사회 초년생의 고군분투기를 그린 영화이다. 패션 세계를 유쾌하게 풍자했던 로렌 와인스버그의 소설을 영화화한 작품이다. 2006년 미국 개봉 당시 평론가들에 많은 찬사를 받았던 이 작품은 명배우인 메릴 스트립과 앤 해서웨이의 만남도 한몫을 했고, '섹스 앤 더 시티'의 감독이기도 했던 데이빗 프랭클이 메가폰을 잡아서 더욱더 유명해진 영화이다.

대학을 갓 졸업한 지방 도시의 출신인 앤드리아 삭스는 운 좋게도 모든 여성들이 선망하는 패션잡지 Runway의 편집장 미란다 프리스틀리의 개인 비서가 된다.

앤드리아는 최고의 저널리스트를 꿈꾸며 뉴욕에 오지만 그녀의 꿈은 처음부터 순탄하지는 않다. 앤드리아는 한 번도 생각해본 적 없는 일이지만, 꿈을 이루기 위해 일단 자신의 욕심을 누르고 미란다의 개인비서 일을 시작하게 된다.

직장인의 자세

직장이란 곳은 생을 살아가기 위해, 또는 개인적 목표를 달성하기 위해 주어진 과업을 수행하는 곳이다. 다시 말해서 직장은 일하는 장소, 조직생활을 하는 장소이자, 생활의 터전이다. 때문에 직장은 누구에게나 공평하게 주어진 하루의 시간 중 가장 많은 비중을 차지하는 곳이다. 그러나 직장이라는 조직은 업무의 형태나 특성 또는 업무 환경에 따라 매우 다양하기 때문에 항상 내가 원하는 분위기에서만 생활할 수 있는 곳이 아니다.

또한 직장은 하나의 정해진 목표 달성을 위해 직장에 근무하는 종사자 한 사람 한 사람을 배려할 수 있는 곳이 아니므로 직장생활이란 것은 많은 제약이 동반된다. 이처럼 기업이 만족하고 자신이 만족하면서 멋진 직장생활을 하기 위해서는 조직 내의 모든 사람들이 지켜야 할 에티켓을 준수하지 않으면 안 된다.

영화 속에서는 전설의 편집장인 미란다의 말은 곧 법이다. 그래서 모든 직원이 미란다의 출현만으로도 긴장을 하게 되고, 미란다가 죽으라고 하면 죽는 시늉까지 한다. 안드레아는 처음에 이런 조직 생활이 익숙지 않아서 여러 가지 실수를 하지만, 본인이 처음 도전한 직장이란 곳의 생활에 익숙해 간다.

직장이란 곳은 이익을 창출하는 조직체이므로, 이런 조직원들이 유기적으로 움직이기 위해서는 조직원들 간에 지켜야 할 에티켓이 많이 필요한 곳이다.

직장인은 자신이 직장에서 만족하기 위해서는 경영자와 동료, 그리고 영업과 관련된 고객을 동시에 만족시켜야 하기 때문에 매우 중요한 역할을 수행하는 사람이라고 할 수 있다. 따라서 직장인의 성공적인 업무 수행을 위해서 지켜야 할 기본적인 비즈니스의 자세에 대해 영화 속 여러 장면들을 가지고 풀어내 보고자 한다.

누군가에게 변화를 요구하기는 쉽지만 자신 스스로 그 변화에 대응하고 변화하고자 하는 것은 쉬운 일이 아니다. 안드레아 역시 처음부터 새로 얻은 직장에서 자신 스스로를 변화시킨다는 것이 쉽지만은 않았다.

먼저 영화 속에서 안드레아는 누구든 절대로 칭찬하는 법이 없는 완벽주의자 미란다에게 화가 나서 수석 디자이너를 찾아가 푸념하는 장면이 나온다. 디자이너는 그런 안드레아의 어리광을 받아주지 않고, 직장에 충실하지 않는 미란다를 오히려

꾸짖고 충고한다.

늘 본인이 걸어갈 길이 아니라는 선입견으로 직장생활에 임했던 안드레아는 그 이야기를 듣고 변화를 시도한다.

직장인의 복장 매너

이 영화의 아이콘이 패션인 것을 감안하더라도 비즈니스의 패션이라는 것이 조금은 필요하다. 영화 속에서처럼 값비싼 명품을 입어야 한다는 이야기는 절대 아니다. 그렇다고 개성을 주체하지 못해 너무 멋을 부린 나머지 너무 튀는 복장을 해서도 안 된다. 비즈니스 세계에서는 자신이 아닌, 상대를 우선시해야 한다.

따라서 첫인상에 큰 영향을 미치는 것이 겉모습임을 고려할 때, 옷차림부터도 상대에게 호감과 신뢰를 주도록 신경 써야 하는 것은 당연한 일이다. 그렇다면 호감과 신뢰를 주는 옷차림이란 어떤 것일까?

그것은 직장이라는 공간과 조화를 이루며, 자신이 임하는 직장에 어울리는 단정한 옷차림이다. 영화 속에서 안드레아는 한발 뒤로 물러나 불평만 하던 자신의 태도를 고치기로 마음먹고 변화를 시도한다. 생각이 바뀌면 행동이 바뀐다고 했다. 안드레아는 패션잡지 Runway의 수석 비서다운 복장으로 재무장하고 업무에 임한다. 옷차림의 변화만으로도 주위에서 안드레아의 변화를 느끼게 되는데, 안드레아를 바라보는 직장 동료들의 시선 또한 달라지니, 이 영화는 그녀의 변신에 있어 옷차림이 얼마나 중요한 요소인가를 알게 해준다.

지시 및 보고

직장생활이라는 것이 한고비 넘기면 또 다른 한고비가 연일 계속되는 곳이다. 조금은 익숙해져 가는 안드레아에게 미란다는 출간되지도 않은 헤리포터 시리즈를 찾아오라는 지시를 내린다. 직장생활 속의 큰 흐름을 세 가지로 나누어 보면 대개 지시, 명령, 보고로 나눌 수 있다. 상사로부터 지시, 명령을 받은 일은 기본적으로 당신에게 맡겨진 일이다. 상사로부터 업무를 지시받을 경우에는 긍정적이고 겸허한 자세로 받아들이도록 한다.

만약 업무의 지시가 비합리적이고 비효율적이라고 생각되면 그 자리에서 직접적으로 불만을 표출하기보다는, 간접적이면서 자존심을 자극하지 않는 범위 내에서 논리적으로 부연설명을 하여 상사가 납득하도록 해야 한다. 하지만 영화 속에서 미란다의 요구는 현실 속에서는 많이 무리가 있는 지시이다. 그러나 우리네 직장생활 속에서도 이렇듯 무리한 요구를 하는 상사를 많이 만나게 되는 걸 보면 비단 영화 속 에피소드라고만 할 수는 없다.

그렇다고 상사의 명령이 다소 과하다고 상사에게 바로 불만을 표현하는 것은 더더욱 관계만 악화시키므로, 적절한 대응방법을 찾아야 한다.

상사의 지시를 받을 경우 무조건적인 수락은 위험하다. 업무의 지시를 이해하기 곤란하거나 애매모호할 경우에는 지체 없이 질문하여 오해가 없도록 해야 하며, 자신의 의견을 첨가할 경우에는 논리성을 바탕으로 보충자료와 함께 하도록 하여 상사를 충분히 이해시키도록 한다. 이때 자신의 의견을 제시하는 데 있어서 상대방을 무시하거나 남을 헐뜯는 태도나 언어를 구사해서는 안 된다.

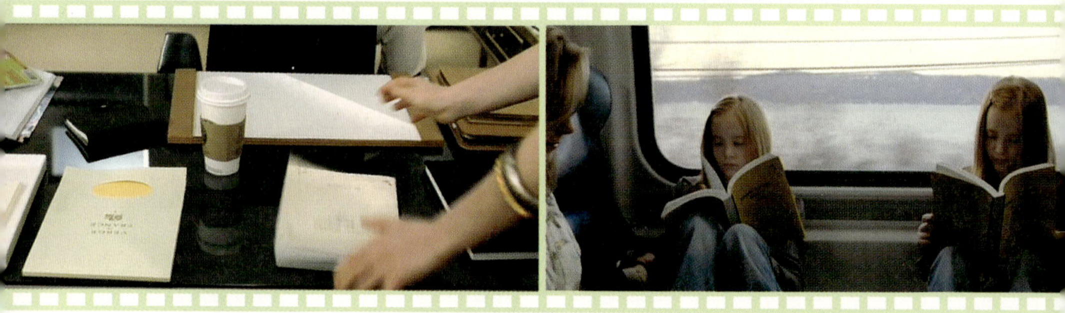

또한 상사로부터 지시받은 내용은 간단명료하면서 정확하게 기록을 하고 관련자나 관련 부서의 협조가 필요할 경우에는 신속하게 처리하도록 한다. 또한 지시사항을 처리하는 과정에서 예상하지 못했던 일이나 곤란한 경우가 발생하면, 즉시 지시한 상사에게 경과를 보고하여 업무가 원활하게 처리되도록 노력한다.

상사와 부하

영화 속에서는 유독 직장 내 상하관계에 대한 표현이나 행동 등을 많이 보여주고 있다. 안드레아의 바로 위 상사인 에밀리도 절대로 따뜻한 말 한마디 해주지 않는 상사이다. 어느 직장이나 업무를 수행하기 위한 수단으로 인간조직을 구성하고 있기 때문에 상하관계가 존재할 수밖에 없다. 이러한 상하관계의 조직을 이해하지 않고서는 올바른 직장생활을 기대할 수 없으며, 직장에 머무는 동안에는 항상 불안하고 짜증스러운 분위기 가운데 조직생활을 할 수밖에 없다. 따라서 조직의 특성을 파악하고 이해하려는 노력이 필요하다.

물론 실제 상황에서는 조직의 특성에 따라 그 관계가 매우 복잡하고 다양하겠으나 상하 간의 관계설정에 있어서 무엇보다 중요한 것은 직장에서 규정하고 있는 인사규정과 기본적인 인간관계이기 때문에, 원활한 직장생활을 위해서는 상사와 부하의 관계정립에 있어서 인간적인 측면이 우선되어야 하겠다.

원만한 인간관계

직장은 상하관계뿐만 아니라 경쟁관계가 존재하는 곳이다. 그러다보니 여러 가지 갈등 상황이 발생하게 되는데, 이런 상황을 현명하고 적절하게 대처하지 못한다면 직장생활에서 중요한 원만한 인간관계 형성이 어렵다. 안드레아 역시 직장생활에서 이런 갈등상황을 겪게 된다.

미란다는 안드레아에게 파리로 떠날 사람은 에밀리가 아니라 안드레아라는 사실을 말해주고 이를 안드레아가 직접 에밀리에게 알리게 하는 상황이 나온다. 그리고는 파리로 가서 행사를 진행하던 중 수족처럼 부리던 디자이너에게 한마디 사과도 없이 본인 마음대로 큰 결정을 내리는 상황 등 여러 가지 갈등 상황을 보여준다. 직장생활을 원활히 수행하기 위해서는 가장 중요한 것이 있다. 바로 원만한 인간관계를 유지해야 한다는 사실이다. 누구나 알고는 있지만 실제 상황에서나 영화 속 상황에서는 전혀 그렇지 못하다.

직장이란 곳은 하루 8시간 이상, 동일한 장소에서, 매주 5번 이상을 마주치는 사람들이서 함께 생활하는 곳이다. 그래서 즐겁지 못하거나 험악한 분위기가 연속되면 견디기 힘든 것이다. 누구나 바라는 명랑하고 쾌적한 분위기를 만들기 위해서, 또한 자신의 업무를 성실히 수행하기 위해서는 때로 자신의 희생이 필수적이라는 사실을 명심해야 한다.

원활한 인간관계로써 즐거운 마음으로 맡은 바 업무를 기분 좋은 상태에서 처리할 수 있으며, 상사나 동료들로부터 신뢰를 구축할 수 있다는 평범한 진리를 깨달아야 한다. 직장에서 조직의 구성원으로서 업무를 수행하는 데 있어서 인간관계를 살펴보면 그 스타일이 각양각색이다. 어떤 사람은 상사나 동료로부터 존경을 받으면서 근무하는가 하면, 어떤 사람은 손가락질을 받으면서 직장생활을 하는 모습을 쉽게 발견할 수 있다.

직장에서 무엇보다 중요한 것은 더불어 살아간다는 자세와 내가 먼저 양보한다는 자세로 보편적으로 인정되는 에티켓을 지킨다면 반드시 성공하는 직장인이 될 수 있다. 따라서 직장에서의 성공적인 요소는 바로 상하 그리고 동료들 간의 원만한 인간관계이다.

Key Point

1. 직장인의 자세

직장은 영업활동을 통해 이익을 창출하는 조직체이므로 조직원으로서 지켜야 할 에티켓이 있다. 직장인은 자신이 직장에서 만족하기 위해서는 경영자와 동료 그리고 영업과 관련된 고객을 동시에 만족시켜야 하기 때문에 매우 중요한 역할을 수행하는 사람이라고 할 수 있다.

2. 직장인의 매너

- 직장의 사명과 목표 존중
- 능률적인 업무처리
- 약속의 이행
- 사명감
- 봉사정신

3. 직장인의 에티켓

- 시간관리를 철저히 지킨다.
- 긍정적 사고로 모든 업무에 임한다.
- 지시 및 보고를 정확하게 따르고 지킨다.
- 인간관계를 원만하게 유지한다.

4. 지시 받을 때의 올바른 매너

- 지시 내용을 끝까지 경청한다.
- 필기구를 준비하여 상급자의 지시 내용을 메모한다.
- 지시하는 도중 말을 가로막지 말고 의문사항이 있으면 질문하여 확인한다.
- 업무지시의 목적과 완급을 파악한다.
- 지시가 끝나면 요점을 복창하여 지시내용을 다시 한번 확인한다.
- 지시 내용의 마감일(deadline)을 정확하게 확인한다.

5. 회의 중 지켜야 할 에티켓

- 회의의 시작과 종료시간을 정확하게 지키도록 한다.
- 회의 안건에 대한 발언을 할 경우 차례를 지키도록 한다.
- 의견을 제시하기 위해서는 사회자의 허락을 얻는다.
- 다른 사람이 발언을 할 때에는 끝날 때까지 듣는다.
- 참석자에게 불쾌감을 줄 수 있는 발언은 피한다.
- 다른 사람에게 자신의 의견에 동의하도록 강요하지 않는다.

- 안건에 관련된 사항에서 벗어나지 않도록 한다.
- 간단명료하게 발언한다.
- 회의중에는 사담을 피한다.
- 자신과 다른 의견이 채택됐을 경우에는 적극적으로 협조한다.

7. 직장 상사가 지켜야 할 에티켓

- 직장 내의 부하 직원에게 존칭을 써서 대화한다.
- 사적인 일을 업무에 연결시키지 않는다.
- 부하의 업무능력을 고려하여 편견 없이 대한다.
- 비합리적인 방법으로 부하 직원에게 업무처리를 지시하지 않는다.
- 지나치게 권위주의적인 행동을 하지 않는다.
- 시간관념을 철저하게 지켜 업무처리를 지시한다.
- 책임은 회피하고 권한만 주장하는 행동은 삼간다.
- 부하의 사생활을 침해하지 않는다.
- 동료에게 부하의 험담을 하는 행동을 삼간다.
- 상사의 품위를 훼손시키는 행동을 하지 않는다.

8. 직장에서 부하직원이 지켜야 할 에티켓

- 상사의 업무지시를 정확하게 진행한다.
- 상사 앞에서 동료를 험담하지 않는다.
- 약속시간을 준수한다.
- 상사의 비합리적인 업무지시에는 대화로 조정한다.
- 회식중에 상사를 비방하지 않는다.
- 상사가 없는 장소에서 험담하지 않는다.
- '부정을 위한 부정'의 언행을 하지 않는다.
- 업무시간을 준수한다.
- 조직의 사명과 위배되는 행동을 하지 않는다.

2. '인 굿 컴퍼니'로 보는 비즈니스 매너 이야기

인 굿 컴퍼니(In Good Company)

미국/장르 : 코미디, 드라마/15세 관람가/상영시간 : 109분/개봉 : 2005년
감독 : 폴 웨이츠
출연 : 스칼렛 요한슨, 데니스 퀘이드, 토퍼 그레이스 등

비즈니스 매너를 하기에 좋은 영화가 어떤 것이 있을까? 고민하면서 굉장히 많은 영화를 보고, 뒤적거려 보았지만 쉽사리 원하는 맥락을 잡지 못하고 몇날 며칠을 보내고 있을 때, 발견한 영화 'In Good Company'. 정말 원하는 비즈니스 매너도 잘 선택할 수 있어서 기뻤지만, 그보다 모처럼 참 따뜻하고 행복한 영화를 한 편 만나게 된 기쁨이 더 컸다.

잘 나가는 잡지사 "스포츠 아메리카"의 광고부장 댄 포먼은 기업합병으로 인해 26세 새 보스를 모시게 되는 상황을 맞는다. 또 아내의 예기치 못한 임신과 큰딸의 뉴욕대 입학 등 여러 가지 일이 한꺼번에 그를 힘들게 한다. 자신의 상사로 온 보스는 큰딸과 사랑에 빠지고 50대 여느 샐러리맨의 모습을 따뜻하게 담아낸 영화이다. 광고계 비즈니스맨들의 모습을 담아내다 보니 자연스럽게 여러 가지 비즈니스 매너에 대해 자세하게 볼 수 있다.

방문 매너

영화의 시작은 댄이 광고를 세일즈하기 위해 그룹 오너를 방문하는 장면부터 시작된다. 비즈니스의 이해관계자를 방문할 경우에는 주로 사회적으로 안정되었거나 기업을 경영하는 사람일 경우가 대부분이기 때문에 방문을 계획할 때는 신중을 기해야 하고, 상황에 따라 능동적으로 대처해야 한다. 방문은 기업과 관련된 업무나 개인적인 친분관계 등으로 이루어지는 활동이지만, 직장을 방문한다는 것은 생각보

다. 그리 쉽지 않기 때문에 어느 정도의 기본적인 에티켓을 지켜야 한다. 직장생활을 하는 사람이 타 기업과의 업무관계로 방문하기 위해서는 방문에 필요한 여러 가지 절차가 있기 때문에 사소한 실수나 미숙함이 있을 경우에는 방문 목적에 역효과를 초래할 수 있기 때문이다.

따라서 종업원이나 관련자가 다른 기업이나 고객을 방문할 때 방문의 효과를 극대화하기 위해 고객방문에 대한 다양한 기법을 모듈화하여 역할연기 등의 교육을 통해 프로 의식을 고취시키는 경우도 있다. 고객방문이나 비즈니스 활동을 하는 중간 중간 누군가에게 방문을 하기도 하고, 누군가로부터 방문을 받기도 한다. 이런 활동을 보다 효과적으로 실시하기 위해 철저한 방문계획과 약속, 방문처의 정보파악 등을 하여 준비사항을 체크하고 찾아가는 것이 매너이다.

상대방을 방문하기 위한 약속을 정한 다음 부드러운 토의와 풍부한 화제 등을 위해 고객에 대한 구체적인 정보를 획득해야 하며, 상대방 정보의 파악 정도에 따라 방문목적의 달성 여부가 달려있다고 해도 과언이 아니다. 영화 속에서 댄포먼은 회장님을 찾아뵙고, 편안한 이야기로 대화를 시작한다. 가족들 이야기, 여러 가지 현안 등을 이야기하면서 절대로 방문한 목적인 광고 세일즈는 크게 부각시키지 않고 돌아온다. 세일즈맨이니 당연히 세일즈를 해야겠지만, 댄은 진정으로 고객과 자신이 원하고 이득이 되는 상황을 제시하면서 돌아온다. 어느 회사를 방문할 때는 효과적이고 프로답게 보이기 위해 여러 가지 준비해야 할 사항이 있는데, 댄은 이런 것조차 사용하지 않고, 회장님과 편안한 대화를 나눈 뒤 떠난다.

방문지에 도착하면 안내 데스크에서 회사, 이름, 방문 대상자, 용건 등을 설명하고 안내를 부탁한다. 사무실은 업무 공간이므로 너무 오래 머물지 않도록 한다. 설사 방문의 목적이 달성되지 않았더라도 인상을 구기지 말자. 처음과 마찬가지로 밝은 표정으로 정중하게 인사해야 한다. 본사에 돌아가서는 약속의 사후 관리를 반드시 철저히 해야 한다.

비즈니스에서의 방문매너의 핵심은 상대방이 기분 좋은 상태로 맞이하도록 유도하고, 방문의 목적을 극대화하기 위해 여러 가지 준비를 하여 방문하는 것이 멋진 매너이다.

소개 매너

방문을 하게 되면 누군가를 만나게 되는 일은 아주 당연한 일이다. 또 사람들은 만남을 통해 사회생활을 영위하고 자신의 인맥을 형성해 간다. 이렇듯 소중한 의미를 지닌 만남에서 소개는 서로를 이어주는 가교 역할을 한다. 소개자를 통해 자신이 소개받게 되는 경우도 있고, 자신이 소개자가 되어 사람들을 소개해야 하는 경우도 있다. 이 영화가 직장이라는 곳을 배경으로 그린 영화여서 이런 소개 장면을 종종 볼 수 있다. 카터 두리에가 처음 직장에 출근하여 직원들을 소개받는 장면부터, 광고주들을 만나러 다니는 장면 등 다양한 소개의 모습이 나온다. 그 만큼 사람들과의 만남에 있어 소개는 반드시 필요한데, 특히 비즈니스에서 중요한 소개매너를 알아보도록 하자.

비즈니스에서 소개를 하는 방법은 손윗사람에게 손아랫사람을 소개한다. 이 중

에서도 지위가 높은 사람에게 지위가 낮은 사람을, 연장자에게 연소자를, 선배에게 후배를 소개시킨다. 이성 간에는 여성에게 남성을 소개하고, 기혼자에게 미혼자를 소개하고, 손님에게 집안사람을 소개한다. 고객에게 회사 동료를 소개하고, 기혼 여성에게 남성을 소개하는 것이 원칙이나 왕, 대통령, 왕족, 성직자에게는 예외이다. 가끔 누군가를 소개해야 할 상황에서 제대로 소개를 해주지 않아서 서먹서먹한 상황이 되는 경우가 있는데, 이것도 큰 실례이다.

원래 소개 시에는 모두 일어나는 것이 원칙이다. 성직자, 연장자, 지위가 높은 사람을 소개 받을 때는 남녀 모두 일어서는 것이 원칙이나 환자나 노령자는 예외로 한다. 나이 많은 여성이나 앉아 있던 여성은 앉은 채 남성을 소개받아도 무방하나, 파티의 호스티스인 경우는 일어나는 것이 예의이다. 또한 소개 후 남성 간에는 악수를 교환하고 이성 간일 경우 여성은 목례로 대신한다. 그러나 이때도 연장자가 악수를 청하기 전에 손을 내밀지 않는다. 연장자가 악수 대신 간단한 인사를 하면 연소자는 미소를 지으며 목례로 답한다. 소개를 할 때는 자신의 이름을 정확하게 전달하고 상대의 이름을 주의해서 듣도록 한다. 가끔 첫 성만 제대로 들리고 나머지는 기어들어가는 소리를 하는 사람들도 있고, 다시 한번 성함을 청해야 하는 경우도 있는데, 이것도 비즈니스에 굉장히 실례가 되고 첫 이미지에 나쁜 영향을 줄 수 있다. 만약 이름을 정확하게 듣지 못했는데 상사라면 상대의 이름을 제3자에게 조용히 확인하도록 한다.

대부분의 소개 매너는 처음 만났을 때만을 중요시하는데, 소개 매너는 다소 큰 미팅이나 인원이 아니라면 반드시 헤어질 때도 소개받을 때와 똑같이 일어나서 하는 것이 매너이다.

악수 매너

비즈니스 매너에서 소개가 끝나고 나면 악수를 하는 형태가 매우 일반적이다.

악수는 상호간의 정을 표현하는 것이기도 하고, 사교활동의 중요한 행동이기도 하다. 로마인들에게 악수는 신뢰의 표시였으며, 중세까지도 악수는 적의가 없음을 확인시키는 행위로 인식했다. 서양에서 악수를 사양하는 것은 실례로 간주하며 정

중한 마음과 바른 자세, 밝은 표정으로 연출하는 인사법이다.

악수의 순서는 소개의 순서와 동일하게 웃어른이나 상사가 먼저 손을 내민다. 윗사람이 아랫사람에게, 여성이 남성에게, 기혼자가 미혼자에게, 선배가 후배에게 먼저 청하는 것이 매너이다. 왕, 대통령, 왕족, 성직자의 경우에는 소개와 마찬가지로 예외이다. 악수는 보통 오른손으로 하는 것이 원칙이며, 상대가 악수를 청할 때 남성은 반드시 일어서며, 여성은 앉아서 해도 무방하나 상대의 나이 등을 감안해서 행동하는 것이 좋다.

악수는 우정의 표시인 만큼 적당한 악력으로 손을 잡고 적당한 높이로 흔들되 여성과 악수할 때는 세게 쥐거나 흔들지 않는다. 악수를 할 때 남성은 장갑을 벗어야 하며, 여성의 경우는 장갑을 벗지 않아도 된다. 여성의 경우 먼저 악수를 청하는 것이 에티켓이므로 이를 실행하도록 한다. 악수는 서양식 인사이므로 한 손으로 하며, 굳이 동양식 관습으로 두 손으로 할 필요가 없다. 왕이나 대통령 외에는 당당한 자세로 허리를 곧게 펴고 악수를 한다. 상대의 눈을 보지 않고 하는 악수는 매너에 크게 어긋난다. 오른손에 가방을 들고 있었다면 악수에 대비해서 왼손으로 바꿔 드는 것이 좋다. 손을 너무 세게 쥐거나 손끝만 내밀어 악수하지 않는다.

명함 매너

소개와 인사를 건넸으면 명함을 주고받는 수순으로 대부분은 자연스럽게 이어진다. 명함은 고대 중국에서 지인의 집을 방문했을 때 상대가 부재중이면 자신의 이름을 적어 남기는 관습에서 기원했다고 한다. 사교상의 목적으로 명함이 사용된 것

은 루이 14세 때부터라고 하며, 독일 역시 16세기경부터는 작은 종이에 이름을 적어 사용했다고 한다. 이러한 명함은 사교 상의 목적으로 사용하는 사교용 명함을 얘기하며, 우리가 흔히 사용하는 명함은 업무용 명함의 성격을 띤 것으로서 그 용도가 다소 다르다고 하겠다.

서양 사람들은 사교용 명함과 업무용 명함을 구분해서 사용한다. 사교용 명함은 방문 카드로 사용되며 초대를 받고 감사의 표시와 참석 여부를 표시하기 위해 사용된다. 이 밖에도 선물, 꽃, 소개장을 보낼 때, 조문이나 병문안의 경우 등에 사용한다. 사교용 명함에는 성명과 주소만을 기입하며, 업무용 명함에는 성명과 회사 주소, 직위 등을 기입한다. 서양에서는 명함을 주고받는 일은 서로 교제를 더 친밀히 하기 위한 예의로 인식하여 비즈니스의 경우 외에는 초면에 명함을 내밀지 않는다. 하지만 우리나라를 비롯한 동양권에서는 명함을 통해 자신을 알리는 수단으로 활용하는 경우가 많다.

명함은 항상 명함지갑에 넣어 웃옷 안주머니에 넣어 두는 것이 좋다. 명함을 건넬 때는 반드시 일어서서 오른손에 들고 상대의 위치에서 바로 읽을 수 있도록 가슴 높이에서 이름을 밝히면서 인사말과 함께 건네는 것이 매너이다. 또한 명함은 아랫사람 또는 고객이 먼저 건네는 것이며, 명함을 받을 때도 일어서서 두 손으로 받으며 상대의 명함은 그 자리에서 확인한다. 이때 모르는 한자나 어려운 발음은 상대에게 정중하게 확인하는 것이 매너이다.

가끔 몰라도 아는 척 그냥 받고 있다가 실수를 하는 예를 자주 볼 수 있다.

명함을 동시에 서로 주고받을 때는 오른손으로 주고, 왼손으로 받아 오른손으로 받쳐 든다. 상대의 명함을 받고 자신의 명함을 건네지 않는 것은 실례이므로 항상 소지하도록 한다.

명함을 받자마자 보지도 않고 넣어두는 것은 굉장히 무례한 행동이므로 절대 해서는 안 된다. 명함은 자신의 표지인 만큼 구겨지거나 낙서된 것, 전화번호, 주소를 고쳐 적은 것 등은 사용하지 않는다. 명함 크기의 백지를 미리 준비하여 상대가 명함을 준비 못 한 경우에 활용한다. 한 방에 여러 사람이 있을 경우에는 책임자에게만 주어도 무방하며, 모두에게 건넬 때는 직위 순서대로 건넨다. 명함을 받고 이야기를 나눌 때는 자신이 보기 좋은 곳에 놓고 참고하며 대화해도 무방하다. 받은 명함에 낙서를 한다든지 책상 위에 그냥 두어서는 안 된다.

가끔 너무 많은 명함을 받아서 누가 누군지조차 모를 때가 있다. 명함을 받은 사람과 헤어진 다음 여백 등을 활용하여 날짜, 용무, 특징 등의 관련 사항을 메모해두면 다시 만났을 때 도움이 된다. 명함은 비즈니스에서 인맥관리의 중요한 수단이다. 명함 수첩 등을 활용하여 잘 정리하는 것도 멋진 방법이다. 또는 1년에 한 번 정도는 명함을 정리하는 것도 좋다. 명함은 그 사람의 얼굴이다. 따라서 자신의 명함을 일반 지갑이나 셔츠 주머니 등에서 꺼내어 건네는 것은 자신의 이미지 형성에 좋지 않은 만큼 명함지갑을 활용한다.

식사 접대 매너

영화에서는 위에 서술한 것처럼 기본이 되는 비즈니스에 대한 매너도 잘 표현됐지만, 비즈니스 접대 매너에 대해서도 재미있게 표현하고 있다. 인수합병으로 스포

츠 아메리카의 부장이 된 카터 두리에는 댄에게 점심 식사를 제의한다.

댄은 날 생선을 먹지 못하는데 두리에는 그에게 날 생선을 계속 권하고 댄은 어쩔 수 없이 먹는 장면이 나온다. 영화 속 상황이야 같은 회사 직원들끼리고, 상사와 부하라는 관계에서 그럴 수도 있다 하지만, 일반적으로 갑과 을의 관계를 가지고 있는 비즈니스 세계에서도 이와 크게 다르지 않다. 식사 접대를 해야 할 때에 상대방의 식성 정도를 파악해서 준비하는 것이 올바른 매너이다.

유독 날 생선을 먹지 못한다든지, 특정 음식에 대해 알레르기가 있다든지, 선호하는 음식의 종류라든지, 이런 것들을 파악하여 식사하는 동안도 즐겁고 유쾌하게 보내는 것이 비즈니스에도 좋은 결과를 가져온다.

접대 매너

또 다른 접대의 모습을 영화에서는 소개하는데, 오랜 세월 스포츠 아메리카에 신발 광고를 했던 회사의 임원이 방문을 하고, 애초에 댄은 그를 위해 MBA 결승전 티켓을 준비하여 맞으려 했으나 카터는 엉뚱한 콘서트에 그들을 초대한다. 26세의 청년들이 좋아하는 힙합뮤지션의 콘서트에 50이 넘은 광고주를 초대해 놓고 신나하는 장면이 나온다.

이는 적절하지 못한 매너이다. 물론 세대를 뛰어넘는, 한 시대를 앞질러 가야 하는 광고나 세일즈 업계의 모습이라 해도 접대를 받는 사람, 하는 사람이 불편해 하는 이런 접대는 안하느니만 못한 결과를 초래한다. 결국 상당히 비중이 큰 광고주였던 회사는 광고를 포기하겠다고 의사를 밝히고, 댄과 카터는 실망하게 된다. 광고주가 접대의 실수 때문이 아니라 경쟁사라는 이유로 광고를 포기하지만, 실제로는 이런 접대만 가지고도 비즈니스가 성사되지 않는 경우도 비일비재하다.

비즈니스라는 것도 어차피 사람이 하는 것이고, 사람들의 기본적인 욕구는 거의 동일하다. 물론 지위고하, 부유한 정도 등에 따라 조금씩 차이가 생겨나기는 하지만 기본적인 욕구는 대부분 똑같다. 나에게 잘 해주려는 사람, 비즈니스를 깔끔하고 제대로 된 실력으로 무장한 사람을 찾으려는 건 당연한 일이다. 거기에 깔끔한 매너를 조금 더 뿌려서 그런 비즈니스 관계를 극대화하자는 것이다.

스포츠 접대 매너

영화 속에서는 스포츠 접대에 대한 모습도 잠깐 담아낸다. 스포츠 아메리카 잡지팀과 운영팀과의 친선 농구 경기를 재미있게 보여준다. 물론 요즘 스포츠 접대의 단연 일등은 골프이다. 골프를 모르면 비즈니스를 할 수 없을 정도로 골프에 대한 열풍이 강하다. 그런데 비즈니스 상대방이 원하는 스포츠를 하는 것도 역시 접대의 기본이다. 여느 스포츠건 그것이 갖고 있는 매력은 정정당당한 스포츠정신에 입각하여 하는 경기에 있다. 그것이 어떤 종목이 되었건 그건 크게 중요하지 않다.

다만 경기를 임하는 자세가 일부러 봐주는 것이 표현된다든지, 또는 너무 성의 없이 임한다든지 하는 모습을 보이는 것은 매너 없는 행동이다. 사교나 비즈니스의 목적으로 활용할 경우에는 더욱더 그러하다. 하지만 영화 속에서는 상대편을 이기기 위해 직원도 아닌 농구선수를 기용하고, 상대선수를 비난하고, 급기야 덩크슛을 하다 팔이 부러진 댄을 보고 웃기까지 하는 모습을 보여준다. 실제로 비즈니스 관

계였다면 정말 성사가 되기 어려울 만한 상황이었다.

선물 매너

주제에서 조금 벗어나는 장면이긴 하지만 영화 속에서 선물에 대해 표현된 부분이 있어서 이야기를 풀어보려 한다. 우리나라뿐만 아니라 서양의 경우도 그렇고, 특별한 날이나 명절을 맞아 평소 존경하는 분이나 신세를 진 분, 집안 어른, 은사 등을 대상으로 마음을 담은 선물을 보내는 것이 오랜 관습이다. 전통 명절인 설날, 추석, 크리스마스, 생일, 결혼기념일 같은 각종 기념일, 승진, 회사 이전 등 선물을 하는 상황은 생각보다 많다.

선물을 할 때는 자신의 마음을 담고, 상황에 맞는 선물을 준비하도록 한다. 액수에 관계없이 자신의 마음이 담긴 선물을 하는 것이 상대에 대한 예의이며, 역시 축하카드를 함께 보내는 것이 좋다. 또한 큰 회사에서는 외국과 비즈니스를 해야 하는 경우가 많은데 이럴 경우에는 상대 국가의 선물과 관련한 금기사항들을 자세히 살펴서 활용하는 것 또한 굉장히 중요한 매너이다.

기업에서 비즈니스를 하면서 일어날 수 있는 접대 매너는 의외로 여러 가지이고, 그 형태도 굉장히 다양하다. 약육강식의 법칙이나 유교사상을 들먹이지 않아도, 지금까지의 비즈니스 형태가 을이 갑에게 잘 보이기 위해 애쓰는 이런 접대 매너의 형태들이 대부분이었다. 하지만 '갑과 을의 관계'란 계약서 상이나 일을 진행하기에 유리하게 정해놓은 규칙인 것이지 거기에 동반되는 사람까지 종속되는 것은 아니다. 그러므로 지금까지 룸살롱 접대, 술상무 등 단조로운 형태의 접대문화에서

조금 더 다양하고 열린 마인드의 비즈니스 매너가 필요하다. 매너와 에티켓을 잘 지키면서, 넘치지도 모자라지도 않은 관계 유지, 그리고 남들보다 탁월한 실력을 갖추는 것이 최상의 비즈니스 환경이다.

Key Point

1. 방문 매너

- 비즈니스상 사무실을 방문할 때는 바쁜 시간은 피해서 미리 시간 약속을 한다.
- 방문 시간은 오후 3~5시 사이가 적당하다.
- 사무실 방문 시 미리 초대되지 않은 사람과 동행하는 것은 매너에 어긋난다.
- 방문 시간에 다소 여유 있게 도착하여 미리 화장실에서 용모와 복장을 점검한다.
- 사무실에 들어가기 전에 코트와 장갑은 미리 벗고 들어간다.
- 사무실에 들어가서 미리 방문자의 이름을 알리고 본인의 명함을 내놓는다.
- 응접실에 안내를 받으면 출입구에서 가까운 말석에 앉아 기다린다.
- 가방이나 코트는 책상 위에 두지 않고, 가방은 바닥에 코트는 무릎에 놓고 기다린다.
- 상대방이 들어오면 바로 일어난다. 상대가 상석을 권하면 '감사합니다' 하며 옮긴다.
- 차나 음료를 가지고 오면 감사의 표시를 하고 상대가 권하면 마신다.
- 면담 중에는 방문자나 손님을 맞이하는 측 모두 시계를 보지 않는 것이 매너이다.
- 사무실은 업무 공간이므로 너무 오래 머무르지 않는다.
- 대부분의 사무실은 금연 공간이다. 사무실에서는 담배를 삼간다.
- 사무실에서는 사적인 대화나 사생활과 관련된 질문은 하지 않는 것이 매너이다.
- 방문의 목적이 달성되지 않아도 표정을 바꾸지 않고 정중히 인사한다.

2. 소개 매너

(1) 소개 순서

- 손윗사람에게 손아랫사람을 소개한다.
- 지위가 높은 사람에게 지위가 낮은 사람을 소개한다.
- 연장자에게 연소자를 소개한다.
- 선배에게 후배를 소개한다.
- 이성 간에는 여성에게 남성을 소개한다.
- 기혼자에게 미혼자를 소개한다.
- 손님에게 집안사람을 소개한다.
- 고객에게 회사 동료를 소개한다.
- 기혼 여성에게 남성을 소개하는 것이 원칙이나 왕, 대통령, 왕족, 성직자에게는 예외이다.

(2) 소개 시 지켜야 할 매너

- 소개 시에는 모두 일어나는 것이 원칙이다.
- 소개 후 남성 간에는 악수를 교환하고 이성 간일 경우 여성은 목례로 대신한다.
- 직업이 서로 다른 사람을 소개할 경우에는 출신학교, 지인, 친척에 대한 사항을 융통성 있게 덧붙이는 것도 효과적이다.
- 각종 연회에서는 주최자가 일일이 소개를 해주지 않더라도, 자연스러운 대화를 통해 자기 소개를 해도 무방하다.
- 소개할 때는 자신의 이름을 정확하게 전달하고, 상대의 이름을 주의해서 듣도록 한다. 이름을 정확히 못 들었을 경우에는 본인에게 묻지 말고 제3자에게 확인하도록 한다.
- 파티를 주최하는 사람은 초청자의 이름, 직업, 지위를 기억했다가 능숙하게 소개하도록 한다.
- 초면인 경우 정치와 종교, 금전 관련 화제는 상식적인 금기사항이다.
- 예술, 시사뉴스, 스포츠, 여행 등을 화제로 택하며 이성 간의 자리에서의 루머나 스캔들은 교양과 결부될 수 있다.
- 인원이 적은 파티에서는 소개받은 모든 사람들에게 작별인사를 한다.
- 대형연회에서는 주위의 사람들에게 작은 소리로 작별인사를 한다.
- 작별인사를 할 때도 소개받을 때와 마찬가지로 일어선다.

3. 명함 매너

1) 명함 수수 매너

- 명함은 항상 명함지갑에 넣어 웃옷 안주머니에 넣어 둔다.
- 명함을 건넬 때는 반드시 일어서서 오른손에 들고 상대의 위치에서 바로 읽을 수 있도록 가슴 높이에서 이름을 밝히면서 인사말과 함께 건넨다.
- 명함은 아랫사람 또는 손님이 먼저 건넨다.

- 명함은 받을 때도 일어서서 두 손으로 받으며 상대의 명함은 그 자리에서 확인한다. 이때 모르는 한자나 어려운 발음은 상대에게 정중하게 확인한다.
- 명함을 동시에 서로 주고받을 때는 오른손으로 주고, 왼손으로 받아 오른손으로 받쳐 든다.
- 상대의 명함을 받고 자신의 명함을 건네지 않는 것은 실례인바 항상 소지한다.
- 명함을 받자마자 보지도 않고 집어넣는 것은 실례이다.
- 명함은 자신의 표지인 만큼 구겨지거나 낙서된 것, 전화번호, 주소를 고쳐 적은 것 등은 사용하지 않는다.
- 명함 크기의 백지를 미리 준비하여 상대가 명함을 준비 못 한 경우에 활용한다.
- 한 방에 여러 사람이 있을 경우에는 책임자에게만 주어도 무방하며 모두에게 건넬 때는 직위 순서대로 건넨다.
- 명함을 받고 얘기를 나눌 때는 자신이 보기 좋은 곳에 놓고 참고하며 대화한다.
- 받은 명함에 낙서를 하거나 책상 위에 그냥 내버려 두어서는 안 된다.

2) 명함 관리

- 명함을 받은 사람과 헤어진 후 여백 등을 활용하여 날짜, 용무, 특징 등의 관련 사항 을 메모해 두면 다시 만났을 때 도움이 된다.
- 명함은 인맥관리의 중요한 수단이다. 명함 홀더나 바인더, 컴퓨터 등을 활용하여 보관 정리한다.
- 1년에 한 번은 명함을 정리한다. 이때 변동 사항이 있는 경우는 정정하여 보관한다.
- 명함은 그 사람의 얼굴이다. 따라서 자신의 명함을 일반 지갑이나 셔츠 주머니 등에서 꺼내어 건네는 것은 자신의 이미지 형성에 좋지 않은 만큼 명함지갑을 활용한다.
  또한 상대의 명함 역시 소중하게 받아서 명함지갑에 넣은 후 추후에 홀더나 바인더 등으로 옮겨 관리한다.

4. 악수 매너

1) 악수하는 순서

- 악수의 순서는 소개의 순서와 동일하게 웃어른이나 상사가 먼저 손을 내민다.
- 윗사람이 아랫사람에게 악수를 청한다.
- 여성이 남성에게 악수를 청한다.
- 기혼자가 미혼자에게 악수를 청한다.
- 선배가 후배에게 먼저 악수를 청한다.
- 왕, 대통령, 왕족, 성직자의 경우는 예외이다.
  - 남성 : 소개와 함께 머리를 숙여 인사하고 악수를 청하면 재차 머리를 숙여 인사하고 악수한다.

- 여성 : 왕에게 경의를 표하고 왕이 청한 손을 잡고 악수한다.
- 대통령 : 남성은 왕의 경우와 동일하고 여성의 경우는 머리를 숙여 인사를 하고 악수를 받는다.

2) 악수 매너

- 악수는 오른손으로 하는 것이 원칙이다.
- 상대가 악수를 청할 때 남성은 반드시 일어서며, 여성은 앉아서 해도 무방하나 상대의 나이 등을 감안해서 행동한다.
- 악수는 우정의 표시인 만큼 적당한 악력으로 손을 잡고 적당한 높이로 흔들되, 여성과 악수할 때는 세게 쥐거나 흔들지 않는다.
- 악수를 할 때 남성은 장갑을 벗어야 한다. 여성의 경우는 장갑을 벗지 않아도 된다. 연회의 주인인 경우는 장갑을 낀 채 악수하며, 부인이 장갑을 벗어야 하는 경우는 청소용 장갑과 승마 장갑을 꼈을 때이다.
- 여성의 경우 먼저 악수를 청하는 것이 에티켓이므로 이를 실행하도록 한다.
- 악수는 서양식 인사이므로 동양적 관습으로 악수를 하며 절을 하거나 두 손으로 감쌀 필요가 없다. 왕이나 대통령 외에는 당당한 자세로 허리를 곧게 펴고 악수한다.
- 상대의 눈을 보지 않고 하는 악수는 실례이다.
- 오른손에 가방을 들고 있다면 악수에 대비해서 미리 왼손으로 바꿔 든다.
- 손을 너무 세게 쥐거나 손끝만 내밀어 악수하지 않는다.

5. 선물 매너

1) 선물을 보내는 시기

- 설날, 명절선물: 정초나 1주일 이내
- 생일, 결혼기념일 선물: 당일 또는 2~3일 전
- 결혼 축의금: 당일에, 선물은 결혼 1개월 전, 2~3일 전
- 출산 축하선물: 출산 후 1주일 후부터 3주 정도까지
- 크리스마스 선물: 크리스마스이브까지
- 일반적인 비즈니스 선물: 첫 미팅 때 전달
- 자국으로 귀국하는 외국 손님 선물: 2~3일전

2) 선물을 전할 때의 매너

- 선물의 가격표를 떼어낸다.
- 사전에 방문시간과 체류시간을 알린다.
- 오전 10~11시, 오후 3~6시 사이에 전달한다.
- 본인이 직접 가지고 가는 것이 좋다.
- 지나친 겸양어 "별것 아닙니다."로 표현하지 않는다.
- 서양에서는 선물을 그 자리에서 펴 보는 것이 예의다.
- 물품의 숫자: 경사 시 홀수로, 조사 시 짝수로, 숫자 4는 피할 것

3) 삼가야 할 선물 매너
- 옷은 부부나 연인관계 등 아주 가까운 경우에 선물
- 흰 손수건(이별), 거울(파경), 칼이나 가위(단절)
- 지나친 고급품은 상대가 부담을 느껴 역효과 날 수도 있다.
- 속옷은 부부나 연인 등 친한 경우에만 선물한다.
- 호흡기질환자를 문병할 시는 꽃, 화분은 선물하지 않는다.

4) 답례가 필요 없는 경우
- 입학, 졸업, 취직축하 선물을 받을 때
- 세뱃돈 또는 손아랫사람에게 명절 선물 받았을 때
- 부탁받은 일에 대한 감사로 받게 되는 선물
- 근무처에서의 경조 선물이나 비즈니스 선물
- '답례가 필요 없다' 라는 알림장이 왔을 때

5) 선물 거절 매너
- 청탁, 이익을 위한 선물은 정중히 거절해야 한다.
- 받을 수 없는 것은 개봉하지 않고 반송처리 한다.
- 돌려주기가 불가능한 경우 손도 대지 말고 답례도 하지 않는다.

6) 국제인의 선물 매너
- 주빈으로 초청된 경우 꽃, 선물 지참, 케이크는 자제
- 중국인 : 빨간색 포장지는 축하의 의미
  꽃다발, 흰색, 검정, 파란색은 자제
- 일본인 : 경사 시 검은색, 흰색 포장지는 자제
  칼, 거울, 허리 아래 걸치는 물건은 자제
- 미국 : 백합은 금물, 영국과 캐나다 등지에서 죽음을 의미한다.
- 독일 : 흰색, 검정색, 갈색의 포장지와 리본은 자제

3. '싱글즈'로 보는 직장 내 성희롱 이야기

싱글즈(Singles)

한국/장르 : 멜로, 애정, 로맨스/15세 관람가/상영시간 : 110분
개봉 : 2003년
감독 : 권칠인
출연 : 장진영, 이범수, 엄정화, 김주혁 등

영화 〈싱글즈〉는 일본 작가 토시오 가마타의 베스트셀러 '29세의 크리스마스' 를 영화화한 작품이다. 원작은 94년 일본의 후지 TV에서 드라마로 만들어져 방송된 적도 있는 작품이다. 원작의 매력을 잘 살리면서 무엇보다 주제에서 벗어나지 않고 잘 부각시킨 내용의 참신성을 높이 산 작품이다. 장진영이라는 배우를 다시 한번 보게 한 작품이기도 하다 영화는 4명의 싱글들의 각각 다른 사고와 생활 속에서 현대의 젊은 싱글들의 갈등과 사랑 사회생활 등을 코믹하게 보여주고 있다.

영화의 첫 장면에서 나난이 하는 대사가 인상적이다. "용돈 대신 월급이라는 것을 받기 시작하면서 '굿모닝' 이게 뭔지 까먹었다. 매일 아침 눈을 뜨는 순간 나는 서로 해결해 달라고 아우성치는 문제에 직면한다. 큰 걸 볼 것인가, 말 것인가? 머리를 감을 것인가? 재빨리 결정하는 것부터가 그 시작이다." 이 대사를 듣다가 혼자 웃는 관객이 많았으리라 생각한다.

이 영화를 직장 내 성희롱으로 선택한 것은 한국이라는 나라에 살면서 직장이라는 울타리를 다녀본 여자라면 한번쯤 만났을 상황들이 영화 속 곳곳에 큰 의미로 작용하기 때문이다. 뭐 굉장히 굴욕적이거나 심한 남녀차별을 나타내거나 하는 영화는 아니다. 하지만 일상의 소소한 것들에서 부딪치는 직장생활의 이런 저런 면을 솔직하게 담아내어 같이 공감해 보고자 한다.

영화에서 나난은 의류브랜드의 디자이너이다. 나난이 디자인한 의류브랜드가 성공을 거두자 상사인 과장은 그 모든 공을 자신이 가로채고 매사 과장에게 눈에 가시였던 나난은 계열사인 외식업체로 파견을 보낸다.

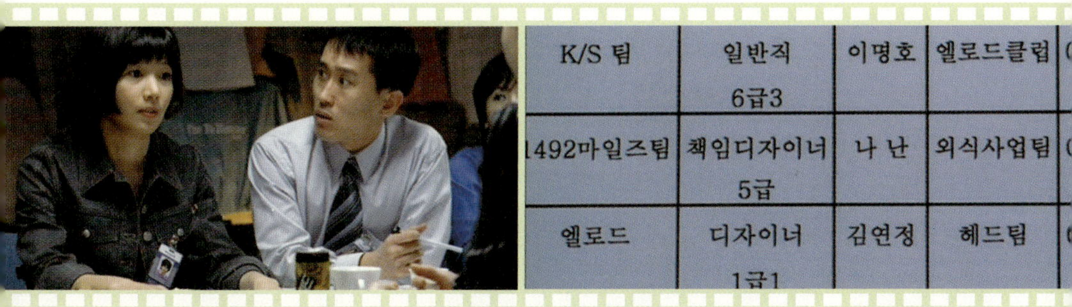

디자이너에게 외식사업팀이란 곧 퇴직을 의미하지만, 나난은 다달이 내야 하는 생활비며, 현실적인 문제로 인해 발령 난 곳으로 출근을 한다. 그곳에서 매니저를 맡게 된 나난은 본사 총무팀으로 업무를 보러 다니다가 좌천시킨 과장을 만나게 되는데, 과장은 여기서 너스레를 떨면서 나난의 엉덩이를 때리고 어깨를 잡고 하는 장면들이 나온다.

요즘 직장에서야 직장 내 성희롱 예방교육이다, 사내 게시판이다 하여 그런 일이 발생할 수 있는 상황이 줄어들긴 했지만, 얼마 전까지만 해도 서류판으로 여직원 엉덩이를 툭툭 친다든지, 어깨를 감싼다든지 하는 행동들이 너무나 자연스러웠다. 직장 내 상사의 이런 행동은 직장 내 매너에서 절대 있어서는 안 되는 행동이다. 직장 내 성희롱의 규정이 어디까지인지 그 범위를 놓고 법률적으로 시시비비가 많

지만 법률적으로 문제 삼기 전에 성희롱 피해자는 정신적 · 육체적 충격에 시달리고 인권을 침해받게 된다. 또한 요즘은 직장 내 성희롱 규정이 엄격해져서 가해자는 재산상의 피해나 직장을 잃게 되는 경우도 생긴다. 영화 속 과장은 나난이 있는 레스토랑으로 방문해 또 한번 나난에게 성적인 모욕을 가하자, 급기야 옆자리에 지켜보던 수헌은 과장에게 강펀치를 날린다.

이런 행동은 레스토랑이든 직장이든 절대 정당화하거나 변명할 수도 없는 행동이다. 사회적으로도 성에 대한 올바른 인식과 성평등 문화를 정착시키는 것은 인권 보호와도 직결되는 문제이다. 우리나라에서 경제 발전이 급속하게 진행되고, 여성의 사회진출이 10% 대에서 50%로 진입하기까지 무수한 직장여성들이 이런 고통을 받았을 것이다. 성희롱이란 것이 육체에 직접적으로 가하는 경우도 있지만, 단지 성이 여성이라는 이유로 그 범위를 정하여 불이익이나 불평등한 처우를 할 경우도 이에 포함된다.

영화 속에서 또 다른 이런 모습을 보여주고 있다. 나난의 제일 친한 친구 동미는 잘 나가는 커리어우먼이다. 그녀는 실력도 있고, 미모, 유머 뭐 하나 빠지는 것이 없어 보인다. 하지만 그녀가 10개월 동안 밤잠을 설쳐가며 만든 프로젝트의 프레젠테이션을 상사가 가로챈다. 동미는 이에 발끈하고 심지어 상사는 이런 동미를 따로 불러 유혹을 한다. 동미는 상사를 많은 사람이 보는 앞에서 망신을 주고 본인도 사표를 던지고 나온다.

직장 내 성희롱문제가 발생하면 가장 많은 피해는 여성이 입는 경우가 많다. 반드시 여성으로만 규정을 짓는 것은 아니다. 그와 반대의 경우도 분명 존재할 것이다. 아무튼 피해는 지위가 낮은 사람이 받는다는 것만은 사실이다. 직장이란 단지 생계를 유지하기 위해 돈을 벌려고 다니는 공간만은 아니다. 자아를 찾을 수 있고, 함께 호흡하는 동료들과 같은 곳을 향해 뛰어가기도 하고 넘어지기도 하면서 자아를 실현하는 공간이다. 이런 공간 속에 같이 지내는 직장 동료는 한 식구와 다름없다. 하지만 대부분의 직장에서는 이런 느낌과 분위기를 찾을 수 없고, 먹고 먹히기, 누군가를 밟고 올라가야 하는 경쟁관계 속에서 하루하루를 보내게 된다.

하지만 영화속에서처럼 상사가 부하직원의 공로를 가로챈다거나 자신이 일어서기 위해 직장동료를 무너뜨리는 행위는 결코 올바른 행동이 아닐뿐더러 직장에서의 지켜야 할 기본적인 매너를 간과하는 것이다. 적당한 경쟁관계는 물론 자본주의 사회에서 꼭 필요한 덕목 중에 하나이지만, 그렇다고 누군가를 힘들게 하고 비참하게 만들면서까지 그런 경쟁을 하는 것은 자기 자신에게도 결코 득이 되지 않을 것이다.

직장에서 이런 성희롱 문제가 대두되면서 여성에 대한 호칭이나 언어표현법에 대해서도 문제시되고 있다. 온 국민의 '미스 김!' 영어식 표현으로 하면 성 앞에 미스인지 미세스인지 붙이는 것이 원칙이나, 우리나라에서는 미스 김으로 불리는 어감 자체가 굉장히 불쾌감을 유발하는 경우가 많다.

이제는 직장도 나이순으로 연차순으로 진급을 하는 시대는 지났다. 즉, 미스김으로 함부로 불리던 그 누군가가 직함을 달고 있을 수도 있고, 나이가 어린 사람을 상사로 모시는 일도 비일비재해졌기 때문에 직장 내에서도 호칭에 대한 부분도 정확히 규정화하여 지켜져야 할 에티켓이다.

가끔 강의를 하러 여러 회사에 가보면, '언니, 오빠'의 호칭으로 불리는 경우가 아직도 많다. 이런 호칭은 직장 내에서 바람직하지 않다. '선배님', '과장님' 등의 표현 아니면 직함이 없다면 '○○○씨'라고 씨를 붙여서 표현하는 방법이 바람직한 에티켓이라는 것은 누구나 다 아는 사실이다. 하지만 여러 이유를 들어 제대로 실천되고 있지 못하다. 다시 한번 간과하지 말아야 할 것은 이런 작은 실천이 먼저 실행되었을 때부터 우리가 생각하는 바람직한 직장이 되는 것이다.

〈싱글즈〉 영화를 보면 남자 상사가 여자 부하에게 하는 성희롱 장면만이 나오지만, 〈폭로〉라는 영화에서는 반대의 상황을 보여주기도 한다. 요즘 우리나라 직장 내 성희롱 고발 건수가 2000년대로 오면서 50% 이상 증가했다고 한다. 실로 가슴 아픈 일이다. 직장 내 성희롱의 감소는 작은 매너와 에티켓의 실천만으로도 얼마든지 가능한 일이다. 다른 사람을 배려하고, 그에 걸맞게 대화하고 행동하는 것 , 대고객 서비스 헌장 · 사훈 같은 거창한 것을 걸어 놓고 대고객 서비스 만족도 조사 등을 하기에 앞서 가장 먼저 내부의 고객들에게 만족을 주지 않는다면 그 기업은 오래 가지 않아 밑바닥부터 구멍이 생길 것이다. 배의 침몰도 밑바닥의 아주 손톱만한 구멍으로부터 출발하듯 작아 보이는 문제도 사전에 적정한 매너와 에티켓을 지킴으로써 예방하여 건전한 직장 분위기를 조성해야 한다.

Key Point

1. 직장 내 성희롱 피해자가 되지 않으려면 지켜야 할 매너

- 매사의 의사 표현은 분명하고 정확하게 한다.
- 사규에 성희롱에 관한 규정이 명시되어 있는지 확인한다.
- 성적 언행에 대하여 이의를 제기한다.
- 업무시간 외 불건전한 만남을 갖지 않는다.

2. 직장 내 성희롱 가해자가 되지 않으려면 지켜야 할 매너

- 직장 내에서 지나친 음담패설을 하지 않는다.
- 외모나 사생활에 대한 지나친 간섭을 자제한다.
- 불필요한 신체 접촉을 자제한다.
- 상대방의 거부의사 시 즉시 수용한다.
- 성희롱 예방프로그램에 참여한다.
- 직급이나 계약을 조건으로 사적인 만남을 강요하지 않는다.
- 자신의 언행에 이의를 제기하면 즉시 사과한다.
- 사회 통념이나 성적 굴욕감, 혐오감을 주는 행위는 절대 하지 않는다.

노동부 [성희롱 예방 교육 자료]

4. 'Mr. 로빈 꼬시기'로 보는 전화 매너 이야기

Mr.로빈 꼬시기(Seducing Mr.Perfect)

한국/장르 : 멜로, 드라마/12세 관람가/상영시간 : 107분/개봉 : 2006년
감독 : 김상우
출연 : 엄정화, 다니엘 헤니 등

가끔 휴대폰을 두고 나온 날이면, 하루 종일 안절부절못한다. 중요한 전화가 와 있지 않을까? 무슨 일이 있으면 어쩌나? 전전긍긍하다가 집에 돌아갔는데 스팸메일 외에는 한 통의 전화도 오지 않은 날이면 괜한 허탈감이 밀려온다. 학창시절 친구들을 만나기로 하고 약속장소를 정하면, 약속시간에 나가 친구를 만날 수 있었다. 허나 지금은 친구를 만나러 가는 중간 중간도 몇 번씩 확인한다. '언제 출발하느냐?', '어디 만큼 오냐?', '나는 다 왔다.', '조금만 기다려라' 2007년을 살아가고 있는 지금 휴대폰이라는 것이 없어진다면, 한동안은 모두 공황상태에 빠지지 않을까 싶다. 사람들이 편하고자 만들어 놓은 전화에 지금 우리는 노예가 되어 있는 것 같다.

전화에도 그에 상응하는 매너가 있는데 휴대폰의 기기만 최첨단으로 바뀌고 있고, 그에 따른 매너와 에티켓은 기기의 발달을 따라가지 못하는 것 같아 때론 씁쓸하기도 하다. 아침에 일어나서부터 잠자리에 들 때까지 내 옆에 있는 전화! 전화를 받고, 거는 모든 것들이 곧 내가 된다. 내가 필요해서 이용하는 전화이지만, 내가 그것을 사용할 때는 전화는 곧 내 자신이 되는 것이다. 그런 전화에 대한 매너를 조금만 잘 알고 지킨다면, 멋진 내가 될 수 있다.

전화 매너에 대한 영화로 〈Mr. 로빈 꼬시기〉를 정했다. 물론 전화응대를 보여주는 영화는 많이 있다. 그런데 이 영화의 에피소드 속에 여러 가지 재미있는 전화 매너의 사례가 있어 〈Mr. 로빈 꼬시기〉로 전화 매너 이야기를 시작해 본다.

외국계 M&A 회사에 근무하는 민준(엄정화)은 멋진 커리어우먼으로 나온다. 하지만 그녀는 남자친구를 만나면 곧 얼마 지나지 않아서 차이게 된다. 연애에도 밀고 당기고 하는 타이밍이라는 것이 필요한데, 민준은 무조건적 사랑을 꿈꾸기에 현실과 맞지 않는다. 남자친구와 홍콩으로 멋진 여행을 하려 했던 민준은 바람을 맞는다. 우울한 기분으로 출근하는 날 신호를 확인하지 못하고 앞차와 접촉사고가 난다

사고 현장에서 차를 세워두고 말다툼을 벌이던 민준은 친구에게 걸려온 전화를 받는데, 기다리는 상대방은 개의치 않고 계속 통화만 한다.

전화 받는 매너

일반적으로 전화 받는 매너에 대한 기본 예절은 누구나 다 알고 있다. 벨이 3번 울리기 전에 받아야 한다. 항상 메모지를 준비한다. 인사말과 함께 자신의 이름을 밝힌다 등등.. 허나 지금은 휴대폰에 저장해 둔 번호를 통해 전화 한 사람이 누군지 알 수 있고, 또 운전 중에 전화 받는 사람이 많기 때문에 필기구의 준비라든지,

교과서 같은 전화 매너의 예절은 맞지 않을 때가 많다. 기본적인 예절에 응용을 하여 지킬 수 있는 융통성이 필요하다. 아침의 사고 현장에서 친구에게 걸려온 전화를 받는 민준은 빨리 전화를 끊었어야 한다. 전화를 받을 때는 때와 장소를 가려서 받아야 한다.

영화 속에서는 또 여러 장면에서 전화 받는 장면이 묘사된다. 로빈 헤이든(다니엘 헤니)과 약속을 잡았던 걸 잊고, 소개팅에 나간 민준은 로빈에게 걸려온 전화를 화장실에서 받는다. 가끔 화장실을 이용하고 있을 때 옆 칸에서 전화 통화를 하는 사람을 종종 만날 수 있다. 본인은 가만히 앉아 있지만 주위의 소음과 울림소리가 전화기 저편에서는 자세하게 들릴 수 있으므로 전화를 받지 못하는 상황이 되어도, 볼 일이 끝난 후 밖에 나와 전화를 받는 것이 맞는 매너이다.

영화에서 또 민준은 남동생과 순대사먹기 레스링을 하던 중 로빈에게 걸려온 전화를 받는다. 심한 운동 끝에 거친 숨소리로 로빈의 전화를 받고, 아무 말이 없자 전화를 끊는 장면이 나온다. 영화 속에서는 야한 장면을 연상하게 묘사가 되었지만, 실제로 달려와서 전화를 받는다든지, 운동을 하다가 전화를 받는지 하는 행동은 상대방이 목소리만 듣고 그 상황을 판단하기 때문에 오해를 일으킬 수 있다.

일반적으로 사람들은 상대방을 판단할 때 오감이 동원된다. 그 오감 중에서도 시각이 가장 큰 영향을 준다. UCLA의 메라비언 교수는 그의 저서 'Silen message'에서 대화를 통한 내용의 전달 요소로서 시각 55%, 청각 38% 등 비언어적 요소가 93%를 차지하며, 내용은 7% 정도로 작용된다고 밝혔다. 사람은 언어 외적인 요소로 판단한다는 것이며, 시각적 요소의 중요성을 의미하는 것이다. 전화는 사람과의 만남에서 가장 큰 영향을 미치는 시각적 요인을 배제한 채 만나게 되는 수단으로서 음색과 음성의 크기, 톤, 속도 등의 청각적 요인이 중요하게 작용한다.

자신의 음성으로 상대에게 좋은 이미지를 주기 위해서는 음성에 화장을 할 필요가 있다. 밝은 음색과 품위 있고 간결한 언어 사용과 정중한 태도를 통해 자신의 이미지를 전달해야 한다. 그러므로 전화를 받을 때는 전화 통화 중 생길 수 있는 여러 오해의 요소를 최소화하고, 상대방의 대화를 잘 듣고, 서로의 의사전달이 정확하게 됐는지 확인한 후 전화를 끊는 것이 올바른 매너라 하겠다.

전화 거는 매너

전화를 걸 때의 매너도 마찬가지이다. 전화를 걸 때는 상대방의 Time(시간), Place(장소), Occasion(상황)을 생각하고, 너무 늦은 시간은 피한다. 용건을 사전에 상세히 메모한 다음, 상대의 전화번호를 확인하고 번호를 누른다.

가끔 준비를 정확하게 하지 않고 전화를 하여 정말 논의해야 할 주제를 벗어나는 경우를 종종 볼 수 있다. 상대방이 전화를 받으면 자신의 신분을 먼저 밝히고, 상대를 알지 못하는 경우에는 확인하거나 지명인을 부탁한다. 상대와 연결되면 인사를 나눈 후 상대의 상황을 재확인한다. 시간에 따라 "밤늦게 죄송합니다.", "지금 통화가 가능하십니까." 등의 말을 건넨다. 용건을 명확히 정리해서 결론부터 말하고, 전화는 너무 장황하지 않도록 간결하게 한다. 가끔 전화를 끊고 싶은데, 계속 말의 꼬리를 잡고 늘어지는 분을 만나서 당혹스러웠던 경험들이 있을 것이다. 전화를 걸 때의 매너 중 가장 중요한 것은 전화를 건 요점을 정확하게 확인하고 정중하게 대화하고 인사하는 것이다.

모바일폰 매너

또 하나 전화 매너에서 반드시 간과해선 안 되는 것이 있다. 바로 모바일폰 매너이다. 우리나라의 휴대전화 보급률은 세계 최고 수준에 이른다. 하루 밤만 자고 나면 새로운 기종들이 선을 보이고, 모바일폰이 이제 걸어 다니는 PC의 역할까지 수

행할 정도로 발전을 거듭하고 있다.

하지만 모바일폰이 일반화되고 대중화되면서 이에 대한 에티켓은 정확히 보급되지 않은 듯하다. 공공장소에서 이런 모바일폰의 에티켓을 지키지 않아 상대방에게 불쾌감을 주는 행동을 하는 사람들을 흔히 볼 수 있다.

모바일폰의 사용 시 지켜야 하는 에티켓에 대해 몇 가지 이야기해 보자

공공장소에서는 휴대폰을 사용하지 않는다. 극장이나 공연장에서 나름대로 에티켓을 지킨다고 고개를 숙인 채 소리를 낮춰 통화하는 사례가 아주 많은데 이건 정말 큰 결례다. 연주회나 음악회 등에서는 이런 작은 소음에도 앞에서 연주하는 연주자들에게 큰 영향을 줄 수도 있다. 전화를 잠시 꺼두지 못할 만큼 바쁘다면 차라리 연주회나 극장에 가지 않는 편이 낫다. 그리고 우리나라 사람들이 지키지 못하는 것 중에 하나는 공연장이나 전시회장 등에서 촬영금지라는 표지판이 붙어있는데도 굳이 휴대폰의 카메라로 사진을 찍는 사람들이 많이 있다. 이것 역시 정말 잘못된 매너이다.

지켜야 할 매너를 '나 하나쯤' 하는 생각에 지키지 않아서 불쾌한 분위기를 만드는 것이다. 또 가장 흔한 경우로 버스나 지하철, 기차 등의 대중교통 수단을 이용할 때는 휴대폰을 사용하지 않는 것이 원칙이다.

하지만 불가피한 경우는 벨소리를 진동으로 바꿔놓고, 통화 시에는 간단하게 통화하든지 주위에 방해되지 않게 작은 소리로 통화해야 한다. 하지만 모든 사람들이 그 사람의 통화 내용을 거의 이해할 수 있을 만큼 큰소리로 지하철을 타고 가는 내

내 통화하는 사람들을 많이 볼 수 있다.

항공기나 병원에서는 휴대폰의 사용이 금지되어 있다. 항공기의 이착륙에 오류가 발생할 수도 있고, 병원의 응급실 등지에서는 기계의 오작동이 될 수 있다. 하지만 이런 곳에서도 전화를 사용하는 사람들이 아주 많다.

심지어 장례식장에서 조문을 하고 있는데 너무나 경쾌한 음악소리가 나서 고인과 상주에게 결례를 했다는 경험담도 심심치 않게 듣게 된다. 수업 중에는 휴대폰을 꺼두는 것이 원칙이다. 하지만 많은 학생들은 진동으로 놓고 문자를 쉴 새 없이 주고받는 경우도 많다.

이렇듯 우리 주위에 휴대폰에 대한 잘못된 에티켓을 보여주는 예가 아주 많다. 비단 영화의 이런 잘못들을 꼬집으려 하는 것은 아니다. 다만 영화뿐만 아니라 우리 주위에 너무 넘쳐나는 휴대폰들과 너무 무례한 휴대폰의 에티켓들이 타인의 기분을 망치게 하는 경우가 많기에 우려하는 것이다.

남을 생각하는 아주 작은 배려들이 모여, 한 나라의 문화가 된다. '나 하나쯤 어때'?, '남들 다 하는데 뭐?' 이런 식의 묻어가는 습관은 이제 벗어나야 하지 않을까? 분명 전화는 인류 문명이 만들어 놓은 것 중 아주 유용한 제품임에 틀림없다. 그렇다면 유용한 제품을 제대로 이용하고, 또 같이 이용하는 사람들끼리도 유쾌하게 이용하는 것이 마땅하지 않을까?

Key Point

1. 전화 받기 매너

- 벨이 울리면 3회 이내에 받고 메모할 준비를 한다.
- 인사말과 함께 소속 부서와 자신의 이름을 밝힌다.
- 상대와 용건을 확인한다.
- 상대가 찾는 사람이 부재중일 때는 부재의 사유를 정중하게 전한다.
- "지금 부재중입니다만 몇 시에는 돌아올 것입니다." 메시지를 남기도록 제의한다. "제가 대신해서 메시지를 전해 드릴까요?" 용건에 따라 대행자를 소개한다. "대신해서 다른 사람이 말씀을 듣도록 할까요?"
- 전화 통화 중에 다른 사람과 상의할 일이 생기면 양해를 구하고, 상대방에게 대화가 들리지 않도록 송화기를 막는다.
- 대상자가 다른 통화중이어서 기다리게 할 경우는 "지금 다른 전화를 받고 있습니다. 잠시 기다려 주십시오."
- 통화가 1분 이상 길어질 경우는 양해를 구한 후 일단 끊고 이쪽에서 전화를 하겠다고 한다.
- 중요한 사항은 요점을 재확인하며 통화한다.
- 용건에 맞는 인사를 한다. "전화 주셔서 감사합니다."
- 전화는 상대가 먼저 끊으면 잠시 후에 조용히 내려놓도록 한다.
- 사후에 차질이 없도록 전화한 용건을 정확히 처리한다.

2. 전화 걸기

- 전화를 걸 때는 상대방의 T.P.O를 생각하고, 늦은 시간은 피한다.
- 용건을 사전에 상세히 메모한 다음, 상대의 전화번호를 확인하고 번호를 누른다.
- 상대가 전화를 받으면 자신을 먼저 밝힌다.
- 상대를 알지 못하는 경우에는 확인하거나 지명인을 부탁한다.
- 상대와 연결되면 인사를 나눈 후 상대의 상황을 재확인한다. 시간에 따라 "밤늦게 죄송합니다.", "지금 통화가 가능하십니까?"등의 말을 건넨다.
- 용건을 명확히 정리해서 결론부터 말한다.
- 전화는 장황하지 않도록 간결하게 한다.
- 요점을 확인하고 정중하게 마지막 인사를 한다.
- 상대가 먼저 수화기를 내려놓으면 사이를 두고 조용히 끊는다.
- 상대방이 부재중일 때는 몇 시에 돌아오는지 물어서 "몇 시쯤 다시 전화 드리겠습니다."라고 메모를 부탁한 후 정한 시간에 다시 전화를 한다.

• 상대방이 부재중인 경우에 상황에 따라 "죄송합니다만 메시지를 부탁해도 괜찮겠습니까?"라고 확인한 후 내용을 전하고 감사인사를 한다.

3. 모바일 에티켓

• 공공장소에서는 휴대폰을 사용하지 않는다.
• 극장이나 공연장에서 나름대로 에티켓을 지킨다며 고개를 숙인 채 소리를 낮춰 통화하는 경우가 있는데 어떤 경우이건 이는 주위 사람에게 큰 결례이다.
• 영화나 공연 내용을 카메라폰으로 촬영하는 것은 위반이다.
• 버스나 전철, 기차 등 대중교통 수단을 이용할 때는 휴대폰을 사용하지 않는 것이 원칙이다. 불가피한 경우는 벨소리를 진동으로 하고 통화 시에는 주위에 방해가 되지 않도록 조용한 소리로 짧게 통화한다.
• 카메라폰을 이용하여 인물, 대상 등을 무단 촬영하는 것은 법에 저촉되는 행위이다.
• 항공기와 병원에서는 전화 사용을 삼간다.
• 장례식장이나 조문 시의 핸드폰 사용을 삼간다. 고인과 상주에 대한 결례가 된다.
• 수업 중에는 휴대폰을 꺼두는 것이 원칙이다. 불가피한 경우에는 진동으로 한다.
• 상대와의 대화 중에 휴대폰 사용은 집중력을 분산시키는 결례이다.
• 집 밖에서는 휴대폰은 진동으로 하고 통화 시에는 소리를 낮추어 주위 사람들에게 소음 공해가 되지 않도록 한다.

Chapter 5

경조사 매너 이야기

Chapter 5

경조사 매너 이야기

사람들은 누구나 다 겪지 않으면 안 되는 크고 작은 일들이 있다. 그 중에서도 가장 중요한 행사는 인간의 탄생, 인간으로 성장하여 어른됨을 알리는 관례식(冠禮式), 배우자를 맞이하는 혼례식(婚禮式), 그리고 세상을 떠날 때 맞이하는 상례식(喪禮式), 그리고 조상에게 지내는 제례식(祭禮式) 등이 있다. 이를 관혼상제(冠婚喪祭)라 하여 사람이면 누구나 겪게 되는 행사이다.

물론 이런 것들은 일반적으로 가정의례준칙(家庭儀禮準則)에 의거한다. 법으로 꼭 어떤 것을 해야 한다는 법칙을 정해 놓은 적은 없다. 다만 사회생활 속 관습이 지속적으로 우리들의 삶속에서 변화되고 계승되어 내려오는 것이다. 지금은 그 형식과 절차도 시대에 맞게 많이 간소화되고 편리해졌다. 하지만 행사에 임하는 마음 자세만은 경건하고, 조심스럽게 지녀야 함은 변치 않아야 할 속성이다.

1. '네 번의 결혼식과 한 번의 장례식'을 통해 본 결혼 매너 이야기

네 번의 결혼식과 한 번의 장례식(Four Weddings And A Funeral)

영국/장르 : 코미디, 멜로, 애정/상영시간 : 117분/개봉 : 1994년
감독 : 마이크 뉴웰
출연 : 휴 그랜트, 앤디 맥도웰, 크리스틴 스콧 토마스, 사이먼 캘로우 등

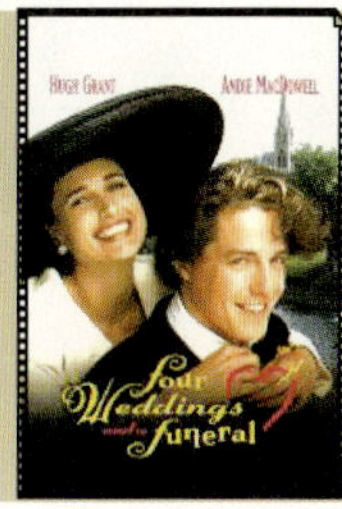

영화 〈네 번의 결혼식과 한 번의 장례식〉은 미국 시장에서 오랜만에 흥행에 성공한 영국 영화이다. 영국에서도 36일 이상의 롱런을 기록한 작품이기도 하다.

남녀간의 사랑이 '결혼이라는 형식을 갖추는 것이 중요한 것이 아니다'라는 메시지를 전달하면서 유쾌하게 풀어낸 로맨틱 코미디이다.

영화 속 주인공인 찰스는 토요일만 되면 다른 사람의 결혼식에 다니느라 바쁜 청년이다. 정작 본인은 천생배필을 구하지도 못한 채 다른 사람의 결혼식 들러리를 서러 다닌다. 그동안 많은 여자친구를 만나보았지만 진정한 사랑이라고 느껴지는 여인은 한 번도 만나본 적이 없는 찰스는 우연히 친구의 결혼식에서 자꾸 눈에 밟히는 여인을 만나게 된다.

결혼식 장면이 나오는 영화는 영화 속에서 찾아보면 아주 많다.

그런데 이 영화를 경조사 매너의 결혼식 주제로 삼은 것은 결혼에 대한 미인드와 또 결혼식을 참석하러 다니는 우리들의 모습에 대한 고찰이 한번쯤 필요하지 않을까 하는 마음에서 〈네 번의 결혼식과 한 번의 장례식〉으로 정하게 되었다.

영화는 매주 있는 친구의 결혼식에 동생과 들러리를 서기로 한 찰스가 늦잠을 자서 허둥지둥 결혼식장으로 향하는 장면부터 시작된다.

요즘 우리나라 결혼식의 형태를 보면 결혼식장에 신랑·신부를 축하해 주러 간다는 의미보다, '가서 얼굴 도장 찍고 밥이나 먹고 오자' 이런 식의 의미로 전락한 것 같다는 느낌을 받을 때가 많다. 심지어 신랑 신부는 예식을 하고 있는데, 늦게 도착하여 나중에 신랑 신부를 잠깐 보고 떠나는 경우도 비일비재하다.

결혼식은 소중한 사람들 앞에서 이제 부부됨을 널리 알리고 축복을 받는 아주 큰 행사이다. 하지만 지금 우리들의 결혼식 모습은 통조림처럼 모두 똑같은 모양으로 찍어내고 있다. 또 축하해 주러 가는 사람들도 의무감이나 형식적인 모습으로 임한다. 이는 정말 무언가 잘못되어도 많이 잘못되고 있는 듯한 생각이 든다. 서양의 경우는 정말 소중한 사람들만 초대하여, 작은 선물을 나누어 받고, 덕담이나 각자의 여러 가지 충고 등 먼저 해본 사람들과 소중한 사람들이 번잡스럽지 않게 치르는 경우가 많다. 그런데 우리나라는 결혼이라는 형식 자체에 너무 얽매여 그 본질을 아주 많이 지나쳐버리고 있는 듯하다.

가끔 둘만의 의미있는 결혼식으로 결혼을 하는 사람들의 이야기가 기사화되는 경우가 있다. 어떤 이는 결혼식 비용을 전액 기부하기도 하고, 물속에서 하기도 하고, 하늘을 날면서 하기도 하고, 여느 평범한 사람들이 하지 못하는 결혼식의 장면을 보고 있노라면 '나도 저렇게 특별하면서 의미있고 싶은데….' 하는 생각이 든다.

하지만 실제로 그런 일들이 나의 일로 현실화되면 양가부모님들, 친척들의 이목,

그동안 낸 축의금의 회수 등 여러 이유로 꿈만 꾸는 이야기가 되고 만다.

또 매스미디어에서 연예인이나 잘 알려진 사람들의 사치와 허영이 가득한 결혼식 장면들이 마구잡이로 보여지고, 세기의 결혼식이다, 왕자와 공주의 만남이다 등 국적불명의 허례허식이 점점 더 그 의미를 잃어가는 결혼이라는 예식에 부채질을 하고 있다.

사회생활을 하면서 꼭 친구나 친척의 결혼식만이 아니라 다른 사람들의 결혼식에도 참석할 경우가 아주 많다. 이때는 결혼식 시간에 딱 맞추어 도착하기보다 30분 정도 일찍 도착하여 결혼을 축하해 주기 위해 신랑 신부와 인사도 나누고, 여러 가지 좋은 이야기를 나누면서 의식을 준비해 주는 것이 좋다.

결혼 축하선물과 축의금의 경우에도 방명록이라는 것을 적어 나중에 방명록에 적힌 만큼만 성의를 표시하는 정도로 준비한다. 원래 가까운 친구의 경우에는 축의

금 대신 선물을 한다. 결혼 당사자와 사전에 상의해서 선택하되, 장식품보다는 정성이 깃든 실용품을 선물하는 것이 좋다. 축의금은 깨끗한 돈을 흰 종이에 싸서 단자(單子)를 함께 써서 보내는 것이 관습이나, 근래는 단자를 생략하는 추세이다. 전통 혼례 의식을 모두 따르기에 현실적으로 많은 무리가 있지만, 결혼을 생각하는 마음의 계승은 필요하다.

외국 영화를 보다보면 영화 속 결혼식 장면이 많이 나온다. 결혼식 장면에서 빠지지 않고 나오는 장면 중의 하나는 결혼식이 끝나고 하는 피로연 장면이다. 우리나라도 결혼식을 마친 신랑과 신부의 친구들이 피로연을 갖기도 한다. 지금은 비행기 시간을 맞춘다는 의미로 점점 그 모습도 없어져 가고 있긴 하지만, 외국과 우리나라의 결혼 피로연은 조금 다른 모습을 보인다.

서양의 경우에는 가족과 친척 친지들이 모두 함께 모여 피로연을 즐기는 반면, 우리나라는 친구들만 참석하고, 대개 야한 게임이나 술을 강요한다. 물론 어느 나라 것이 좋다 나쁘다의 문제는 아니다. 하지만 우리나라의 피로연도 이제는 그 모습이 달라져야 할 때가 아닌가 생각한다. 너무 술만 마시지 말고, 신랑 신부에게 좋은 덕담이나 축언을 해주는 것이 결혼에 대한 적당한 에티켓이다.

물론 모든 사람들이 그런 행동을 하는 것은 아니다. 아주 일부의 몇몇 사람만이 그런 행동을 보인다. 그런데 결혼 피로연에 가서 너무 재미있게 잘 보내고 왔다는 이야기 역시 몇몇 사람에게만 듣는다. 그 이유는 결혼 피로연에서 어떻게 재미있게 시간을 보내야 하는지 잘 모르고, 결혼식의 형태가 여러 나라의 문화와 주체성 없이 섞여서 생긴 문제이다. 나라마다 결혼식과 결혼 피로연의 형태도 굉장히 다르다.

인도는 상당히 많은 지참금을 신부가 신랑에게 줘야 하기 때문에 딸을 낳는다는 자체가 불행이라고 생각하며 실제로 상당한 문제점이 있다. 인도네시아에서 신랑은 신부의 부모, 친척에게 친부모 대하듯 하며 피로연 기간 및 휴일에 처가를 위해 모든 음식을 장만해 찾아뵈어야 한다. 일본은 우리나라와 비슷하다. 프랑스의 경우에는 결혼식이라는 예식 자체보다 법률이 우선이다. 식을 치르고 결혼 신고를 하는 우리와는 다르게 법률혼을 통과한 후 결혼식을 치를 수 있다. 미국은 결혼 허가증 취득이 필요하며 이때 혈액 검사는 의무 조항, 혈액 검사의 성병감염 여부를 조사해서 감염된 경우에는 완치될 때까지 결혼할 수 없다. 이집트는 남자는 네 명의 여자와 결혼이 허용되며, 이혼 절차도 간편해서 이혼율이 높아 심각한 사회문제가 되기도 한다. 중국의 소수민족 중에는 인척간의 결혼을 축복으로 인식한다. 남편이 사망하면 부인은 형제와 결혼하고, 부인이 사망하면 남편은 미혼인 처제와 결혼하기도 한다.

외국의 문화가 더 좋다 나쁘다, 우열을 가릴 수 있는 부분은 아니다. 다만, 기존의 전통 예절이나 문화중에서 현실과 너무 동떨어지거나 불합리하거나 문제가 되는 부분은 고쳐나가고, 계승하고 발전시킬 수 있는 부분은 받아들이고 이어나가면 되는 것이다. 그 과정에서 형식에만 치우침이 있지 않았나 생각한다. 영화 속에서도 찰스는 캐리의 결혼으로 본인도 사랑하지 않지만, 별로 나쁘지 않을 것 같은 여인과 결혼식을 준비한다. 그리고 결혼 당일에 결혼식을 하지 않는 해프닝을 벌인다.

현실에서 이런 일이 얼마나 있을까 의아해하는 사람도 있겠지만, 정말 많지는 않겠지만 예약을 해두고 결혼이 임박해서 헤어지는 커플이 매년 증가한다는 기사도 있다. 영화 속에서 나오는 이런 행동은 절대 있어서도 안 되는 일이다. 물론 영화의 마지막은 결혼이라는 것을 하지는 않았지만, 진정한 사랑을 만나 행복하게 가정을 꾸려 나가는 주인공의 사진을 보여주면서 끝이 난다.

혼례란 한 남자와 한 여자가 부부가 되는 혼인 예절이다. 혼례란 곧 부부관계를 맺는 서약을 하는 의식으로, 사회적으로 특정한 인간관계를 승인하는 방식이기 때문에, 개별적인 측면보다 사회적이고 공적인 측면이 더 강하다고 볼 수 있다. 부부의 존재는 사랑으로 결합되는 인간적 관계의 원형인 동시에, 진정한 인간적 공동체의 기초이다. 그러므로 혼례는 가족 공동체, 사회 공동체, 국가 공동체를 만드는 출발이며 혼인을 통해 인간적 성장, 인격적 자기 개발을 이룩하려는 것이다.

또한 남녀의 공인된 사랑은 인간적 생명을 연장케 하려는 자연의 뜻을 이루는 것이기도 하다. 이렇듯 예전의 우리는 굳이 형식에 억매여 어떤 의식을 치르기보다는 진정으로 축하해 주고, 축하받는 모습이었다. 분명한 것은 현재의 결혼 풍습은 바뀌어야 한다.

형식만 살아있고, 정신은 남아있지 않은 어떤 것들은 모두 오래가지 못하는 것처럼.... 축하를 해주러 가는 마음가짐도 역시 달라져야 한다. 형식적인 초대와 형식적인 응대를 하는 것은 서로에게 좋은 기억도 남기지 않는다. 문화를 바꾸는 것은 어떤 거대한 흐름이 분명하지만, 그 시작은 늘 아주 작은 출발에서 비롯된 것처럼 우리들의 결혼 축하 매너가 멋지게 자리 잡는 그날까지 열심히 작은 불씨를 키워야 하지 않을까?

Key Point

1. 결혼식 매너

결혼식의 주인공은 신랑 신부이다.

- 결혼식에 참석할 때는 반드시 정장을 갖춘다.
- 그날의 주인공인 신부를 생각해서 흰색 계통의 옷은 피한다.
- 신랑 신부보다 화려한 결혼식 옷차림은 피한다.
- 결혼식에 참석해서는 신랑, 신부를 험담하지 않는다.
- 결혼식 참석자의 역할은 새로운 시작을 축하해 주는 것이다.
- 결혼식 축사로 재수 생활, 전직, 이혼 등 밝지 않은 이야기는 하지 않는 것이 좋다.
- 축의금을 넣는 봉투는 봉하지 않는다.
- 축의금 봉투에는 가급적 한글보다는 한자로 적어야 정중해 보인다.
- 축의금의 액수는 적당하게 너무 넘치거나 부족하지 않게 정한다.
- 축의금은 새 지폐가 좋다.
- 축의금만 봉투에 넣기보다는 단자(單子)를 써서 동봉하는 것이 좋다.
- 단자는 축하문구와 상대편의 이름에 줄이 생기지 않도록 접는다.

2. 미트 페어런츠를 통해 다시 보는 상견례 이야기

미트 페어런츠 2(Meet The Parents)

미국/장르 : 코미디/15세 관람가/상영시간 : 115분/개봉 : 2005년
감독 : M. 제이 로치
출연 : 로버트 드니로, 벤 스틸러, 더스틴 호프만, 바브라 스트라이샌드 등

개인적으로 할리우드의 중년배우 중에서 로버트 드니로를 좋아한다. 숀코네리나 알파치노 등 당대의 내로라하는 배우들도 무척 멋지다. 그런데 배우 로버트 드니로만이 가지고 있는 매력은 얼굴에 선과 악이 자유자재로 넘나든다는 점이다. 어떤 때는 너무 야비하고, 어떤 때는 너무 재미있고, 어떤 때는 삶의 퍽퍽함이 느껴지기도 해서 이 배우가 좋다. 또한 작품만 좋다면 어느 배역이든 가리지 않는다는 성실함이 그를 더 돋보이게 만드는 것 같다. 모처럼 로버트 드니로가 코믹물에 나온다 하여 보게 된 영화 〈미트 페어런츠〉이다. 전편과 후속편 모두 관객에게 사랑을 받았던 작품이다.

전편에서는 주인공 그렉이 사랑하는 팸과의 결혼을 위해 팸의 부모님을 만나 뵈러 가서 겪는 여러 에피소드에 대해 그리고 있다. 후편은 가까스로 인정받은 그렉이 팸과의 결혼 허락을 받기 위해 양가 상견례 자리를 만드는 이야기로 시작된다.

상견례의 사전적 의미를 보면 사람이 처음 만날 때 갖추는 예라고 되어 있다. 결혼식을 하기 전에 양가 어른들이 처음으로 서로 만나 결혼을 공식화하는 자리인 만큼 세심한 준비가 필요하다. 상견례 장소는 양가가 대화하기 편한 조용한 곳으로 정하고, 미리 양가 가족에 대한 정보를 주도록 한다.

전직 CIA 정보국의 직원이었던 팸의 아버지는 최첨단 장비가 설치된 버스를 타고 그렉의 집을 방문하게 된다. 드디어 두 집안의 운명적인 만남이 진행된다. 버스로 집에 도착하기 전에 그렉은 자신의 부모님께 계속 전화를 드려 팸의 아버지에 대해 이야기하려 했으나 실패하고 만다. 이렇게 너무도 다른 두 집안 식구들이 만나게 되었다.

일반적으로 가정집에서 상견례를 하는 경우는 거의 없다. 약속된 장소를 두 가족이 모여서 상견례를 하는 경우가 많은데, 10분 전에 미리 도착해 있는 것이 좋다. 그리고 상석의 위치를 정해야 하는데, 대부분 남성 쪽에서 양보를 하는 경우가 일

반적이다. 자리에 앉고 나면 양가 어른들을 소개한다. 처음에는 다소 어색한 분위기가 감도는 수도 있으므로, 가장 문안한 시작은 날씨나 계절에 대한 이야기로 풀어나가면 좋다

상견례 시 피해야 할 대화 소재가 몇 가지가 있다. 아무리 편안한 사람이라고 해도 지나치게 자식 자랑을 한다든지, 예전에 사귀던 사람의 이야기, '사실 처음엔 맘에 안 들었는데...' 등 상견례와 전혀 관계없는 화제의 이야기는 삼가야 한다.

또는 꺼내기 싫은 가정사를 들춘다든지 하는 행동은 더욱더 조심해야 한다. 영화 속에서는 그렉은 오랫동안 사회생활을 하지 않은 아버지와 노년의 성교육 요가 등을 가르치는 엄마의 직업을 숨긴다. 하지만 상견례의 기본은 솔직하고 진솔하게 대하면 된다. 언젠가 알게 될 일을 가지고 숨긴다든지 하면, 별것 아닌 일도 상대편에서는 굉장히 큰 오해를 하는 경우가 생길 수도 있다. 영화는 여러 가지 에피소드를 두어 그렉과 벤은 두 가족을 모두 화해시키고 새출발을 할 수 있게 도와주면서 점점 재미있게 진행된다.

결혼이라는 것도 마찬가지이지만, 서로 다른 환경에서 십수 년을 살아온 남녀가 만나 가정을 이루는 데 아무런 갈등이 존재하지 않는다는 것은 불가능하다.

그렇듯 상견례에서도 가치관도 다르고 생각도 다른 두 집안이 만나서 이야기 하는데 다행히 합의점을 찾으면 좋지만, 그렇지 못한 경우에는 자리가 굉장히 어색해질 수 있다. 이런 경우에는 서로 자신들의 의견만을 피력하려 하지 말고, 두 자녀에게 맡겨 보다가 부족한 부분을 부모가 채워주는 형식으로 하는 것이 좋다. '저희는 지금까지 쭉~이렇게 했습니다.', '저희는 이렇게 꼭 해야겠습니다.' 등의 강한

표현으로 서로의 감정을 상하게 하는 일이 없도록 한다.

팸의 아버지와 모든 식구들의 외출을 위해 그렉이 팸의 조카를 돌보기로 한다. 팸의 아버지는 마음을 놓지 못하고 몰래 카메라를 설치해 두고 나가고, 그렉은 나름대로 아기 보기에 열심이지만 아이의 말과 행동을 이해하지 못해 아이에게 작은 사고가 생긴다. 이 사고로 팸의 아버지는 당장 돌아가자고 하고, 그렉의 식구들은 난처해한다. 이 사고 말고도, 너무도 다른 두 가족은 여러 일들을 겪으면서 서로 상대방을 조금씩 이해하려 하고, 그들만의 모습으로 받아들여 간다. 아이에게 이상한 대화법을 가리키는 팸의 아버지나 가라데에 심취한 그렉의 아버지, 팸의 어머니에게 성인용 요가를 알려주는 그렉의 어머니 등 어찌 보면 전혀 어울리지 않을 것 같던 두 식구는 서로를 알게 되고, 받아들이면서 결국 한 식구가 된다.

정도의 차이는 있겠지만, 부부가 되어, 한 집안과 한 집안이 서로 가족이 된다는 것은 분명 즐거운 일이다. 그러나 즐거움 뒤에는 반드시 수반되는 매너와 에티켓 등 규칙이 필요하다. 상대를 배려하고, 먼저 생각하고, 말 한마디 챙겨서 해주는 것, 이런 모든 것들이 사람이 살아가는 동안 가장 필요한 기술이 아닐까?

탈무드에 '조화할 수 없는 어울림'이라는 구절이 나온다.

호랑이와 양이 같은 우리 안에서 살 수 있을까요? 답은 '살 수 없다'이다. 시어머니와 며느리도 이처럼 한 지붕 아래서는 살 수가 없는 것이다.

유태 속담 중 '남자가 결혼할 때는 신부에게 계약서를 주고 어머니에게 절연장을 보내야 된다'라는 말도 있다. 이것은 고부간의 갈등을 더욱 심화시키려는 말이 아니다. 고부간의 갈등이 생기는 시작은 '우리 엄마 같으려니….', '내 딸 같으려니….'라는 마음에서 시작된다고 한다. 십수년을 전혀 다른 방식으로 살아온 사람들이니 분명 다를 것이다. 하지만 다르다 하여 틀린 것은 아니다. 그 다름의 차이를 이해하는 것, 그 시작을 이해한다면 고부간의 갈등은 조금은 줄어들고, 없어질 수도 있을 것이다. 또한 너무 어렵기만 한 상견례 자리에서 즐겁게 자식들의 좋은 앞날에 대한 축복을 해줄 수 있을 것이다.

Key Point

1. 상견례에서의 매너

- 상견례는 양가 어른들이 처음으로 서로 만나 결혼을 공식화하는 자리인 만큼 세심한 준비가 필요하다.
- 상견례 장소는 양가가 대화하기 편한 조용한 곳으로 정하고, 미리 양가 가족에 대한 정보를 주고받도록 한다.
- 상견례 장소에는 10분 전에 미리 도착하는 것이 좋다.
- 상석의 위치를 미리 배정해 두는 것이 좋다.
- 양가 어른들 소개를 예비 신랑이 하는 것이 자연스럽다.
- 결혼 당사자인 자녀의 이야기로 시작하고, 서로의 며느릿감이나 사윗감에 대한 칭찬을 아끼지 않는다.

2. 상견례 시 피해야 할 대화 소재

- 지나친 자식 자랑을 피하는 것이 좋다.
- 예전 사귀던 사람의 이야기나, '사실 처음엔 맘에 안 들었는데..' 등 필요 없는 대화는 하지 않는 것이 좋다.
- 상견례와 전혀 관계없는 화제의 대화는 꺼내지 않는 것이 좋다.
- 다른 집안의 결혼이나, 혼수, 예단 이야기를 꺼내 비교하지 않는다.

3. 상견례 자리 마무리하기

- 마무리는 예비 신랑이 주도한다.
- 계산은 예비 신랑이 한다. 단, 간단한 약혼식까지 겸한 자리인 경우 양가가 각각 절반을 부담한다.
- 마무리 인사하고 교통편을 꼭 확인한다.
- 상대방 부모님께 인사를 먼저 드린다.

3. '축제'와 '엘리자베스타운'으로 비교해 보는 조문 매너 이야기

축제(祝祭, Festival)
한국/장르 : 드라마/12세 관람가/상영시간 : 107분
개봉 : 1996년
감독 : 임권택/출연 : 안성기, 오정해
엘리자베스타운(Elizabethtown)
미국/장르 : 드라마/12세 관람가/상영시간 : 123분
개봉 : 2005년
감독 : 카메론 크로우/출연 : 올랜도 블룸, 커스틴 던스트

조문 매너에 대한 이야기는 두 영화를 비교하면서 시작해 본다. 먼저 〈축제〉 이야기부터 해보자. 우리나라의 장례문화는 유교의 영향을 받아 조문 예절 격식을 갖춘 엄격한 것이다. 과거에는 집안에 빈소를 마련하고 조문객을 맞으며 이웃·친지들이 힘을 합쳐서 장례절차를 돕는 관습이 있었으나, 근래에는 사회의 변화에 따라 장례식장을 이용해서 장례절차를 진행하고, 절차 역시 간소화되는 등 짧은 시간에 많은 변화를 가져 왔다.

인간의 생로병사는 피할 수 없는 일이지만 사랑하는 사람의 죽음 앞에서 초연할 수 없는 약한 존재가 사람이기도 하다. 상실감과 그로 인한 슬픔으로 마음의 안정을 찾기 힘든 상태인 만큼 정중하고 경건한 마음으로 조문을 해야 한다.

영화 〈축제〉는 우리나라 장례문화를 소재로 한 작품이다. 요즘 밀양이라는 영화로 다시 한번 매스컴을 타고 있는 유명한 이청준 씨의 원작을 바탕으로 만든 영화이다. 같은 해에 박철수 감독의 '학생부군신위'와 함께 아주 좋은 평가를 받은 영화이기도 하다. 영화가 개봉됐을 당시에는 개봉된 영화인지도 몰랐는데, 대학교 여름방학 계절특강을 들으러 다니면서 교수님께서 보여주셨는데 학생들이 전부 졸았던 기억이 난다. 그때는 정말 재미가 없는 영화라 생각했었다.

영화는 40대 유명한 작가 이준섭(안성기)의 노모가 돌아가셨다는 연락을 받고, 장례를 준비하는 것으로부터 시작된다.

먼저 누군가 돌아가시게 되면 사자상(使者床)이라는 것을 준비하여 집앞에 두고, 여러 가지 장례에 관한 것들을 준비한다. 하지만 대부분 가까운 친척, 친구, 가족 등과 장례절차 및 조문객 안내 등을 나누어 맡아가면서 준비한다.

우리나라의 상가(喪家)가 다 그렇듯 곡소리와 함께, 서글픈 울음 소리가 대부분이다. 거기다 돌아가시는 분의 죽음이 다소 더 좋지 않다면 이런 분위기는 조금 더 하다. 하지만 영화속 장례는 치매로 고생하시던 87세 노모의 죽음이므로 호상이라고 대놓고 이야기하면서 상가(喪家)를 잔치집 분위기로 만드는 사람들도 있다. 하지만 대부분의 경우에 조문 매너는 가까운 사이인 경우는, 연락을 받는 즉시 상가로 가서 조문을 하고 도울 일을 찾아야 한다.

상제(喪制)와 목례(目禮)로 조의(弔意)를 표하고, 영정 앞에서 가벼운 목례로 조의를 표한다. 그 다음 영정 앞에 꿇어앉아 향에 촛불을 이용해서 불을 붙인다. 향은 불어서 끄지 않고 손가락으로 끄거나 왼손을 가볍게 흔들어서 끈다. 두 손으로 향로에 향을 꽂는다. 고인의 영정에 절을 한다(남성은 2회, 여성은 4회). 일어서서 영정에 다시 목례를 하고, 상주와 맞절을 하면서 애도(哀悼)의 말을 전한다.

일어서서 상주와 인사를 마치고 나오면서 조의금을 전하는 등 조문의 예를 갖추게 된다. 보통 우리나라의 장례는 3일장으로 치러지는데, 첫째 날은 너무 당황스러워 대부분 장례의 준비를 하고, 둘째 날이 되면 염습(殮襲)과 성복(成服)으로 시작한

다. 가족들은 준비된 상복을 입고 장례를 준비하며 본격적으로 문상객들을 맞는다. 영화 속에서는 13년 전 집안의 돈을 가지고 도망간 용순이라는 이복조카가 등장하면서 여러 가지 갈등을 빚고, 서로들 큰소리로 싸움을 하게 된다. 하지만 돌아가신 분의 발인 날이 되어 장례를 마칠 때쯤에는 과거를 회상하면서 모두 사진 한 장을 찍는 것으로 영화는 끝난다. 그 당시에 이 부분이 무척 다르게 느껴졌었다.

일반적으로 조문 시에는 여러 가지 주의사항이 따른다. 유족에게 계속해서 말을 시키는 것은 결례이고, 친척이나 친지를 만나더라도 큰소리로 이름을 부르지 않고 낮은 목소리로 조심스럽게 말하며, 조문이 끝난 뒤 밖에서 따로 이야기하도록 한다. 고인의 사망 원인과 경위 등을 유족에게 상세하게 묻는 것 또한 실례가 되며, 장의 절차에 대해 참견하지 않는다. 조위금을 전달하는 매너는 조위금 봉투에는 초상의 경우 '부의(賻儀)' 라 쓰는 것이 일반적이며 '근조(謹弔)', '조의(弔意)', '전의(奠儀)', '향촉대(香燭代)' 라고 쓰기도 한다.

부조하는 사람이 이름 뒤에는 아무것도 쓰지 않아도 되지만 '근정(謹呈)', '근상(謹上)' 이라고 쓰기도 한다. 별도로 조의금을 접수하지 않고, 함을 비치하여 조의금을 받기도 한다. 망인이 연만(年晩)하여 돌아가셨을 때 호상(好喪)이라 하여 웃고 떠드는 일이 있다. 그러나 웃고 떠드는 일은 삼가는 것이 예의이다.

물론 우리나라의 장례문화도 사후의 어떤 세계가 존재한다고 믿고 그 의식을 거행한다. 그리고 우리나라의 장례문화는 어떤 의미로도 호상이란 있을 수 없다는 쪽에 가깝다. 하지만 소개되는 〈엘리자베스타운〉이라는 영화는 똑같은 장례문화를 조금 다르게 묘사하고 있다.

미국의 유수의 신발 제조업체에서 연구원으로 일하던 드류 베일러는 자신이 디자인한 신발이 세계 시장에서 큰 인기를 얻지 못하고 실패하자 해고를 당하고, 설상가상 아버지의 죽음이란 비보를 듣게 되는 것으로 영화는 시작된다. 본인도 너무 갑작스러운 일들에 자살을 결심하지만, 아버지의 장례를 먼저 준비해 드리고

자신도 떠나자는 마음으로 아버지의 고향으로 향한다. 평소 아버지가 좋아하던 파란색 정장을 준비해서 떠나게 된다. 아버지의 친척들을 싫어하는 엄마는 아들 드류 베일러만 보내고, 아버지의 시신을 가지고 돌아올 것을 요구한다.

이미 인생을 자포자기한 드류는 모든 것이 귀찮다. 이런 드류에게 아버지의 고향으로 가기 위해 탄 비행기의 승무원인 클레어가 관심을 보인다.

어딘지 생기가 없어 보이는 드류에게 클레어는 이런저런 자극을 주지만 역부족이다. 잠깐의 이런 만남을 뒤로 하고, 드류는 아버지의 고향인 엘리자베스타운으로 들어가게 되고, 아버지의 친척들로부터 굉장히 따뜻한 환대를 받는다. 친지들은 아버지를 엘리자베스타운에 묻어주어야 한다고 주장하고, 어머니는 아버지를 켄터키로 모셔와야 한다고 하고, 거기에 여자친구에게 차이기까지 한 드류는 클레어에게 전화를 하게 된다.

우리나라 장례문화와 조금 다른 것은 누군가가 갑작스런 죽음을 당했을 때 보이는 행동들이다. 물론 다들 슬프고 괴로운 일이지만 이들은 반드시 다시 사후세계라는 곳에서 만나게 된다고 믿어서인지, 장례 자체를 약간은 즐기고 있다는 느낌을

영화 속에서 받는다.

또한 돌아가신 분의 생전 행적을 여러 사람들이 회상하고 이야기를 나누는 장면이 나온다. 그리고 그분과 함께 한 추억들을 같이 나누면서 이야기하는 장면은 편안하면서도 다른 무언가를 느끼게 해준다.

물론 엘리자베스타운에 나오는 장례문화가 더 좋다는 이야기를 하는 것이 아니다. 누군가 돌아가시면 너무도 정신이 없고 우왕좌왕하게 마련인데, 그런 부분을 여유 있게, 남아있는 사람들에게 돌아가신 분에 대한 정리할 시간을 만들어주는 모습이 좋다는 것이다. 그리고 우리나라처럼 상가에 가서 상주들과 밤을 새워준다는 이유로 밤새 고스톱이나 노름을 하는 분위기와 사뭇 대조적인 느낌이다.

상가에서의 매너 없는 행동들은 이때 많이 나타난다. 술이 과하게 들어가게 되고, 노름을 하다가 큰소리가 나곤 하는 이런 행동들은 에티켓에 너무나 위배된다.

우리나라의 장례문화도 몇몇의 대형병원에 의해 조금씩 달라지기는 하는 것 같다 조문객을 12시 전까지만 허용하고, 상주들도 잠을 자게 해주고, 여러 의식을 행할 수 있도록 해주면서, 고성방가나 노름 등을 제재하는 모습들도 볼 수 있다.

앞으로는 예로부터 전해 내려오는 것 중 정신을 계승할 수 있는 것은 계승하고, 형식에 구애가 심한 것들은 수정해 나가면서 우리도 변화시켜 나가야 한다.

영화에서 마지막 희망처럼 잡은 클레어의 전화에서 드류는 조금씩 다른 느낌을 받게 되고 엘리자베스타운을 돌아다니면서 아버지의 체취와 모처럼 따뜻함을 느끼지만 아버지 장례에 대한 어떤 결정도 하지 못한다. 그런 드류에게 클레어가 다시

나타나고, 아버지를 켄터키로 모시고 오지 않는다고 엄마와 여동생은 성화다. 처음엔 엄마의 행동이 너무나 의아했었다. 남편의 장례식도 끝나지 않았는데, 요리를 하고, 탭댄스를 배우고, 자동차를 고치는 엄마의 모습이 너무 낯설었다. 이유는 나중에 알 수 있지만. 영화는 불안정한 드류의 감정과 순수한 클레어의 만남을 진전시키고, 방황하고 결정을 내리지 못하던 드류가 화장을 결심하고 나머지 준비를 하는 것으로 빠르게 진행된다. 드디어 아버지의 장례식 날 절대 오지 않겠다던 어머니와 여동생이 자리를 하고, 아버지의 친척과 친구들이 연회장에 모인다. 한 사람씩 아버지 미치에 대한 기억을 더듬으며 조문을 하고 드디어 어머니의 차례가 되었다.

어머니는 그동안 자신을 싫어했던 모든 사람들에게 뜻밖의 선물을 안긴다. 그동안 아버지가 없는 자리를 메우기 위해 본인이 연습한 탭댄스, 자동차 고치기 등의 이야기를 하면서 먼저 간 남편에게 바친다며 멋진 탭댄스와 노래를 선물한다.

보통 우리나라는 죽은 사람만 불쌍하다. 산 사람은 어떻게든 다 살아낸다는 표현을 자주 해서 장례를 치르는 가족들의 남은 날에 대한 어떤 변화는 묻어두는 듯하다. 나이 어린 자녀가 있거나, 홀로 노모를 모셔야 하거나, 이런 극단적인 상황이 아니라면 이야기는 더하다. 그러나 누군가 잃어본 적이 있는 사람들이 공통적으로 경험하는 일이 있다. 바로 그 사람의 부재를 느낄 때의 공허함이나 외로움 등 살아가면서 맞이하게 될, 그 어떤 상황에 대한 대비 등을 걱정해 주고 배려해 주는 부분이 부족하다.

하지만 영화 속에서는 이런 섬세한 부분을 아주 재미있게 그려낸 것 같다. 모두들 검정 정장만을 입은 것도 아니고, 영화 속 미치의 친구들은 평소 미치는 편안하고 밝은 사람들이었다면서 멋지게들 꾸미고 장례의식을 치르러 나온다. 물론 원래 매너는 검정색의 옷을 입어야만 하는 것이 맞다. 하지만 생전에 돌아가신 분이 너무나 좋아하던 색깔이 있다든지, 의미를 부여할 수 있는 그 어떤 것이라면, 매너에 어긋난다 해도 반드시 안 된다거나 어긋나지 않는다.

아버지의 장례를 멋지게 끝낸 드류는 클레어와 아쉬운 작별을 하고 클레어가 가르쳐준 대로 엘리자베스타운에서 켄터키까지 자동차 여행을 하기로 한다. 중간 중간 아버지를 넓은 세상에 보내드리기도 하고, 지금껏 둘러보지 못했던 삶의 소소한 부분을 느끼면서 자동차 여행을 떠난다. 우리나라 CF 광고 중 “열심히 일한 당신 떠나라.” 했던 광고 카피가 연상될 만큼 편안해진 드류는 아버지를 앞자리에 모시고 계속 클레어가 만들어준 지도로 여행을 즐긴다.

개인적으로 이 영화의 마지막 자동차 여행 장면을 보면서, 나도 정말 저런 멋진 여행을 해보고 싶다는 생각이 들 만큼 매력적이었다. 누군가를 잃는다는 두려움만이 존재하지 않고, 그 두려움을 극복하고 받아들이는 모습도 그렇고, 사자(死者)에 대한 매너들도 그렇고, 이런 모습으로 맞이할 수 있다면 크게 두렵지 않다는 생각도 든다.

크리스마스 시즌이 되면 어김없이 했던 구두쇠 스크루지라는 만화영화 속에서, 죽은 다음에 묘비에 적힐 글이 두려워 마음을 바꾸는 스크루지처럼, 우리가 받아들여야 하고, 조금씩 더 멋지게 승화시켜야 할 장례문화나 에티켓이 어떤 방향으로 변화하고 발전해야 하는지 다시 한번 생각해 보게 한 영화이다.

누구나 사람은 한번 태어나면 죽는다. 그런 것에 대해 우리도 이제 조금 더 차분하고 세련된 그 어떤 모습으로의 전환이 필요하다. 즐거운 장례식이라고 한다면 다들 의아해하겠지만 요즘 많은 곳에서는 정말 실제로 사자(死者)가 좋아했던 것을 가지고 즐거운 장례식 이벤트를 진행하는 곳이 많다.

많은 어르신들은 우려의 목소리를 높이기도 하지만, 정신은 정확히 계승하되, 그 형태나 절차는 현실에 맞게 또는 더 행복한 모습으로 바꾸어 나가는 것이 예에 더 어울리지 않을까?

Key Point

1. 조문 매너

1) 조문 절차

- 가까운 사이인 경우는 연락을 받는 즉시 상가로 가서 조문을 하고 도울 일을 찾는다.
- 상제와 목례로 조의를 표한다.
- 영정 앞에서 가벼운 목례로 조의를 표한다.
- 영정 앞에 꿇어 앉아서 향에 촛불을 이용해서 불을 붙인다.
- 향은 불어서 끄지 않고, 손가락으로 끄거나 왼손을 가볍게 흔들어서 끈다.
- 두 손으로 향로에 향을 꽂는다.
- 고인의 영정에 절을 한다.
- 일어서서 영정에 다시 목례를 하고, 상주와 맞절을 한다.
- 애도의 말을 전한다.
- 일어서서 상주와 인사를 마치고 나오면서 조의금을 전한다.

2) 조문 복장

남성

- 현대의 장례예절에서는 검정색 양복을 입는다.
- 감색이나 회색 양복도 무난하다.
- 셔츠는 반드시 흰색을 입는다.
- 넥타이, 양말, 구두는 검정색으로 한다.
- 근래에는 복장이 단정하면 격식에 구애받지 않는다.

여성

- 검정색 상의와 검정색 스커트가 무난하다.
- 주름치마는 폭이 넓어서 앉아도 신경이 쓰이지 않는다.
- 검정색 구두에 무늬가 없는 검정색 스타킹이 좋다.
- 핸드백도 검정색으로 통일한다.
- 지나친 색채화장을 삼간다.
- 화려한 장신구는 착용하지 않는다.
- 향수를 지나치게 사용하지 않는다.

3) 조문 시의 주의사항

- 유족에게 계속해서 말을 시키는 것은 결례이다.
- 친구나 친지를 만나더라도 큰소리로 이름을 부르지 않는다. 낮은 목소리로 조심스럽게 말하고 조문이 끝난 뒤 밖에서 따로 이야기하도록 한다.
- 고인의 사망 원인, 경위 등을 유족에게 상세하게 묻는 것은 실례가 된다.
- 장의 절차에 대해 참견하지 않는다.

4. '이대로, 죽을 순 없다'로 보는 병문안 이야기

이대로, 죽을 순 없다(Short Time)

한국/장르 : 코미디, 액션/12세 관람가/상영시간 : 106분/개봉 : 2005년
감독 : 이영은
출연 : 이범수, 최성국, 손현주, 변주연, 강성연

누구나 한두 번쯤은, 아니 그 이상으로 병원이라는 곳에 병문안을 다녔을 것이다. 그럴 때마다 '아프고 살지 말아야겠다.', '운동 열심히 하고, 몸관리 잘 하자.'라는 생각이 든다. 아주 잠깐 자기 몸을 걱정한다. 하지만 막상 일상으로 다시 돌아오면 그런 생각조차 잊고 지낼 때가 많다. 사실 몸의 질병이라는 것은 우리가 몸에게 했던 것을 고스란히 받는 것 같다는 생각이 들 때도 있다. 짜게 먹든지, 달게 먹든지, 과식하든지, 과음하든지, 뭐든 지나치게 되면 화를 부른다.

병문안을 갈 때 일반적으로 음료수를 사가는 경우가 많다. 음식은 금식인지 아닌지의 여부도 모르고, 책이나 잡지는 어떤 취향을 좋아하는지도 모르고, 가장 중요한 것은 환자의 상태에 대해 자세히 모르기 때문에 인사치레하기 적당한 음료수를 사가는 것이다. 그렇다고 매번 꽃을 선물할 수도 없다. 꽃은 알레르기를 유발시킬 수 있다. 가끔 병원에 조금 오래 있는 환자에게 작은 화분을 선물하는 경우도 있는데, 이것은 굉장한 결례이다. 화분에 심겨 있는 꽃은 뿌리를 내리고 있기 때문에 병원에 뿌리를 내리라는 뜻으로 해석될 수 있다. 그러므로 화분 선물은 절대 삼가야 할 매너이다. 그럼 가장 좋은 방법은 무엇일까? 병문안을 가기 전에 상대방의 상태를 먼저 확인해 보고 적당한 것을 준비하는 것이 최상의 방법이다. 자 그럼 병문안에 관계된 영화 한 편을 보기로 하자.

1990년에 할리우드에서 나온 〈죽기 아니면 까무러치기〉와 비슷한 내용의 영화

〈이대로, 죽을 순 없다〉는 불치병으로 시한부 인생을 선고받은 불량형사가 딸에게 보험금 10억 원을 남겨주기 위해 사고사를 위장해 자살을 기도하려는데 번번이 실패하고 오히려 성공하는 코믹물이다.

영화 속에서 이대로 형사는 여기저기 유흥업소에 업주에게 뒷돈을 받고, 공갈협박 등을 일삼으며 조직생활을 하고 있는 진짜 괴짜 경찰이다. 그의 주위에는 언제나 이대로가 어떤 말이든 하면 믿어주는 고참 강종태 형사와, 언제나 이대로의 뒷조사를 하고 다니는 차진철 형사가 있다. 이들은 큰 마약거래 건이 걸려 있어서 매일 잠복근무를 하지만 이대로 형사는 근무 태만을 보인다. 잠복근무 중 범인을 보고 정신없이 뛰어가던 차형사를 버리고 혼자 뒷길로 돌아오다가 범인과 마주치고, 순간 의식을 잃고 병원으로 옮겨진다.

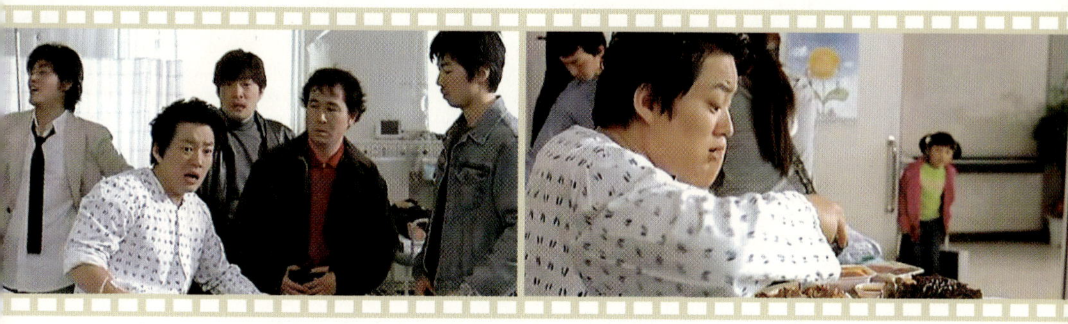

큰일이 난 줄 알고 동료 형사들이 병문안을 오는 장면이 나온다. 영화에서는 여러 가지 모습을 보여주기 위해 만든 장면이겠지만, 실제 생활에서도 보면 병문안을 갈 때 여러 명이 모여서 함께 간다. 환자는 몸과 마음이 고단하고 지쳐 있다. 위로를 해준다고 여러 사람이 몰려가 큰 소리로 떠들면 오히려 힘들어할 수 있다.

또 1인실이 아닌 경우 주변 환자들에게도 폐를 끼친다. 6인실 병실에 10시가 넘은 시간에도 병문안을 오는 사람들이 있다. 시간이 없어서라고 미안해하면서 들어오기도 하지만, 이건 정말 매너가 없는 행동이다. 또한 식사 시간이나 회진 시간에는 면회를 피하는 것이 좋다. 불가피한 경우라면 의사가 회진하는 동안 복도에서 기다리는 것이 매너 있는 행동이다.

병문안 매너 중 생각해 볼 필요가 있는 것 중 하나는 입원한 환자 역시 매너를 지켜야 한다는 것이다. 가령 6인실 병실에서 다른 환자는 옆에서 금식을 하고 있는데 바로 옆 침대에서 여러 음식물을 푸짐하게 꺼내놓고 먹는다든지, 너무 크고 소란하게 떠드는 등의 행동은 환자도 자제해야 할 에티켓이다.

영화 속 이대로 형사는 자꾸 어지러워 병원에 찾아간다. 그리고 뇌종양 말기라는 선언을 받는다. 자신이 죽으면 혼자 남게 될 어린 딸을 위해 보험을 가입하고 보험금 10억을 받아주기 위해 여러 가지 무모한 자살 시도를 하지만 계속 실패로 돌아가고, 실패가 곧 영광이 되는 상황들이 자주 일어난다.

병문안을 가는 목적은 환자의 상태를 걱정하는 마음과 빠른 쾌유를 비는 마음으로 가는 것이다. 그렇다면 병문안은 환자의 기분을 좋게 해주어야 한다. 환자에게 스트레스를 준다든지, 걱정거리를 안겨주어서 환자가 불편해하면 병문안을 가는 의미가 없다.

또한 병문안은 타이밍이 중요하다. 사람들이 갑자기 한꺼번에 몰려 오히려 환자를 더 힘들게 한다든지, 갑작스런 사고로 위태롭다는 연락을 받았더라도, 상황이 진행되는 것을 확인하고 방문해야 한다. 상대방이 어떤 상황인지도 모르면서 한꺼번에 우르르 몰려가는 것은 큰 실례이기 때문이다.

영화는 뇌종양이 많이 퍼져 더 이상 힘들어진 이형사에게 집을 떠났던 부인과 딸, 동료들이 매일 같이 와서 그와 함께 시간을 보내고, 그에게 작지만 큰 기쁨을 선사하고 가는 장면들로 끝이 난다. 다소 억지스럽기도 한 영화 내용으로 흥행에 성공을 거두지는 못했지만, 그 안에 휴머니즘을 담아내기 위해 노력한 흔적들을 자주 만날 수 있다.

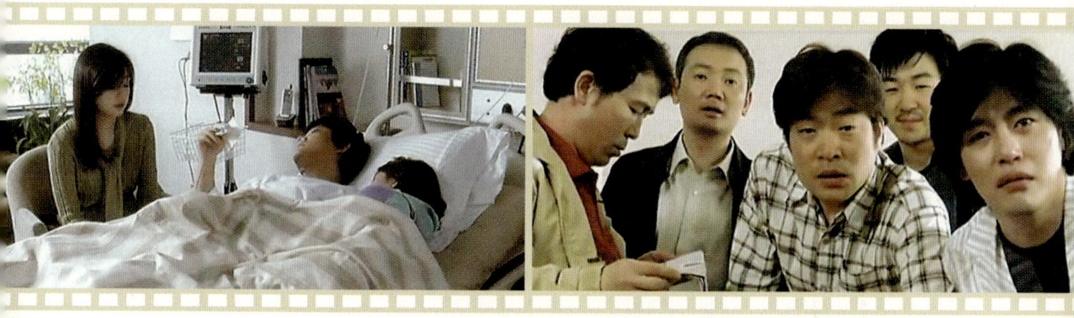

병문안을 가서 대부분 “왜 이렇게 말랐어?”, “괜찮은 거 맞아?” 등의 악의 없는 실수를 한다. 아픈 사람을 병문안할 때에는 말 한마디라도 신경을 써야 한다. 특히 병이나 상처의 정도가 심한 사람들이 크게 달라진 모습을 하고 있더라도 그 부분에 대해서 언급하지 않는 것이 좋다. 그리고 또 너무 아무 일이 없다는 듯 밝은 표정으로 병문안을 하고 나오면 환자는 다시 의기소침해지거나 우울해질 수 있다. 몸이 아프면 마음까지 약해지는 것은 당연한 일이다. 병문안 때는 말과 행동에 더 신경을 써서 환자를 배려하도록 하는 것이 가장 중요하다

Key Point

1. 병문안의 기본 매너

- 환자의 기분을 좋게 만드는 선물을 준비한다.
- 화분을 들고 가는 것은 매너에 어긋난다.
- 상대방의 증세나 호전상태에 대해 미리 알아두고 방문하는 것이 좋다.
- 꽃을 선물할 때도 '꽃말'이라든지, 알레르기 유무를 확인하는 것이 좋다.
- 병문안을 갈 때 한꺼번에 많은 사람이 몰려가는 것은 실례다.
- 상대의 연락을 기다렸다가 면회가 가능한 시간, 손님이 북적이지 않는 시간을 선택하여 방문한다.
- 너무 늦은 시간 병문안을 하는 것은 실례이다.
- 회사 직원들이 많을 경우에는 대표를 보내서 병문안을 하도록 하는 것이 예이다.
- 환자를 만나 대화할 때 세심한 배려를 한다.
- 너무 걱정하거나, 너무 밝은 표정으로 대하지 않도록 주의한다.
- 내 입장이 아니라 환자의 입장에서 배려해 준다.
- 환자에게는 말 한마디도 신경 써서 해야 한다.
- 병이나 상처 때문에 달라진 모습에 대해서는 언급하지 않는 것이 좋다.
- 병문안을 가면서 상복을 입고 가는 것은 절대 해서는 안 되는 행동이다.

Chapter 6
식사 매너

Chapter 6

식사 매너

1. '오만과 편견(Pride & Prejudice)'으로 다시 보는 식사 매너 이야기

오만과 편견(Pride & Prejudice)

영국/장르 : 드라마, 멜로/애정 12세 관람가/상영시간 : 128분
개봉 : 2006년
감독 : 조 라이트
출연 : 키이라 나이틀리, 매튜 맥퍼딘, 브렌다 블레신, 도날드 서덜랜드

'Sense & Sensibility', '맨스필드 공원', '에마', '오만과 편견' 등을 저술한 영국의 유명한 소설가 제인 오스틴(1775~1817)의 원작 중 <오만과 편견>은 1940년대, 영화화된 후 65년 만에 다시 한번 대형 스크린에 옮겨진 영국 영화이다.

워낙 원작이 세계명작이라는 부담과 평론가들의 찬반 논란이 많았던 영화이다.

사랑을 이루어 가는 과정에서 오만과 편견 등의 오해를 재치 있게 다루었던 원작의 이야기를 충실히 따라가면서, 파스텔 톤의 서정성 깊은 영화로 재해석됐다. 영화의 배경은 18세기 영국. 하울트포드셔의 작은 마을에 사는 베넷 가에는, 다섯

명의 딸이 있는데, 착하고 온순한 큰 딸 제인과 사랑하는 사람과의 결혼을 믿는 자존심 강하고 영리한 둘째 엘리자베스, 그리고 리디아, 메리, 키티가 그들이다.

그들의 어머니는 딸들에게 오로지 인생의 목표를 좋은 남편을 만나 결혼하는 것이라 가르친다. 어느 날 이들의 이웃으로 부유한 청년 빙글리가 휴가를 오고, 그의 런던 친구들과 젊은 장교들이 자주 그곳을 찾아오자, 베넷 가의 다섯 딸은 들뜨기 시작하면서 영화는 시작된다. 엘리자베스는 이 많은 남자들 중 가장 오만하게 보이는 디아시를 만나게 되고, 이들은 처음 만나는 순간부터 강한 끌림을 느끼지만 서로에게 오해를 하면서 이야기는 전개된다. 원작이 쓰인 당시가 18세기 영국이었고, 그러기에 자연스럽게 이 영화에서는 식탁에서의 매너나 연회 매너 등이 많이 재현되었다.

식사 매너가 완성된 것은 19세기의 영국 빅토리아 여왕 때이다.

이 시대에는 역사상 형식을 매우 중시하고 도덕성을 까다롭게 논하던 때였다. 요리의 맛은 기본적으로 요리사의 솜씨나 재료에 따라 결정짓는 것이지만 함께 식사하는 사람이 어떻게 행동하느냐에 따라서도 식사의 질이 달라질 수 있다.

식사의 의미가 현대에 와서는 단순히 허기짐을 달래기 위함이 아닌 상대방과의 중요한 비즈니스 도구로 사용되고 있는 것을 보면, 식사 매너가 과거의 부담스러운 전통만은 아닌 듯하다. 식사 매너는 식사와 관련해서 이루어지는 예법을 의미하는 것으로, 서구의 식사 매너는 아직도 부담스러운 경우가 많고, 자기도 모르게 경직되어 여유롭게 식사하는 것보다 형식에 더 신경이 쓰이기도 한다. 그러나 식사 매너의 기본정신은 형식보다는 요리를 맛있게 먹고 분위기를 즐기는 데 있다. 형식이나 도덕성의 틀을 어느 정도 지키면서 서로가 요리를 맛있고 즐겁게 먹기 위하여 정해진 약속이라 할 수 있으며, 요리를 즐기기 위한 나와 타인의 권리를 지켜주는 규율인 것이다. 한편으로 포크와 나이프 사용 시의 부상 등 식탁에서 발생할 수 있는 각종 사고를 예방하기 위한 것이다. 인간의 기본 생활인 식사와 관련한 예법은 나라마다 다르지만, 그 사회의 예법을 지키는 것이 매너인 만큼 이를 익혀서 활용하는 것이 필요하다.

영화 속에서 베넷 가의 딸들과 아버지가 아들이 없어 양자로 삼은 청년과의 저

녁 식사 장면이 나온다.

식사 도중에 가장 좋은 에티켓은 상대방과 자연스럽게 대화를 나누면서, 상대방의 식사 속도에 맞춰 먹는 것이 일반적인 에티켓이다. 허나 영화 속에서 이 청년의 부담스러운 제스처와 여러 가지 불편한 이야기 화제로 인해 순식간에 우울한 저녁 식사가 된다.

물론 식사 매너라 하면 음식물을 소리 나지 않게 먹는다거나, 또는 냅킨은 어떻게 한다 등의 기술(skill)적인 부분의 강조가 가장 많이 된다. 하지만 식사 매너의 기본 바탕은 그 식탁에서 식사하는 모든 사람들이 편안하고, 유쾌한 분위기에서 식사를 해야 하는 것이다.

영화에서는 또 한번 이런 불쾌한 식사 분위기를 보여준다. 큰 딸 제인이 빙글리 씨의 저녁식사에 초대받아 가지만, 심한 독감에 걸려서 몸져눕게 된다. 엘리자베스는 이런 언니가 걱정되어 빙글리 씨 저택을 찾아가게 되고, 이를 핑계 삼아 다른 세 명의 딸을 대동하고 엄마가 쳐들어오는 장면이 나온다.

반갑지 않은 불청객들의 방문에도 언짢은데, 이 세 모녀의 대화는 식사를 하는 사람들에게 굉장히 불쾌감을 유발하게 한다. 물론 같은 테이블에서 식사를 하지 않았지만, 식사하는 사람들을 불쾌하게 만들었다면 그 또한 에티켓에 어긋나는 행동이다. 또 영화 속에서 가장 친한 친구 집에 놀러가 있던 엘리자베스가 디아시의 숙모님 초대를 받고 참석한 저녁식사 자리의 장면이 나온다.

의자의 착석 서비스까지 완벽하게 보여주는 연회에서, 디아시의 숙모는 피아노를 잘 치지 못하는 엘리자베스에게 피아노 치기를 강요하고, 사적인 질문을 쉴 새 없이 계속한다. 엘리자베스는 더 이상의 험한 분위기를 만들지 않기 위해 피아노 앞에 앉게 되고 자신이 칠 수 있는 곡을 선택해 치기 시작한다.

물론 당시 상황이 귀족사회였고, 신분에 대한 차이가 높았던 시기임을 감안하면 가능할 수도 있던 상황이지만, 모든 사람들이 행복하게 즐기는 것이 식사 매너의 기본인 현대에 비춰보면 이 또한 에티켓에 많이 위배되는 일이 아닐 수 없다.

식사라는 것은 참 행복한 일이다. 그것이 사랑하는 사람과의 식사이든, 접대 목적의 식사이든, 일상적인 식사이든, 사람들은 살기 위해 먹는다는 개념보다, 이제는 먹는 즐거움 자체와 행복한 식탁문화를 만들어가는 것에 열광한다. 그리고 그곳에 식사 매너가 있다.

특히 품위있고 격식 있는 레스토랑은 로맨틱한 분위기를 감상하기도 하면서, 격조 높은 서비스를 받기도 하고, 최고의 맛을 자랑하는 셰프의 요리에 감탄하기도 하고, 누군가와 행복한 한때를 보내는 곳이기도 하고, 비즈니스맨들의 팽팽한 긴장감이 있기도 한, 단순히 음식을 먹기 위한 장소 이상의 곳이다.

따라서 처음 냅킨을 펼쳐 무릎에 덮고, 후에 다시 테이블 위에 놓는 식사의 마지막 순간까지 세련된 식사 매너를 보여준다면 상대로부터 존중받으며 함께 행복한 식사를 할 수 있다.

굳이 영화에서처럼 매번 잘 차려진 식탁에서만 지켜야하는 것이 식사 매너는 아니다. 일반적으로 우리들이 매일 만나게 되는 소박한 식탁에서도 지켜져야 하는 소소한 매너가 더 많다. 아주 어릴 적부터 배운 것들로, 어른들이 수저를 드시기 전까지 수저를 들어선 안 되며, 어른들이 식사가 끝날 때까지 수저를 놓아서도 안 되는 이런 매너들 말이다.

사실 지금의 현대에는 핵가족화가 되면서 그 의미를 상실했지만, 그렇게 지켜져야 하는 기본적인 바탕에는 孝가 들어있기도 하고, 타인을 배려하면서 지켜나가야 하는 실생활의 禮가 들어있었다. 그렇다고 이제와 다시 반상기를 쓰고, 바쁜 시간에 어른들을 일일이 기다려야 하는 것은 절대로 아니다. 하지만 아주 어릴 적 초등학교 1학년 때 했던 것처럼, '감사히 먹겠습니다', '잘 먹었습니다' 라는 감사의 마음으로, 식사시간의 즐거움을 다시 찾을 수 있게 하는 것이 지금 우리가 할 수 있는 가장 쉬운 방법이 아닐까?

Key Point

상황별 대처 매너

1) 식사의 시작

참석자가 많은 경우에는 정시에 시작하나, 친한 사이의 소규모 모임인 경우에는 참석자를 기다렸다가 함께 식사한다.

2) 식사 도중의 자리 이탈

화장실은 미리 다녀오고 식사 중에는 음료나 맥주 등의 과음을 삼간다. 식사 중에는 가급적이면 자리를 지키는 것이 좋으며, 부득이한 경우는 양해를 구하고, 계속 식사할 것을 권한다. 식사 도중 자리를 뜰 때는 냅킨을 적당히 접어서 의자 위에 둔다.

3) 기침과 코풀기

한두 번의 기침이나 재채기를 할 경우에는 손수건으로 가리고 하고, 급할 경우에는 냅킨을 이용한다. 서양 식탁에서 가볍게 코를 푸는 것은 무방하다. 가볍게 코를 풀 때는 냅킨 대신 자신의 손수건이나 종이 냅킨을 이용한다. 계속해서 기침, 재채기를 하거나 코를 풀 때는 양해를 구하고 자리를 이동한다.

4) 이물질이 목에 걸렸을 때

상대방의 주위를 끌지 않도록 주의하면서 일단 혀를 이용해서 밀어낸다.

물을 마시거나 냅킨으로 가린 채 기침을 해본다. 생선의 뼈 등은 포크를 사용해서 꺼낸 후 접시의 한쪽 구석에 놓는다.

5) 이물질을 발견했을 때

- 먹기 전에 발견한 경우에는 웨이터를 불러 지적한다.
- 식사 중에 발견한 경우에는 소란을 피우지 말고 조용히 제거한다.

6) 음료, 음식의 거절

'no' 대신 'no, thanks'라고 말하며 거절한다.

가정에 초대를 받았을 경우에는 처음 제공되는 음식은 사양하지 않으며, 음식을 남기는 것은 결례인 만큼, 남기는 것보다는 거절하는 것이 낫다.

와인을 거절할 때는 말이 필요 없이 잔의 가장자리에 손을 가볍게 올리면 된다.

7) 식사 도중 아는 사람을 만난 경우

식사 중일 때는 간단한 인사만 한다. 그러나 아는 사람이 동반한 여성을 소개할 경우에는 반드시 일어선다. 여성이 여성을 소개받을 경우는, 상대방이 연상일 경우엔 일어선다.

남자끼리 악수를 하게 될 때는 일어나서 한다.

8) 식사후 매너

레스토랑 퇴장 시의 번거로움을 피하기 위하여 계산은 테이블에서 하는 것이 편하다. 자리에서 일어나는 뜻은 항상 초대받은 쪽에서 나타내는 것이 좋다. 냅킨은 대충 접어서 식탁 위 좌측편에 둔다.

2. '마리 앙뚜아네트(Marie Antoinette)' 속 서양식 식사 매너 이야기

마리 앙투아네트(Marie Antoinette)

미국/장르 : 드라마/15세 관람가/상영시간 : 122분/개봉 : 2007년
감독 : 소피아 코폴라
출연 : 커스틴 던스트, 제이슨 슈왈츠먼, 립 톤, 주디 데이비스, 아시아 아르젠토

사치와 허영의 대명사로!

영화 〈마리 앙뚜아네트〉는 굶주리고 있는 백성들에게 케이크를 주라고 외치기도 하고, 수많은 남자들과의 스캔들을 일으켰던 프랑스의 왕비 마리 앙뚜아네트의 일생을 그린 영화이다. 미국 개봉 당시 평론가들의 극단적인 찬반 양론에 휩싸이기도 했던 영화이다.

마리 앙뚜아네트는 오스트리아의 공주로 프랑스와의 동맹을 위해, 15살이란 나이에 프랑스의 황태자 루이 16세와 정략결혼을 하고 베르사이유로 입궁한다. 그 시대에는 조혼(早婚)이 일반적이긴 했지만 어린 나이임에는 틀림없었을 것이다.

너무 어린 나이에 새로운 생활에 대한 희망과 두려움으로 결혼했지만, 자신에게는 전혀 관심없이 사냥하러 다니고, 말 타러 다니는 무심한 남편과 지나친 귀족들의 관심과 시기에 어린 앙뚜아네트는 지쳐간다.

이번 영화 역시 이런 앙뚜아네트의 여자로서의 삶을 재조명해 보려던 취지가 담겨 있어서 여자로서의 앙뚜아네트의 섬세한 느낌이나 상황들이 잘 표현되었다.

지쳐가던 앙뚜아네트는 마음의 위안을 삼기 위해 시작한 파티와 친구 사귐으로 점점 사치와 방종의 길로 접어들게 된다.

알려진 대로 인생 자체가 사치와 방종을 일삼았던 왕비의 일생을 다룬 영화이다 보니 영화 속에서 많은 볼거리를 제공하기도 한다.

이 영화에서는 베르사이유 궁전의 사치스런 생활과 귀족들의 문화를 그대로 재현하는 데 4,000만 불의 금액을 투자했다고 한다. 영화 속에서 많은 연회와 식사 장면이 많이 재현되었는데, 영화 속 이런 장면들을 가지고 서양식 식사 매너에 대한 이야기를 끌어내 보려고 한다.

일반적으로 서양식 식사 매너는 우리 문화와 다르다는 이유로 매우 까다롭고 불편하다는 생각이 먼저 든다. 우리나라의 전통적인 음식문화는 반상요리 중심이어서 요리가 한꺼번에 차려져 나오는 요리인 데 반해, 서양요리는 코스 형태로 이루어져 나온다.

서양요리에서 최고의 서비스는 '뜨거운 요리는 뜨겁게, 차가운 요리는 차갑게' 제공되는 것이다. 물론 여기에는 좌석 배치며, 상석의 의미, 적당한 서비스 시간 등의 기본적인 요소가 다 포함되었다.

이 외에도 여러 명의 인원이 함께 식사를 하는 경우에는 요리가 나오는 시간이 그다지 걸리지 않으므로 조금 기다렸다가 식사를 한다든지, 윗사람의 초대를 받은 경우에는 윗사람이 포크와 나이프를 잡은 후에 먹기 시작하는 것 등의 일반적인 테이블 매너도 포함된다.

영화 속에서는 왕실의 황태자와 황태자비만을 위한 식사 장면이 많이 나온다. 여기에서도 많은 에티켓 장면을 볼 수 있는데 황태자와 황태자비가 입장하면, 자리를 안내하는 리셉셔니스트(receptionist)가 맞이하여 테이블까지 안내하고, 테이블의 가장 좋은 최상석에 황태자와 황태자비를 앉힌다. 여기서 잠깐 상석이란 곳의 정의를

조금 내려 보면, 보통의 레스토랑에서의 상석이란 전망이 좋은 자리이다. 창가라면 외부의 전경이 한눈에 내려다보이는 곳, floor에서 쇼를 관람하는 경우라면 stage가 제일 잘 보이는 곳이 좋다.

다음으로는 마음이 편한 곳이 좋다. 즉, 레스토랑의 통로가 되는 곳이나, 사람들이 많이 오가는 곳, 의자의 등받이가 스치는 곳이라든지, 입구에서 가까운 곳 등은 좋은 자리라 할 수 없다.

영화 속에서도 이런 상석의 위치에 황태자와 황태자비가 앉게 되고, 하인들은 모두 뒤에서 이 두 사람을 보필하는 장면이 나온다. 일거수일투족을 보필하되 식사에 전혀 방해가 되지 않도록 작은 제스처 하나도 놓치지 않고 시중을 드는 장면에서 서비스의 최고 형태를 볼 수 있다.

테이블에서 황태자와 황태자비가 식사를 하는 장면 중에 굉장히 경직된 자세에서 식사하는 장면이 많이 보이는데, 서로를 잘 몰라서일 수도 있고, 아직 15살이란 어린 나이의 두 사람이 이런 궁중생활을 견뎌내는 심적 고통의 표시로 나타날 수도 있다.

일단 테이블에서의 올바른 자세는 영화에서 보이듯 바른 자세를 취해야 하는 것이다. 또한 부드러운 움직임, 자연스러운 자세는 몸과 테이블 사이의 간격을 바르게 했을 때 비로소 이루어진다. 몸을 앞으로 구부린다거나 어깨나 팔꿈치를 뻗치는 등, 보기 싫은 모습은 대개 테이블과 몸 사이의 거리가 너무 멀거나 가깝기 때문에

생겨난다. 그래서 테이블에서 가슴까지는 대개 주먹이 두 개 들어갈 정도의 거리를 두면 좋다. 한편, 식사가 시작되고 나서 의자의 위치를 바꾼다며 소리를 자꾸 내는 것은 큰 실례이다.

영화 속 식사 장면에서 앙뚜아네트는 유독 물을 많이 마시는 장면이 나온다.

아침부터 산해진미가 넘어가지도 않겠지만 이런 모든 불편한 상황들을 극복하는 제스처로 보인다. 우리나라에서는 식사 중에 물을 마시는 것을 금기시하지 않지만, 서양의 식사 매너에서는 '적당한 양을 한 입에, 한 번에 한 가지 음식물만!' 을 가르친다.

또한 서양의 식사 매너에서는 잔을 깨끗하게 사용할 것을 강조한다. 식사하면서 물이나 음료, 와인 등을 마시기 전에는 입을 닦아 잔을 깨끗하게 하는 것이 매너이다. 여성의 경우에는 식사 전에 루즈를 닦아서 잔에 묻는 양을 줄이고, 잔을 이용한 다음에 엄지를 이용하여 자국을 없애는 것이 숙녀다운 예절이다. 잔에 남은 기름기 상태에 따라 여성의 식사 매너가 판단된다. 루즈를 닦을 때, 냅킨을 사용하는 것은 금기이며, 종이 냅킨을 이용하거나 티슈를 사용한다.

영화 속에서는 식사 테이블에서의 또 다른 장면이 소개되는데, 황제의 여자인 코르티잔이 다른 사람들과 다 같이 식사를 하는 테이블에서 교태를 부리고, 서로 술잔을 먹여주고, 테이블에서 트림을 하는 장면이 나온다. 같이 식사하는 사람들은 황제의 이런 행동들이 못마땅하지만 억지웃음을 지어보이고 불편한 식사를 이어간다.

서양의 식사 매너에서는 식사는 음식의 맛을 음미하는 동시에 사교의 장으로 이용되는 경우가 많다. 서로 정보를 교환하면서 즐거운 분위기로 대화를 나눠야 한다. 그러나 너무 큰소리로 말을 많이 하거나 아무 말 없이 식사만 하는 것은 사람들에게 거부감을 줄 수 있기 때문에 적당한 대화가 필요하다.

또한 원활한 대화를 위해서 음식을 조금씩 먹는 것이 좋다. 스푼 가득 수프를 담아 입을 크게 벌리는 모습은 보기에도 좋지 않다. 식탁에서 식사 도중에 주위 사람들과 자연스럽게 대화를 나누되, 멀리 떨어져 앉은 사람과 큰소리로 이야기하는 것 또한 금기 사항이다.

물론 영화 속의 이런 장면들이 지금도 실제 서양식 식사 매너에서 행해지는 것들은 아니다. 그리고 영화가 보여주는 것은 일반적인 생활 속 모습이라기보다 궁중에서의 행동 양식이다. 하지만 궁중이든, 현재를 살아가는 우리든, 모두 이런 테이블에서는 가급적 다른 사람에게 폐가 되지 않는 매너를 갖춰야 하는 사실은 변함없다.

나의 말 한마디에 테이블의 분위기가 금세 엉망이 될 수도 있고, 거기에 앉아 있는 누군가가 곤경에 처하거나 난처한 상황들이 벌어진다면, 그 식사는 망쳐버린 식사가 된다. 또한 식사 시 금기로 해두는 상황들이 그저 겉으로 보이는 예만을 위한 것이 아니고 과학적인 이유가 포함되어 있는 것들이 아주 많다. 그러므로 테이블에서 지켜야 할 매너는 가급적 지켜서 식사를 하는 것이 여러 사람과 나를 위한 행복한 매너의 길이라 하겠다.

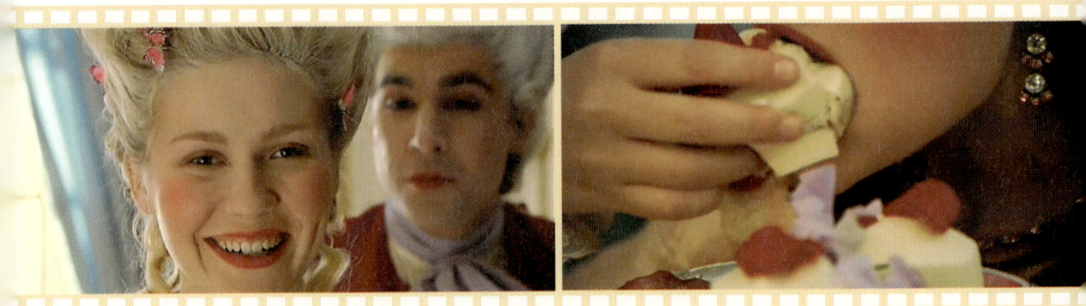

영화 속에서 계속 지루한 나날을 보내던 앙뚜아네트는 다른 사촌의 출산을 축하해 주고 와서 본인의 위치와 심한 우울증에 심경의 변화를 일으키고, 급기야 사치와 방종을 일삼기 시작하는데, 외형이 바뀌고부터 테이블에서의 먹는 태도 역시 굉장히 방종하게 변하는 장면들이 나온다.

아침식사에서도 손으로 케이크를 집어 먹고, 일상적인 테이블에서도 케이크며, 음식들을 전혀 아무렇지도 않게 손으로 집어먹고, 다 먹지도 못할 만큼 많은 양의 음식들을 놓아두고 과욕을 부리는 장면들이 자주 등장한다. 물론 서양의 식사 매너에서 빵을 손으로 집어 먹는 것이 원칙이기는 하나, 그건 식사 중에 테이블에 놓여 있는 빵만을 의미한다. 또한 식사 중에 손으로 코, 귀, 머리 등을 만지거나 긁어서는 안 되는 금기 사항이 따른다. 물론 나라마다 달라 손으로 음식을 먹는 나라도 많이 있다. 하지만 영화 속 배경이 되는 프랑스에서는 절대 보여서는 안 되는 매너 중의 하나인 모습이다.

또한 앙뚜아네트는 매일 밤 친구들을 불러 과한 연회를 벌이고, 이 연회 테이블에서 마약을 피우기도 하고, 장갑을 낀 손으로 케이크를 집어 먹기도 하는 모습을 보여주며, 한 나라의 황태자비라 할 수 없는 여러 형태들을 보여준다. 실화를 바탕으로 그려낸 영화이므로, 실제로 영화 속의 장면처럼은 아니더라도 18세기의 프랑스 사회에서 그녀를 바라보는 시각은 정말 충격적인 모습이 아니었을까 싶을 정도이다.

특히 서양의 식사 매너는 단지 식사 예절이라기보다는 그 사람의 가정환경과 교육 수준, 지적 수준 등을 평가하는 잣대로 여긴다. 최근 우리나라 여러 기업에서 직원 면접 시 지원자와 식사를 함께 해보는 경우를 가끔 볼 수 있는데, 이를 통해 회사의 이미지에 맞는 사람인가를 관찰하기 위해서라고 하니, 식사 매너가 얼마나 중요한 것인가를 새삼 느끼게 해준다.

가끔 주변에서 '그렇지 않아도 서양음식 먹는 방법이 복잡하고 불편한데, 그렇게 식사 매너까지 신경 쓰다 보면 밥을 먹는 건지 벌을 받는 건지 모르겠다'고 말하는 분들을 볼 수가 있다. 무척 공감이 가는 이야기다.

하지만 이제 전 세계는 지구촌으로 하나 되는 글로벌시대에 들어섰고, 때와 상황에 맞게 옷 잘 입는 방법, 상대방과 부드럽게 대화하는 방법 등 어느 자리 어느 상황에서든 자신을 표현해야 하는 시대에 살고 있으므로 다른 나라의 문화, 에티켓, 생활방식마저도 정확히 알아야 한다.

그 중에서도 식사 매너는 이 모든 것을 아우르는 집합체라 할 수 있다. 세련된 매너와 에티켓은 상대방에 대한 존중심이 기본 바탕이다.

멀게만 느껴지는 서양식사 매너는 결코 어렵고 까다로운 것이 아니다. 우리들이 생각하는 것 이상으로 다양한 규칙들이 그들의 문화와 함께 녹아 있다. 따라서 포크와 나이프를 접시에 어떻게 놓느냐도 중요하지만 그것이 수학공식처럼 정답이 있는 것이 아니다. 식사 매너는 하나의 법칙이 아니다. 더 중요한 것은 어떻게 진심어린 마음으로 타인을 배려하며 테이블에서 매력적으로 자신을 표현해낼 수 있는가이다.

우리는 각자 어떤 식으로든 기억에 남을, 또는 기억에 남길 만남을 만들 수 있다. 어린 시절부터 교육받아 익히고 습득한 앙뚜아네트도 제대로 지키지 않는 매너인데, 전혀 일상으로 접해 보지 못했던 우리들이 나이 들어 교정받고 따라하려니 몸이 경직되고 맘처럼 쉽지 않은 것은 당연한 일이다. 매너라는 것은 결코 타고 나는 것이 아니라 끊임없는 교정을 통해 만들어지는 것이다.

비록 방식이나 조금 어긋난 실수를 한다 해도, 당황하지 말고 그 테이블에서의 품위와 다른 사람의 배려하는 마음만을 갖추고 익힌다면 서양식사 매너가 더 이상

영화 속에서나 나오고, 고급 호텔의 레스토랑에서만 행해지는 형태의 것이 아님을 알 수 있을 것이다.

Key Point

1. 서양식 식사 매너

1) 정식 만찬 순서(Table D' hote)

식전주(Aperitif)

① 전채 요리(Apitizer)

② Soup

화이트 와인(White Wine)

③ 생선 요리

④ 샤벳

레드 와인(Red Wine)

⑤ 육류 요리

⑥ 샐러드

⑦ 치즈

⑧ 디저트(파이, 과자. 케이크, 푸딩 등)

⑨ 과일류

⑩ Coffee or Tea

식후주(Digestif)

2) 일반 식사 순서

① 전채 요리 또는 수프

② 생선 또는 육류 요리

③ 샐러드

④ 디저트

2. 냅킨의 사용

우선 식탁에 앉으면 세팅되어 있는 냅킨을 무릎에 펼치는데 이는 앉자마자 펼치기보다는 모든 사람이 자리를 잡고 앉았을 때 하는 것이 좋다. 냅킨은 음식물을 옷에 떨어뜨리지 않기 위해 사용하는 것인데, 그 밖에 입을 가볍게 닦거나 손에 묻은 음식물을 닦을 때에도 사용한다.

3. 나이프와 포크의 사용

나이프와 포크는 코스에 따라 바깥쪽에 있는 것부터 순서대로 사용하도록 한다. 식사 중에는 포크와 나이프를 접시 양끝에 걸쳐 놓고, 식사가 끝났을 때 접시 중앙부에 포크와 나이프를 나란히 놓는다. 나이프는 반드시 칼날이 자기쪽으로 향하도록 놓는다.

3. '음식남녀'를 통해 본 중국 식사 매너 이야기

음식남녀(飮食男女/Eat, Drink, Man, Woman)

홍콩/장르 : 드라마/15세 관람가/상영시간 : 120분/개봉 : 1995년
감독 : 이안
출연 : 랑웅, 양귀미, 우첸롄, 왕유문, 조문선

중국은 세상에서 가장 다양한 재료를 음식에 사용하는 나라이다.

가장 작은 크기의 음식재료라는 모기눈알을 이용한 요리부터 고대 황제가 산에 불을 지른 후 익은 고기를 골라 먹었다는 전설 같은 스케일을 자랑하는 요리에 이르기까지, 오랜 역사와 세계 최대 인구를 바탕으로 그 구성원만큼이나 실로 다양한 민족이 각 지방별로 독특한 음식문화를 형성해 왔다.

영화 〈음식남녀〉는 최고의 고객들을 위해 요리했던 주사부와 세 딸의 이야기이다. 일반적으로 가족이라는 울타리 안에서 발생하는 소소한 문제와 갈등을 요리를 하는 과정과 음식을 차리는 의식, 식사 습관 등을 통해 풀어내고, 이를 통해 다시 보는 중국인의 가족애가 담긴 영화이다. 영화 중간 중간, 백여 종이 넘는 산해진미와 깔끔한 요리 모습은 중국 요리문화의 전통과 가족사의 희노애락을 잘 표현하고 있다.

중국인들은 자신들의 음식문화에 대단한 자부심과 집착을 보이며, 때를 가리지 않고 음식을 즐길 뿐만 아니라, 교제나 비즈니스 접대의 한 방법으로 전략적인 연회를 베풀기도 한다. 전통적으로 귀빈이 오면 성대한 연회를 열어 최고의 대접을 하였다.

중국에서의 식사는 단순히 음식을 먹는 차원이 아니라, 일종의 사교이며 중국인의 낙(樂)이다. 떠들면서 먹는 모습을 보면 격식이 없는 것처럼 보이나, 그 속에는 상대의 매너를 평가하는 여러 방식이 있다. 이런 중국의 음식문화를 영화와 접목시켜 만든 '음식남녀'를 통해 중국의 식사 매너를 살펴보기로 하자.

중국식 식사 매너에서는 주인이 먼저 수저를 든 후 식사를 한다.

또한 음식을 젓가락으로 자기 접시에 덜어서 먹는다. 이때 그 자리에 있는 사람의 수를 고려하여 자기 몫을 적당히 덜어야 한다. 테이블에 요리가 남아 있는 경우에는 몇 번을 덜어 먹어도 상관없지만, 처음부터 욕심내고 많이 덜어가서 다른 사람의 몫을 없게 만드는 것은 중국식 식사 매너에서 아주 금기시하고 있는 것 중 하나이다. 일단 먹기 시작한 요리는 도중에 식초나 간장을 쳐서는 안 된다.

우리나라의 경우 수프가 나오면 무조건 후추를 넣는 것이 매너처럼 되어 있는데, 이것 역시 잘못 자리 잡은 식사예절이다.

조금 더 구체적인 중국식 식탁 매너를 찾아보면, 많은 부분이 영화 속에 보인다. 뼈가 붙은 닭고기 요리는 손에 들고 먹어도 상관없으며, 뼈는 준비된 그릇에 담는다. 탕 요리는 수저로 떠서 담고, 흘리지 않도록 그릇을 들고 먹는다. 젓가락을 사용한 후 접시에 걸치지 말고, 테이블에 가지런히 놓아야 한다. 주인에게 축배를 들

때는 앉은 채로 두 손으로 잔을 감싸 경의 표시를 한다. 그릇을 잡고 먹지 않고, 음식이 시작된 후 주인이 일일이 음식을 덜어주는 것은 손님에 대한 호의의 표시이다. 떠주기 전에 손님이 먼저 먹는 것은 큰 실례다.

또한 연회 시에는 음식을 남기는 것이 주인에 대한 예의이므로 맛있다고 다 먹지 않는다. 계속 나오는 음식을 다 소화해 내기 위해서는 차를 자주 마시는 것이 좋다.

중국에서는 술에 약한 사람이라도 같이 마셔야 하는 것이 에티켓이다. 예전에는 따라주는 술을 거절하거나 차 또는 주스로 건배하면 안 되었으나, 요즘은 쒜이어(내 뜻에 따르겠다는 뜻으로 분음(分飮)하겠다는 의미) 또는 쒜이삐엔(내 편에 따르겠다는 의미)라고 하면서, 건배는 하되 나누어 마셔도(分飮) 실례는 안 된다. 술을 아예 입에 못 대는 체질이라면 다른 음료로 대신하여 건배한다. 중국식 건배는 단번에 들이마셔 잔 밑을 상대방에게 보여주는 것이다. 연회일 경우에는 알코올 도수에 무관하게 계속 건배를 할 뿐 아니라, 맥주에 공부가주 또는 소홍주를 섞어 마시기도 한

다. 만약 술에 자신이 없으면 반드시 잔 밑을 보이지 않아도 된다. 술에 취해 잘못 행동하면 그것이 더 큰 문제가 되기 때문이다. 중국에서는 사회주의 영향으로 술 먹고 주정하거나 다른 사람에게 피해를 주는 경우가 거의 없으므로, 이런 사람을 보면 크게 무례하다고 생각한다. 간혹 우리나라 비즈니스맨 중에 이런 상식을 모르고 접대를 하러 갔다가 낭패를 봤다는 사례를 접할 때가 있다.

영화 '음식남녀'는 주사부가 잃어버린 미각을 찾게 되고 다시 사랑하는 사람을 만나게 되고, 세 딸들도 역시 각자의 위치와 상대를 만나면서 행복한 결말을 맺는다. 이렇듯 우리가 매일 접하는 음식에는 여러 가지 신통한 효능이 있는 듯하다. 물론 생존하기 위해 먹어야 하는 것은 사실이지만, 단지 생존과 상관없이 정성스럽게 만든 음식을 감사한 마음으로 먹고, 또한 그에 상응하는 매너와 에티켓을 겸비한다면, 아마 그 음식에서 엄청난 좋은 에너지를 얻을 수 있을 것이다.

Key Point

1. 중국요리의 지역적 분류

1) 베이징 요리

일명 징차이라고 하는 베이징 요리는 청조의 궁중요리가 기본이 된다.

2) 난징 요리

난징요리는 중국 중부의 대표적인 요리로 난징, 상하이, 쑤저우, 양저우 등지의 요리를 총칭한다. 중국 내륙의 젖줄인 양쯔강 하구에는 오랜 옛날부터 난징을 중심으로 풍부한 해산물과 미곡을 바탕으로 한 식생활이 발달했다.

3) 광둥요리

중국 남부의 요리를 대표하는 광둥요리는 광저우 요리를 중심으로 푸젠,
차오저우, 둥장 등 지방요리 전체를 일컫는다.
광둥요리는 흔히 난차이라고 하기도 한다.

4) 쓰촨 요리

중국 서쪽 지방 양쯔강 상류의 산악지대 요리를 대표하는 쓰촨요리는 윈난, 구이저우 지방요리까지를 총칭한다.
쓰촨 지방은 바다가 멀고 더위와 추위가 심한 지방으로서 예로부터 악천후를 이겨내기 위해 향신료를 많이 쓴 요리가 발달했기 때문에 매운 요리와 마늘, 파, 고추를 사용하는 요리가 많다.

2. 중국 요리의 일반적 특징

1) 재료 선택이 자유롭고 광범위하다.
2) 맛이 다양하고 광범위하다.
3) 조리기구는 간단하고 사용이 용이하다.
4) 조리법이 다양하다.
5) 조미료와 향신료의 종류가 다양하다.
6) 외양이 풍요롭고 화려하다

3. 중국요리의 종류

1) 정탁 요리

일명 상요리라고도 불리며, 정식 코스 메뉴로서 차림표에 의하여 서빙된다.

2) 일품 요리

일품요리는 정탁요리처럼 순서에 따라 먹는 것이 아니고, 식성과 양을 자유로이 선택해서 먹을 수 있는 요리이다.

3) 특선 요리

특선요리의 특성에 따라 특별히 구성되는 차림표이며, 고객의 특별 주문에 의하여 만들어지는 요리이다. 이 특선요리는 일반적으로 3일 전에 별도로 주문해야 한다.

4. 중국의 8대 명주

1) 마오타이주 2) 렁주 3) 라오주 4) 고량주 5) 오가피주
6) 메이귀루주 7) 인삼주 8) 사오싱주

5. 중국 차의 종류

1) 홍차

발효차의 대표적 품종으로 찻잎을 시들게 해서 발효시켜 비비고, 볶고, 체로 치는 순으로 작업하여 만든다.

2) 녹차

발효시키지 않은 찻잎을 사용해서 만든 것으로 중국과 인도에서 처음으로 생산, 이용되었다.

3) 우롱차

녹차와 홍차의 중간적인 성질을 가진 반발효차로서 원래는 중국에서 만들어졌으나, 1890년경부터 타이완에서 생산하게 되었다. 빛깔은 까마귀처럼 검고, 모양은 용처럼 휘어졌으므로 이런 이름이 붙었는데, 보통 중국차라고 한다.

4) 잔차

건전하게 성장한 잎의 부스러기를 한꺼번에 눌러서 벽돌 모양으로 만든 차로서, 잔차 뭉치를 적당하게 떼어 물에 넣고 끓이면 차가 된다.

5) 옌차

미국인들이 좋아하며 푸젠의 무이산에서 나는 옌차는 차에 대해 전문지식을 가진 사람들에게 널리 알려져 있다.

6) 모리화차

우롱차보다 약하게 발효시킨 차에 꽃봉오리를 몇 번이고 갈아가면서 만든 것으로, 특히 베이징에서는 상피엔이라고 하여 많이 애음되고 있으며, 고기와 마늘 냄새를 없애는 작용을 한다.

7) 상피엔차

쟈스민과의 치자나무꽃을 혼합하거나 녹차에 국화를 혼합하기도 한다.
또 홍차에 리찌나 장미꽃을 넣고 향을 낸 것도 있다.

8) 푸얼차/토차

원난의 푸얼차나 토차는 약차로서 런토우차, 빙차가 있다.

4. ‘우동(Udon)’으로 살펴보는 일본식사 매너 이야기

우동(UDON)

일본/장르 : 코미디, 드라마/상영시간 : 134분/개봉 : 2006년
감독 : 모토히로 카추유키
출연 : 유스케 산타마리아(마츠이 코스케), 코니시 마나미(미야가와 교코), 마츠모토 토토이세(스즈키 쇼스케), 스즈키 쿄카(후지모토 마리)

일본은 지리적으로 우리와 가까운 나라지만 문화나 기질 면에서 많은 차이를 보인다. 음식문화도 마찬가지여서 우리 음식은 정성과 양을 중시하며 장식에는 비교적 무심했던 반면에, 일본 요리는 시각적인 면을 중시하여 요리 자체 외에도 담아내는 기물, 형식에도 정성을 담아 분위기를 연출한다. 일본요리의 특징은 계절의 풍미를 살린 요리, 지역 특산물을 이용한 요리가 많다.

이 영화의 제목이기도 한 ‘우동’은 일본인들의 장인정신을 대표하는 음식 중의 하나로 영화가 한 가지 음식으로 에피소드를 엮어 가는 것만 보아도 그 나라 사람들의 우동에 대한 자부심이 얼마나 대단한지를 알 수가 있다.

코미디언을 꿈꾸는 한 일본 청년, 마츠이 코스케가 미국 생활에 좌절을 경험하고 다시 고향으로 돌아와 겪는 에피소드에, 우동을 중심으로 두고 있는 영화이다.

마츠이는 고향으로 돌아와 일자리를 찾던 중 동네에서 홍보용 잡지를 만드는 회사에 들어가게 되고, 거기서 우동을 센세이션화 하는 일을 해낸다.

일본요리는 맛도 중요하지만 우선 시각적인 면을 중시한다. 즉 음식의 재료만이 아니라 기물, 장식, 맛에도 계절의 분위기를 느낄 수 있도록 세심하게 신경 쓴다. 또한 다양한 음식의 종류만큼이나 식사 매너도 가지가지다. 이 영화에서는 우동이라는 단일 메뉴만이 나오기는 하지만 일본의 젓가락 문화를 잘 보여주는 식사 매너를 많이 찾아볼 수 있다.

우선 가장 많이 나오는 젓가락 사용은 일식 식사 매너에서 예의를 가늠하는 중요 요소이다. 한국인은 숟가락과 젓가락을 함께 사용하여 음식을 먹지만, 일본인은 젓가락 하나만 사용하기 때문에 식탁 예절에서 젓가락 사용에만 의미를 부여하고 있다. 젓가락 사용 매너를 보면 그 사람의 가정교육, 교양, 품성을 알 수 있다고 한다.

한식에서는 젓가락을 숟가락 우측에 세로로 놓으나, 일식에서는 자기 앞쪽에 가로로 놓으며 이때 반드시 하시오키 위에 끝을 나란히 해서 걸쳐 놓는다. 젓가락은 끝부분 3cm 정도 이상은 음식이 묻지 않도록 하고, 젓가락을 쥔 채 그릇 뚜껑을 열고 닫지 않는다. 음식을 먹다 보면 젓가락 끝에 음식 찌꺼기가 묻게 되는데, 그렇다고 이것을 입에 넣는 것은 금기이다. 이런 경우에는 가이시(식사 시에 사용하는 고급 휴지)를 접어 그 젓가락 끝을 닦아낸 후 처리하는 것이 매너이다.

연회에 초대받았을 때 지참해 가는 경우도 있다. 위생저를 사용할 때는 젓가락 끝이 다른 사람을 향하게 해서 쪼개는 것은 상대에 대한 실례이며, 밑으로 세워서 쪼개는 것이 매너이다. 또한 젓가락 사용과 관련한 금기가 있는데 그릇을 돌리거나 음식을 찔러보는 행위, 젓가락으로 음식을 주고받는 것, 그릇 위에 젓가락을 올려놓거나, 젓가락 끝을 입으로 빠는 행위이다. 일본인들은 원칙을 매우 중요하게 생각한다.

어느 기물이든 사용하고 나면 항상 제자리에 놓는다. 뿐만 아니라 젓가락과 숟가락을 함께 사용하는 우리에 비해, 젓가락만을 사용하기 때문에 보다 많은 매너를 필요로 한다. 한국식으로 젓가락을 이용, 음식을 나누어 먹는다든지 음식을 찍어 먹는다든지 하는 행동을 일본에서는 금기시한다.

일본에서는 국물이 있는 국이나 우동 등의 국물을 숟가락으로 떠먹지 않고 젓가락으로 건더기를 건져 먹은 후 마신다. 이 모습에 대해 몇몇 한국 사람들은 '상놈'이라고 말을 하기도 하지만, 그들의 문화에선 음식을 바닥에 놓고 먹는 것은 짐승밖에 없다고 생각한다. 즉 자신들은 사람이기 때문에 음식을 들고 먹는다는 것이다. 입을 음식에 갖다 대는 것이 아니라, 음식이 입으로 향한다는 것이다. 일리가 있지 않은가?

그러나 음식을 가지고 어떤 한 국가를 미개하다, 미개하지 않다 평가한다는 것은 잘못된 일이다. 인간은 환경에 적응해서 사는 동물이므로 주어진 환경에서 그들 나름대로 몸을 보호하는 방식의 표현이 여러 가지로 표출된 것뿐이다. 그러므로 이문화(異文化)에 대한 그릇된 편견을 가지고 평가하는 것은 옳지 않다.

영화에서 작은 시작으로 빚어진 우동에 대한 관심이, 이제 관심을 넘어 기적으로 넘어가는 일이 발생한다. 작은 마을로부터 시작해 아주 특색 있는 우동을 먹기 위해 일본의 각지에서 사람들이 몰려오기 시작하고, 그들의 바람은 곧 엄청난 성과를 거두게 된다. 이들은 이런 기적을 만들기 위해 굴뚝이 보이면 어느 곳이든 우동을 찾아다니는 장면이 나온다.

물론 우리나라에서도 맛기행이나 여러 맛집을 찾아다니는 잡지나 TV프로그램이 많지만 선전이나 홍보용에 지나지 않는 경우가 많은데, 영화 속 주인공들은 사람들에게 많은 정보를 알려주지 않고 그들 나름대로의 의미를 부여할 수 있는 구심점만을 만들어주게 된다.

일본에서는 그릇을 손에 들고 먹는 요리가 많다. 그릇의 생김새만 보더라도, 그릇 밑에 발이 달려 있어 뜨거운 음식이라도 잡고 먹기에 불편하지 않다. 따라서 그릇을 실수하여 떨어뜨리지 않는 요령이 필요하다. 그릇을 들 때나 받을 때는 반드시 양손을 사용하는 것이 안전하다. 손가락을 쫙 편 후 손바닥 중앙에 그릇이 오게 하고, 엄지손가락을 그릇 가장자리에 걸치고 그릇을 든다. 그릇을 들지 않고, 앞뒤로 밀거나 당기지도 않는다. 제공받은 음식은 우선 상위에 올려놓았다가 들고 먹는다. 젓가락은 한국과는 달리 상대방 방향으로 향하게 놓지 않고, 뉘어서 수평으로 몸쪽에 놓는다.

나무젓가락은 식기 위나 식탁 위에서 자르지 않는다. 실수로 그릇을 손상시킬 수 있기 때문이다. 젓가락을 들어 무릎 위에서 살짝 떼어낸 후 일단 젓가락 받침대에 올려놓았다가 다시 잡는다.

일본에서 식사 시 초대한 사람이, "도죠! 오하시오…."라고 권하면, 손님은 "이따다끼마쓰(잘 먹겠습니다)"라고 화답하는 것이 에티켓이다. 가정이나 학교에서도 이러한 기본적인 예절은 철저히 지켜진다. 차는 식사 중에는 마시지 않고, 보통 식사 전후에만 마신다. 국과 밥그릇은 한국과 마찬가지로 밥그릇이 왼쪽, 국그릇이 오른쪽이다. 음식을 먹는 순서는 '국 → 밥 → 반찬의 순이다. 여럿이 함께하는 가이세끼 요리에서는 공용 젓가락과 개인 젓가락 두 종류를 사용한다. 식사가 끝나면 젓가락은 처음에 세팅됐던 대로 수평으로 자기 몸쪽에 올려놓는다. 필자도 호텔에서 근무

할 때 일본인들의 이런 식습관 때문에 테이블을 치우면서 젓가락이 새것인 줄 알고 치우지 않았던 경험도 있다.

이렇게 작은 관심에서 일어났던 우동의 기적은 일본 전 국토를 우동 오타쿠들로 만들어 전국 방방곡곡 우동이 있으면 어디든 사람들이 몰리는 기이한 현상으로까지 만들었다. 하지만 이것도 잠시, 작은 마을에서 욕심 없이 우동을 만들어 팔던 상인들은 넘쳐나는 손님으로 제대로 된 음식 준비를 하지 못한다. 또 하루 종일 줄을 서고 다시 돌아가는 손님들과 일부러 장사를 잘 되게 보이기 위해 줄을 서는 마을 사람들로 이 기이한 기적은 점점 퇴색해 간다. 하지만 이런 기적에도 흔들림 없이 우동을 만드는 마츠이의 아버지의 모습을 영화에서는 다른 이미지로 보여주고 있다. 평생 우동을 만드는 일에만 매진하여 엄마가 돌아가셨다는 생각에 아버지와의 불화를 만들었던 마츠이는 아버지가 돌아가신 다음에야 아버지의 우동에 대한 사랑을 배울 수 있었고 장인정신을 그때서야 다시 한번 느끼게 된다.

영화의 마지막 장면에서 "당신의 Soul Food는 무엇입니까?"라는 내레이션과 함께 영화는 다시 도전을 해 나가는 젊은이들을 보여주면서 끝난다.

서양의 식문화든 동양의 식문화든 테이블에서의 매너와 에티켓만을 중요시 여기지는 않는다. 음식을 만드는 사람의 정성과 그것을 맛있게 먹고, 그것에 대한 추억을 공감하는 것, 이런 것들이 어우러질 때 그 음식과 테이블에는 최고의 찬사가 주어지는 것이다.

Key Point

1. 일본 요리의 지역적 구분

1) 관동요리

관동요리는 무가 및 사회적 지위가 높은 사람들에게 제공하기 위한 의례요리로서 맛이 진하고, 달고 짠 것이 특징이다. 관동지방은 외해에 인접해 있어 단단하고 살이 많은 양질의 생선이 풍부했으나, 내해는 토양과 수질 등이 관서지방에 비해 거칠었기 때문에 관서요리가 부드러운 맛을 창출한 것에 비해, 관동요리는 농후한 맛을 이루게 되었다.

2) 관서요리

관서요리라는 말은 최근에 사용하기 시작한 말로서 그 이전에는 가미가타 요리라고 했다. 관서요리는 관동요리에 비해 맛이 농후하지 않고 부드러우며, 비교적 설탕을 사용하지 않으며, 재료 자체의 맛을 살리면서 조리하는 것이 특징이다. 관서요리의 대표적인 것으로 교토 요리와 오사카 요리가 있다.

2. 형식적 특징에 따른 분류

1) 본선 요리

본선요리는 옛날 일본 도산 시대의 조리법으로 전해 내려오다가, 에도 시대로 들어서면서 조리법이 문화의 변천에 따라 상이 화려해지고 요리도 예술성을 띠어 정식 향연요리에 이용하게 되어 지금까지 전해 내려오고 있다.

2) 회석 요리

연회석에 나오는 요리이다. 일본인들이 거의 일상적으로 가장 접할 기회가 많다고 하는데, 오늘날의 일본요리 형태라고 말할 수 있다.

3) 차회석 요리

차회석 요리는 천형휴가 귀족사회의 혼젠요리와 정진요리에서 창조한 것이다. 처음에는 검소한 식물성 요리였으나 시대의 흐름에 따라 생선도 이용되는 호화스러운 요리로 변했다.

4) 정진 요리

정진요리는 다도가 보급되는 전후에 서민에게 전달됐다. 불교가 전래됨에 따라 중국의 불교승이 일본에 귀화하는 일이 많아지자 비린 냄새가 나는 생선과 수조육을 전혀 사용하지 않는 정진요리가 점차로 보급되었다.

5) 보채 요리

보채요리는 오바쿠 요리라고도 불리며, 황벽산 만복사의 법주였던 스님이 중국에서 찾아오는 선종승들을 대접할 때 정진요리를 중국식으로 조리했던 것으로서, 음식명도 중국식 명칭을 따른 것이 아직도 잔존하고 있다.

3. 일식 요리의 종류

1) 고바찌

식사 전 별미요리로서 다른 말로는 쯔키다시, 사키쯔게, 고쯔게라 하는데, 이 요리는 식사를 주문하고 기다리는 시간에 제공하는 가벼운 술안주로 제공하는 음식이다.

2) 젠사이

젠사이는 식욕촉진제인 전채요리로서 다음에 나올 요리를 위해 입맛을 돋우는 역할을 하므로 재료, 맛, 모양, 색깔, 용기 등에 세심한 배려가 필요하다.

3) 스이모노

스이모노는 다량의 즙액 속에 소량의 고형 식품을 넣은 장국인데 담백한 조미와 청신한 향기로써 식욕을 증진시킨다.

4) 사시미

요리는 크게 생식과 가열식으로 나누어지는데, 사시미는 생식에 속하는 것으로 특히 재료에 주의해야 한다. 사시미는 독특한 향기와 맛을 주기 때문에 신선하고 위생적인 조건을 충분히 갖춘 것이어야 한다.

5) 야키모노

야키모노는 재료에 높은 열을 가하여 재료의 겉 부분을 익히거나, 지방분을 알맞게 녹이면서 익히는 조리법이다. 재료가 지닌 독특한 맛의 성분이나 영양분을 상실하지 않게 조리한다.

6) 니모노

니모노는 식품을 약간의 장국과 함께 가열하여 조미료로 향미를 가한 요리를 말한다. 식품을 가열하면 질이 연해지므로 소화가 잘 되고, 조미료로서 향미를 주었기 때문에 식욕증진에도 도움이 된다.

7) 아게모노

아게모노는 재료가 지닌 자연의 맛을 그대로 살릴 수 있고, 영양가가 높다는 점에서 튀김 중 가장 뛰어난 조리법이다. 튀김옷을 입혀 질이 좋은 식물성 기름에 튀기므로 재료의 맛은 튀김옷에 의해 완전히 보호되고, 기름이 스며들어 맛이 한결 좋아지며, 영양가도 높여준다.

8) 스노모노

스노모노는 신선한 생선류, 야채류, 해조류, 조수육류 등의 재료를 사용하여 양념한 것으로 새콤하고 산뜻한 맛이 입안을 개운하게 하고 식욕을 돋워주므로 계절을 가리지 않고 많이 이용한다.

9) 나베모노

나베모노는 냄비요리로서 다른 요리와는 달리 손질한 재료들을 여러 방법으로 냄비에 담아서 식탁에서 직접 끓이면서 조리하는 것이다.

4. 차의 종류 및 용도

1) 맛차

오차나무가 살짝 필 때 따서 고온으로 찐 다음 말려서 돌절구에 갈아 고운 가루를 만든다. 물은 수돗물보다는 자연 생수를 사용하는 것이 오차의 진미를 더욱 느낄 수 있고, 물은 항상 100℃ 이상 끓여서 오차 용도에 알맞게 온도를 조절한다.

2) 옥록차

오차나무를 재배할 때 태양의 직사광선을 차단시켜서 오차나무가 싹이 필 때 다시 고온으로 찐 다음 건조시켜 살짝 볶는다. 물의 온도는 60℃가 적합하며, 단 음식을 곁들인다.

3) 센차

잎이 활짝 핀 다음 따서 고온으로 찐 다음 건조시켜 살짝 볶는다.
주로 생선회를 먹을 때 사용하며, 생선 비린내를 가시게 한다(물의 온도 70~80℃).

4) 호지차

잎이 완전히 핀 다음 기계로 따서 고온으로 찐 다음 밤색 빛깔이 나타날 때까지 볶는다. 주로 식후에 사용하며, 타닌과 비타민 C, 카페인이 적기 때문에 어린이에게 좋으며, 일반가정에서 많이 사용하는 대중차이다(물의 온도 90~100℃).

5) 반차

호지차를 만들 때 고온으로 찐 다음 밤색 빛깔이 날 때까지 볶는 것이 호지차이고, 살짝 볶는 것이 반차이다(물의 온도 80~90℃).

6) 겐마이차

볶은 쌀을 번차나 전차에 섞은 것이다(물의 온도 80~90℃).

7) 사쿠라차

축하행사를 할 때 많이 사용하며 사쿠라꽃 형태를 그대로 이은 다음 소금에 절여 말려서 만든다(물의 온도 70~80℃).

8) 우메차

매실과 소염잎을 말려서 갈은 다음 소금으로 배합하며 입맛이 없을 때나 식전에 사용한다.

9) 곤부차

다시마를 갈아서 만든다. 혈압에 좋고 피를 맑게 한다(물의 온도 70~80℃).

5. 조선남여상열지사 '스캔들'속에 재연된 한식 식사 매너

스캔들 – 조선남녀상열지사(Untold Scandal)

한국/장르 : 드라마, 멜로, 애정, 로맨스/상영시간 : 120분/개봉 : 2003년
감독 : 이재용 감독
출연 : 이미숙, 배용준, 전도연 등

18세기의 조선, 유교가 모든 것의 중심이 되던 그때!

세 명의 각기 다른 개성을 가진 주인공들이 나오고, 여기에 금방이라도 조선시대를 옮겨놓아도 손색없는 여러 가지 영화 소품이 매우 인상적이었던 영화 〈스캔들〉. 영화의 main copy 문구였던 "통하였느냐?"의 강한 느낌!

우리는 늘 타인과 소통하고 있다고 생각한다.
타인들과 하루 종일 지내다 보면 이런 소통을 하지 않고 지낼 수는 없다.
허나 이 소통이라는 것은 일방적인 것이 아니다. 소통은 서로가 함께 이루어내는 것이다.
자신이 원하는 것만을 얻으려는 이기적인 상태에서는 소통할 수 없다.
항상 더불어 마음을 열고 상대가 원하는 것을 받아들이는 노력이 필요하다.
진정한 의미의 '통하였느냐'는 마음과 마음이 통하는 것이며,
자신을 돌아보고 상대방에게 가까이 다가가는 것이다.

- 소통 중에서 -

한국의 반상요리는 우리의 찬란한 역사와 함께 이루어졌다. 우리 국토의 지리적 여건과 기후 변화 등의 영향을 받으며, 각 지역별 특산품이 다양한 농산물 및 사냥과 가축의 사육으로 향토성이 짙은 음식들이 창출되었다.

또 시대에 따라 종교의 영향, 외세의 침입에 따른 새로운 문물의 도입에 영향을

받기도 했다. 그런 여파로 향토음식, 궁중음식, 민간신앙음식, 관혼상제음식, 사찰음식, 계절음식, 발효음식, 떡, 과자 등 분야별로 변화의 과정을 거치면서 독창적인 식문화의 발전을 가져왔다. 또한 유교 사상의 의해 반상의 법도가 탄생하고 그곳에 걸맞는 여러 가지 예들이 생겨나게 되었는데, 우리가 살펴볼 〈스캔들〉이란 영화 속에서 이런 장면들이 많이 찾아볼 수 있다.

먼저 영화는 제례를 올리는 의식이 시작되는 장면부터 보여준다. 우리나라의 전통적인 상차림에는 반상, 면상, 주안상, 교자상, 제사상 등이 있다. 각기 그 목적에 따라 달리 차려지게 되는데, 원래 우리나라 식탁의 기본 상차림은 외상으로서, 잔치 때 많은 수의 손님이 찾아와도 일일이 외상으로 대접했다. 그러나 사회생활이 복잡해지면서 편리함을 고려하여 겸상, 두리반상과 교자상으로 바뀌어가고 있다.

그러나 외국 손님을 집에 초청하여 한식을 대접할 경우에는 여러 사람이 한 상의 음식을 먹는 교자상보다는 우리 고유의 기본 상차림인 외상으로 하거나, 아니면 서양식 식탁 위에 외상 식으로 손님마다 제각기 음식을 따로 차리는 반상이 바람직하다.

우리나라에서는 식사를 하기 전부터 식사에 대한 예를 갖추었는데, 식사의 복장은 단정해야 하며 자세를 바르게 해야 한다. 식사 전에 손을 반드시 씻어야 하며, 물수건을 사용할 경우에는 손만 닦는다. 웃어른과 함께 식사를 할 때는 웃어른이 수저를 드신 후 들어야 하며, 식사를 할 때도 보조를 맞추는 것이 예의다.

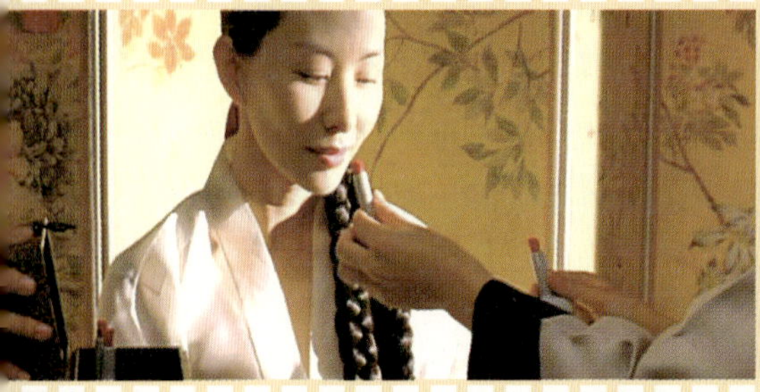

식사를 할 때의 예절을 살펴보면 한꺼번에 여러 음식을 섞어 먹지 않아야 한다. 또 맛있는 음식만 골라 먹거나, 뒤적거리며 집었다 놓았다 하는 것은 금기사항이며, 한꺼번에 많은 음식을 입에 넣어서 음식이 입 밖으로 튀어나오지 않도록 한다. 특히 쌈밥을 먹을 때는 특히 조심해야 한다. 음식을 먹을 때 소리를 내거나 입안이 다른 사람에게 보이지 않도록 한다. 돌을 씹거나 잘못된 음식을 먹었을 때는 남이 눈치 채지 못하게 처리하고, 수저가 그릇에 부딪치는 소리나 국을 마실 때 후루룩 소리를 내거나, 뜨거운 음식을 불어대는 것도 결례이다. 전통예절에서는 음식을 먹을 때 말을 하지 않는 것이 예의이다. 말을 할 때는 입안에 있는 음식을 삼키고 수저를 놓고 한다.

식사 후의 예절에는 식사를 다했다고 하더라도 웃어른이 식사 중일 때는 자리에서 일어나서는 안 된다. 수저를 식탁 위에 내려놓지 말고 국그릇에 걸쳐 놓았다가

웃어른이 식사를 마친 후에 수저를 내려놓는다. 식사를 마쳤을 때는 "잘 먹었습니다."라고 인사하여 고마움을 표시한다. 영화 속에서는 양반들의 여러 가지 일상을 보여준다. 다과상이라든지 연회상이라든지 차상이라든지 하는 여러 상의 모습을 통해 우리나라 조선시대 문화나 먹거리를 살펴보는 기회를 제공한다.

촬영하기 1년 전부터 답사가 이루어졌다고 하는 〈스캔들〉의 배경은 우리 땅 답사기라 할 정도로 대장정이었다는 후일담이 있다. 이런 각고의 노력 끝에 발견한 '옥연정사'와 '운림산방'은 조선시대 양반들의 풍류 문화를 아주 잘 표현해 내기에 충분했다. 영화 속에서 주인공은 숙부인의 이모님의 청으로 뒷마당의 연못에 배를 띄우고 창기를 불러다 창을 들으며 고즈넉한 오후를 보내는 장면은 조선시대의 세도와 권세를 한눈에 느낄 수 있는 장면이었다.

이렇듯 식사 매너라는 것은 시대와 흐름에 따라 조금씩, 때론 아주 이질적인 차이를 보이기는 하지만 그 내면에 존재하는 '즐거움', '타인에 대한 배려' 등의 기본 이념만은 어떤 식사 매너나 동일한 것이다. 한식이든, 일식이든, 중식이든, 양식이든, 각자 그들에 맞는 식사 매너를 익힌다면 글로벌에 시대에 참신한 매너남·여가 될 수 있을 것이다.

Key Point

1. 전통 상차림의 분류

1) 반상 : 평상 시 어른들이 먹는 진짓상으로 음식 수에 따라 3첩부터 12첩까지 있다.
2) 면상 : 점심 때 간단히 별식으로 국수류를 차리는 상.
3) 주안상 : 적은 수의 손님에게 약주 대접을 할 때 차리는 술상.
4) 교자상 : 생일, 돌, 환갑, 혼인 등 잔치 때 차리는 상.

2. 한식 식사 예절

1) 식사 전 예절

- 식사의 복장은 단정해야 하며 자세를 바르게 해야 한다.
- 식사 전에는 손을 씻는다.
- 물수건을 사용할 경우에는 손만 닦는다.
- 손을 닦은 물수건은 잘 접어서 식탁 옆에 놓는다.
- 웃어른과 함께 식사를 할 때에는 웃어른이 수저를 든 다음에 들어야 하며, 식사를 할 때도 보조를 맞추는 것이 예의이다.

2) 식사할 때의 예절

- 한꺼번에 여러 가지 음식을 섞어 먹지 않는다.
- 맛있는 음식만 골라 먹거나, 뒤적거리며 집었다 놓았다 하는 것은 금기사항이다.
- 한꺼번에 많은 음식을 입에 넣어서 음식이 입 밖으로 튀어나오지 않도록 한다. 특히 쌈밥을 먹을 때는 조심해야 한다.
- 음식을 먹을 때 소리를 내거나 입안이 다른 사람에게 보이지 않도록 한다.
- 돌을 씹거나 잘못된 음식을 먹었을 때는 남이 눈치 채지 못하게 처리한다.
- 수저가 그릇에 부딪치는 소리나 국을 마실 때 후루룩 소리를 내거나, 뜨거운 음식을 불어대는 것도 결례이다.
- 전통예절에서는 음식을 먹을 때 말을 하지 않는 것이 예의이다.
- 말을 할 때는 입안에 있는 음식을 삼키고 수저를 놓고 한다.

3)식사 후의 예절

- 식사를 다했다고 하더라도 웃어른이 식사 중일 때에는 자리에서 일어나서는 안 된다. 수저를 식탁 위에 내려놓지 말고 국그릇에 걸쳐 놓았다가 웃어른이 식사를 마친 후에 수저를 내려놓는다.
- 식사를 마쳤을 때에는 '잘 먹었습니다.'라고 인사하여 고마움을 표시한다.

3. 한식 상차림 예절

1) 먹는 사람을 기준으로 밥그릇을 왼쪽에 놓고, 국그릇은 오른쪽에 놓는다.
2) 숟가락은 국그릇 오른쪽에 놓으며, 젓가락은 숟가락의 오른쪽에 둔다.
3) 국물이 있는 음식은 먹는 사람 가까이에 놓고, 국물이 없는 음식은 멀리 둔다.
4) 간장, 고추장은 식탁 중앙이나 먹는 사람 가까이에 놓는다.
5) 수육과 젓갈, 회와 고추장 등과 같이 특정 음식과 관계되는 조미 식품은 주 식품과 가깝게 놓는다.
6) 식어도 관계가 없는 음식을 먼저 차리고, 뜨겁게 먹는 음식은 식사 직전에 차린다.
7) 출입문에서 떨어진 안쪽이 상석이다.
8) 식탁에는 곧고 단정한 자세로 앉는다.
9) 손윗사람이 수저를 든 후 아랫사람이 따라 들고, 식사 중에는 음식 먹는 소리 등을 내지 않도록 한다.
10) 숟가락을 빨지 말고, 숟가락과 젓가락을 함께 잡지 않는다.
11) 밥은 한쪽에서 먹어 들어가며, 국은 국그릇째 들고 마시지 않는다.
12) 식사 속도는 윗사람에게 맞추는 것이 예의이며, 윗사람이 식사를 마치고 일어서면 따라 일어서도록 한다.

6. '사이드웨이(Sideway)'와 함께 떠나는 와인 매너 이야기

사이드 웨이(Sideway)

미국/장르 : 모험, 코미디, 드라마/상영시간 : 126분/개봉 : 2005년
감독 : 알렉산더 페인
출연 : 폴 지아마티, 토마스 헤이든 처치, 버지니아 매드슨, 산드라 오

한국의 음주 문화는 세계적으로 아주 유명하다.

폭탄주, 회오리주 등 갖가지 신종어를 만들어내면서 엄청나게 소비하던 위스키의 시장이 여러 사회적 변화와 음주문화의 변화로 바뀌어 가고 있다.

바야흐로 와인의 전성시대!

상류층의 소수만이 즐기던 와인이 이제는 조금의 관심만 가져도 즐길 수 있는 문화로 자리 잡고 있는 걸 보면, 우리나라의 음주문화 수준도 상당히 높아졌음을 알 수 있다. 그래서 와인의 이야기가 주가 되는 영화 한 편을 소개하고자 한다.

영화 〈사이드웨이〉는 와인 애호가인 영어교사 마일즈(폴 지아매티)가 그의 단짝 친구 잭(토마스 헤이든 처치)의 총각파티를 해주기 위해 와인 여행으로 위장하고 떠나는 이야기를 다룬다. 영화 속 마일즈는 이혼의 후유증을 와인으로 달래며, 늘 소심하고 무미건조해 보이는 모습이지만 완벽한 와인을 맛볼 때에는 활기가 넘친다.

두 사람은 잭의 결혼을 일주일 앞두고 총각파티 겸 산타바바라 지대의 와인농장으로 여행을 떠나는데, 이곳에서 갖가지 와인의 시음과 테이스트를 하는 장면 등의 묘사가 잘 되어 있다.

와인은 일반 술과 달라서 음미하는 방법에 따라 여러 가지 느낌으로 표현될 수가 있다. 물론 큰 격식을 차려서 마시라는 의미보다는 와인이 가지고 있는 여러 매력을 잘 표현해 내서 마실 수 있는 방법이 있으므로, 그 격식을 조금만 이해하려는 것이다.

와인을 테이스팅(tasting) 할 때 그 와인이 지니고 있는 특성을 알아내야 하는데, 와인의 tasting은 그런 의미에서 꼭 필요한 과정인 것이다.

와인을 즐기기 위한 3단계가 있다. 色 · 香 · 味가 그것인데, 와인을 마시기 전에 반드시 거치게 되는 것이 와인테이스팅(winetasting) 단계이다.

시각 · 후각 · 미각으로 느끼는 것이 기초 3단계 Tasting이며, 여기에 목으로 넘길 때 느끼는 맛과 신맛 · 단맛 등 맛의 균형을 체크하는 것이 합쳐진 것이 5단계 tasting이다.

그럼 먼저 와인보다 맛있는 색깔 마시는 법에 대해 이야기 해보자

와인의 농도와 색깔은 기본적인 생김새를 나타낸다. 와인의 색을 제대로 보려면 얼굴에서 약간 떨어져 와인 잔을 45° 각도로 잡고 잔 뒤에 하얀 종이를 대보면 선명하게 나타난다. 이렇게 하면 두 가지 뚜렷한 색깔을 볼 수 있는데, 첫 번째 보이는 것을 body 또는 코어라고 한다. 이것이 본연의 색깔이다. 두 번째는 림(rim)으로 잔의 가장자리에서 볼 수 있는 색이 있다. 이 림의 두께는 young한 와인일 경우 불과 몇 mm에 불과하지만 숙성이 잘된 와인은 1cm가 넘는다. 레드와인은 숙성이 되면서 색이 점점 엷어지는데 처음에 자주 빛을 띠다가 루비색을 거쳐 황갈색이 되며, 완전히 숙성되었을 때는 다갈색이 된다. 이러한 변화는 잔의 가장 자리에서 잘 표현된다. 화이트 와인의 경우 잔의 가장자리에서 묽은 색을 넓게 표현해 내지만, 숙성이 안 된 것은 연한 초록빛을 띠고, 숙성이 되면서 짙은 금색으로 변하게 된다. 또한 와인의 색을 결정짓는 요인 중의 하나는 오크통이다. 화이트 와인은

새 오크통에서 숙성되면 오래 숙성되지 않아도 황금색을 띠게 된다.

와인은 색깔뿐 아니라 투명도가 기본이다. 레드 와인의 경우 맑고 부유물이 적으며 반짝이는 붉은색을 띠는 것이 좋은 와인이다. 붉은 기가 없는 갈색으로 보이거나 뒤에 받친 손가락이 비치지 않을 정도로 탁하면 마시지 않는 것이 좋다. 흰색을 배경으로 하여 잔을 45° 정도 기울인 뒤 와인의 주변에 넓게 퍼지는 색상과 와인의 투명도를 본다. 화이트 와인의 색을 볼 때는 레드 와인과는 달리 눈높이까지 잔을 들고 살펴보아야 한다.

다음은 향기에 대한 이야기를 해보자.

와인에서 풍기는 향은 1,000가지가 넘는다. 고급 와인일수록 포도 냄새보다 풀 냄새 같은 것이 섞인 복잡한 향을 낸다. 그리고 향이 깊고 짙다. 소믈리에가 테이스팅을 위해 와인을 조금 따르면 가볍게 잔을 원을 그리듯 돌려 흔든 다음 코밑에 대고 냄새를 맡는다. 정확한 판단을 위해서는 잔을 코밑에 오래 대고 있지 말고, 살짝살짝 여러 번 반복해서 향을 맡아야 한다. 코르크 썩은 냄새가 와인 향보다 먼저 난다면 변질된 와인이다. 아직도 레스토랑 등에서 와인 테이스팅을 할 때 쑥스러워서 향을 맡는 흉내만 내는 분들이 많이 계신데, 와인이 주는 향을 깊게 들이마셔 하는 테이스팅이 보다 더 좋은 매너라 할 수 있다.

와인의 향을 맡기 전에 먼저 따라 놓은 와인 잔을 테이블에 안전하게 올려놓고, 엄지와 검지 손가락을 와인잔의 맨 아래를 잡고 와인잔을 돌려준다. 이 과정은 막

따른 와인이 산소와 접촉하도록 도와주고 짧은 시간 안에 공기와 접촉해서 산화하는 것을 도와주는 방법이다. 오랫동안 공기와 밀폐되어 저장된 와인이 갑자기 공기를 만나게 되면 충격을 받게 되는데 이렇게 와인잔을 돌려줌으로써 그 충격을 완화시켜 와인이 제대로 열려 본연의 맛과 향을 끌어내는 과정이다.

이번에 맛에 대한 이야기를 한번 해보자. 테이스팅(tasting)을 위한 와인의 양은 한 모금이면 족하다. 마실 때 공기를 함께 마셔 입 안에서 혀와 함께 굴려가며 맛보아야 한다. 레드 와인의 경우 단맛 · 신맛 · 떫은맛의 균형을 체크하고, 화이트 와인의 경우 단맛과 신맛을 함께 느낀다. 너무 강렬해서 혀에 맛이 많이 남거나 인상이 구겨질 정도로 쓰고 떫은 와인은 테이스터(taster)의 기호에 맞지 않는 와인이다.

와인의 종류가 너무도 다양하고 또 와인을 맛보는 사람마다 그 맛을 각자의 주관적으로 평가해 내고 있다. 와인은 꼭 마시고 무슨 평가를 내려야 하고, 전문가가 느낀 향을 나도 느껴야 하는 것처럼 일부에서 대단히 전문가적인 술이라고 하지만, 이것 또한 매너에 맞지 않는 것이다. 재미있는 사례가 있어 잠깐 소개해 보면 2001년 프랑스 브로쉐(Brochet)의 박사학위 논문에서, 일반인들은 물론이고 전문가들조차 맛을 전혀 구분하지 못한다고 역술했다.

브로쉐는 3가지 방법으로 과연 사람들이 와인 맛을 구분할 수 있는지를 검증했는데, 검증 방법이 대단히 치밀했다.

첫 번째로 그때까지 발표된 10만 건 이상의 와인 전문가들의 와인 평을 수집해서 컴퓨터로 내용을 분석했다. 그리고 와인업계의 그린스펀이라는 로버트 파커의 평가도 9,000개나 포함시켰다. 로버트 파커는 그의 평 하나로 제품 가격 15%를 좌지우지하는 와인업계의 마이더스의 손이다. 두 번째는 전문가를 대상으로 와인 맛을 테이스팅했다. 그리고 마지막으로 사람들이 와인을 마시고 있을 때 뇌를 MRI로 스캔하였다.

이런 실험이 사기라고 와인업계 관계자들은 맹렬히 비난했지만, 여기서 한 가지 확실한 것은 와인은 꼭 정해놓은 맛과 향을 느끼는 술이 아니라, 자기가 느끼는 와인의 맛 그대로가 최고의 와인인 것이다. 비싸다고 최고의 와인이고, 싸다고 다 저급한 와인이 아닌 것처럼.

와인을 맛있게 마시기 위한 방법으로 또 한 가지는 와인글라스의 선택을 잘 해야 한다. 와인글라스의 표준적인 모양은 대략 튤립 모양의 몸체 부분과 다리(stem)로 되어 있고, 레드 와인용의 글라스가 화이트 와인용보다 크다.

와인글라스는 몸체를 받쳐 드는 것이 아니라 손가락을 가지런히 해서 다리 부분을 가볍게 안정감 있게 잡는다. 와인이 담긴 둥근 몸체 부분을 잡으면 체온이 와인에 전해져 와인의 온도가 올라가기 때문에 본연의 풍미를 잃게 되며, 와인의 색과 맛을 즐기기 위해서는 다리 부분을 잡고 마시는 것이 좋다.

테이블에서 와인을 즐겁게 마시기 위한 매너를 간단히 살펴보기로 하자. 와인은 소믈리에가 따르기 좋은 위치에 글라스를 놓는다. 와인을 따를 때 글라스를 들지 않으며 잔 받침 부분에 손가락을 끼워 넣어 자연스레 얹어서 고마움을 표시하면 된다.

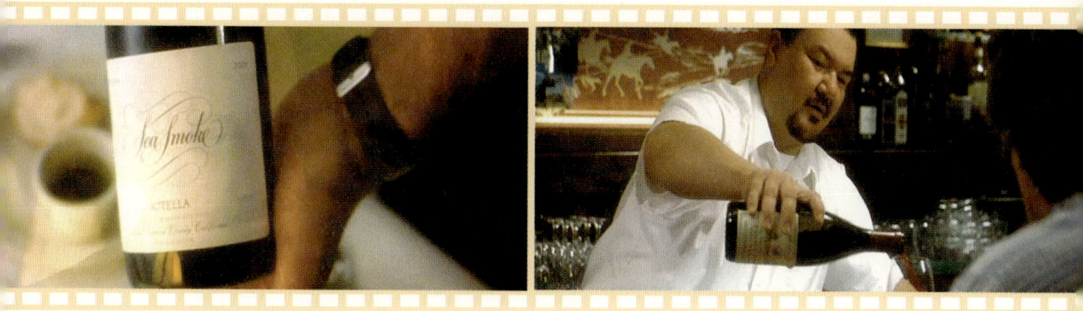

와인은 위에서 설명한 대로 단계별로 나누어 테이스팅 한다.

와인을 마실 때는 사전에 입술을 닦아내어 자국이 묻어나지 않도록 한다.

와인을 섞어 마시지 않는다. 다른 종류의 와인을 마실 때는 잔을 반드시 교체해서 마신다.

와인은 급하게 마시는 것이 아니라 와인에 대한 대화를 나누며 마신다.

소리 내며 마시거나 마신 후 소리를 내지 않는다. 와인을 한 모금 마시고 내려놓았을 때는 잔의 받침을 손가락을 펴서 누른 후 가볍게 원형으로 돌려서 활동을 하도록 한다.

더 마시고 싶지 않을 때는 잔의 가장자리에 손가락을 올려놓아 거절을 표시한다.

와인은 잔 돌리기를 하지 않으며, 자신의 잔으로 마신다. 테이블에 앉은 모든 사람의 잔에 와인이 제공된 후에 마신다. 와인을 따를 때는 침전물이 일어나지 않도록 가만히 따르며 원칙적으로는 체온이 전달되지 않도록 몸통 대신 병의 끝부분을 잡고 따른다.

영화 속에서 보면 출판사에서 거절의 전화도 받고, 감정 정리가 덜 끝난 이혼한 아내가 결혼했다는 소식을 접한 주인공이 와인 농장에 가서 행패를 부리는 장면이 나온다.

물론 주인공의 심리 상태를 표현해 내는 장치적 구조의 장면이라는 점에서 그리 잘못된 점이라 할 수는 없지만, 우리가 다시 생각해 보는 매너라는 관점에서는 굉장히 맞지 않는 장면이다. 비단 와인만에 국한된 것은 아니다. 어떤 주류가 됐건 과하게 마시고 그 테이블에 있는 다른 사람에게 피해를 주는 것 자체가 이미 매너에

서 많이 벗어난 행동이다.

와인도 그렇고, 다른 주류도 적당히 마시면 건강에 굉장히 유익한 음료이다.

그리고 어떤 주류든, 음료든, 기분을 다스리기 위해 마시는 것이지, 기분을 상하게 하기 위해 마시는 것이 아니므로, 적당한 양으로 기분 좋게 마시는 습관을 갖는 것이 좋다.

점점 편안한 서비스를 원하는 시대가 되어 가고 있다. 고급 호텔이라든가, 전문 와인바 등에서는 와인의 서비스는 모두 소믈리에나 웨이터에 의해서 하게 된다.

이런 경우에는 그에 상응하게 행동하면 되지만, 격식을 차릴 필요가 없는 자리에서는 이를 고집할 필요가 없다. 와인의 고장이라는 유럽에서도 일반적인 레스토랑에서는 웨이터가 와인을 가져와서 테이스팅은커녕 글라스에 첫 잔도 따르지 않고 병만 불쑥 건네고 가기도 한다. 그러나 역시 와인에 대한 매너를 알고 있다면 상황에 따라 적용해 가면 보다 즐거운 분위기에서 즐길 수 있다.

Key Point

1. 음료에 대한 매너

1) 식전주

식전주는 독하지 않으면서 쓴맛, 신맛을 내는 특징이 있다. 식전주로는 sheey, vermouth, kir, margarita, campari, dubonet, champagne 등이 있다.

2) 식중주

식사 중에 마시는 음료로서 일반적으로 와인을 마시며, 거의 신맛이 나는 dry 또는 신맛이 약한 medium dry 와인을 마신다. 경우에 따라서는 맥주나 cocktail, coffee 또는 soft drink를 마시기도 한다.

3) 식후주

식전주를 식욕촉진주라고 한다면 식후주는 소화촉진주이다. 양식에서 식후주는 크게 brandy류와 liqueru로 나누어지는데 브랜디는 남성이, 리큐어는 여성들이 즐긴다.

2. 올바른 건배 매너

1) 양식에서는 디저트 코스에 건배한다.
2) 공식연회에서는 주최자가 축의를 표할 때 건배한다.
3) 건배 시 술을 마시지 못하는 사람일지라도 술을 받아 놓는다.
4) 축배를 받은 사람은 주위의 사람들과 함께 잔을 올려 제의를 받는다.
5) 잔을 들어 올릴 때는 눈높이로 하고, 축배를 올릴 때에는 상대를 응시한다.
6) 건배 후에는 잔을 입에 대고 마시거나, 마시는 시늉을 해야 한다.
7) 건배 시 일어나야 할 경우에는 먼저 일어난 후 식탁의 잔을 든다.
8) 건배 후 앉을 때에는 식탁 위의 잔을 놓고 난 후 앉는다.
9) 잔을 들고 있을 때에는 잔의 윗면이 자신의 가슴높이에 오도록 든다.
10) 잔은 엄지, 인지, 중지를 이용하여 쥔다.

Chapter 7
공공 매너

Chapter 7
공공 매너

1. '좋은 사람 있으면 소개시켜줘'를 통해 생각해 보는 화장실 매너

좋은 사람 있으면 소개시켜줘(A perfect Match, 2002)

한국/장르 : 코미디, 멜로, 애정/15세 관람가/상영시간 : 105분
개봉 : 2002. 08.08
감독 : 모지은
출연 : 신은경, 정준호, 공형진, 김여진, 박진택

대학 시절부터 주변 친구들의 소개팅을 도맡아 해왔던 효진은 사회에 나와서도 결혼정보회사에 다니게 된다. 겉으로 보기엔 카이스트 박사 남자친구에, 자신이 좋아하는 일을 하는 효진을 친구들은 한없이 부러워하지만 나름대로 말 못 할 고민을 가지고 있다.

벤처회사에 다니는 서울대 출신의 박현수는 나이가 찼는데도 결혼할 생각을 하지 않아 어머니가 결혼정보회사를 찾아와 등록한 회원이다. 매번 펑크를 내는 문제 회원이라는 이유로 효진이 담당하게 되고, 둘의 알콩달콩 사랑 이야기가 시작된다.

매번 지각하는 박현수라는 회원의 만남을 한 달 안에 다 끝내려는 효진은, 만남 장소에 나가보게 된다. 그런데 갑자기 배가 아파 레스토랑 안으로 들어가게 되는데, 여자 화장실 앞이 초만원이다. 참다못한 효진은 남자 화장실로 뛰어 들어가 일을 보고 나오는데, 화장지가 속옷 사이로 들어가서 긴 꼬리를 남기는 장면이 나온다.

누구나 화장실과 관련된 에피소드는 한두 가지쯤은 가지고 있다. 화장실을 이용하는 것은 생리적인 현상이기 때문에 반드시 잘 지켜져야 한다. 화장실 문화는 그 나라의 발전 정도를 가늠하는 기준이 되며 깨끗하고 편안한 화장실을 사용하고 나면 기분이 좋아진다.

불과 10여 년 전까지만해도 지하철과 고속도로의 휴게소 같은 곳의 공중화장실에는 발을 들여놓을 수조차 없을 정도로 지저분하고 이용하기에 매우 불쾌했던 기억이 난다. 그러나 요즘 공중화장실이 과거와 비교할 수 없을 정도로 많이 개선되었다. 이는 많은 외국인들이 한국에서 '혐오스런 요소'로 공중화장실을 꼽았는데, 2002년 한·일 월드컵 개최를 계기로 선진화된 공중화장실들이 선을 보였고 '아름다운 화장실 만들기' 캠페인 등으로 전국의 공중화장실이 개선되고 위생적으로 변모했다.

그런데 역시 시설만 발전하고 사람들에 의해 자꾸 낙후돼 버리는 경우가 있어 안타깝다. 화장실에서도 관련된 매너는 꼭 필요하며, 그에 따른 에티켓은 반드시 지켜져야 한다.

일단 기본적인 에티켓을 살펴보면, 공중화장실이든 대부분의 건물이든 화장실이 붐빌 때는 먼저 온 순서대로 줄을 선다. '사용 중'이라는 표시가 없는 경우에도 반

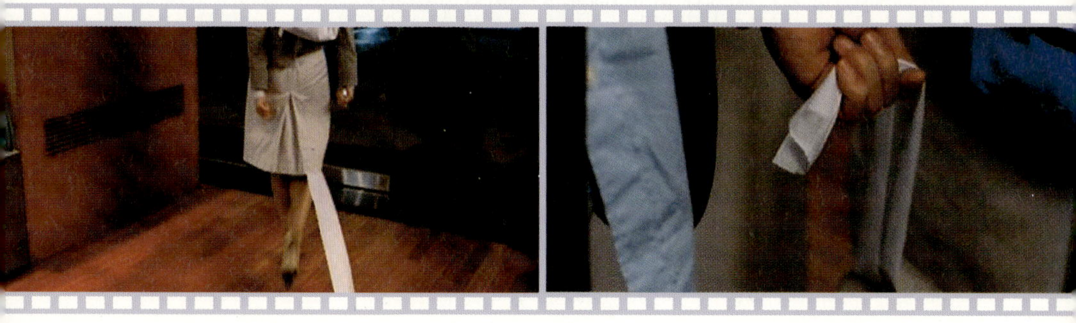

드시 노크를 해본다. 실제로 대형 마트나 공공시설물에 가보면 화장실 문을 걸어 잠그지 않고 이용하는 사람들이 있는데, 화장실 문은 반드시 잠그고 이용한다.

실내 금연 문화가 정착돼 가고 있지만, 화장실 흡연만은 고쳐질 줄을 모르고 있다. 원칙대로라면 화장실은 공용구역인 만큼 금연 구역이다. 그리고 흡연자가 아닌 비흡연자가 더 많기 때문에 밀폐되고 좁은 공간에서의 흡연은 매너가 전혀 없는 행동이라 하겠다. 화장실 흡연이 타인에게 주는 불쾌감은 매우 크다. 자욱한 담배 연기에 꽁초와 담뱃재를 버리거나 침을 뱉는 사람들 때문에 화장실은 다른 이용자에게 해우소(解憂所)가 아닌 지옥이다.

또 영화에서 효진은 일부러 이런 행동을 한 것이 아니지만, 일상생활 속에서는 공용으로 비치된 화장실의 화장지나 핸드타월, 위생용품 등을 전부 가져가는 사람들이 있다. 레스토랑 같은 곳에서 처음 오픈할 때 화장실에 아기자기한 소품 놓기를 원하나, 채 한 달이 되기도 전에 모든 것들이 분실되고, 없어지는 걸 보고 더 이상 구비하지 않는 경우가 비일비재하다. 화장실에 비치된 물건은 꼭 필요한 만큼만 쓰는 것이 에티켓이다.

초등학교 시절 화장실에는 뭐 그리 많은 낙서가 되어 있었는지! 지금도 공용 화장실이나 대중 화장실의 경우 벽에 낙서가 되어 있는 곳이 있다. 이것 역시 매너 없는 행동이다. 공용구역인 만큼 꼭 필요한 시간 동안 사용하며 불필요한 행동을 삼간다. 변기 안에 이물질을 넣지 말라고 대부분의 화장실에 기재되어 있다. 그러나 정말 지켜지지 않는 부분 중의 하나이다. 간단한 쓰레기는 스스로 버리고 다음 사람을 위해 정리해 두는 것이 좋은 매너다. 나만 쓰고 고장 나면 그만이지 하는 마인드는 이제 버려야 한다.

화장실을 이용한다는 것은 생리적 현상이지만 그 방법은 각 문화권마다 차이를 보인다. 로마의 유적지인 폼페이에는 공용 화장실 건물로 추정되는 장소가 남아 있는데, 외부와 벽을 두른 모습이지만 내부는 광장 형태이며 내부 벽을 따라 칸막이가 없이 변기가 놓여 있고 그 아래로 물이 흘렀다고 한다. 그곳에서 담소도 나누며 용변을 처리했던 것으로 보인다. 지금도 중국으로 관광을 가거나 유학을 떠난 사람들의 이야기 속에 아직도 이런 화장실의 이야기를 들을 수 있다.

중세 문화의 꽃을 피운 루이 14세는 베르사유 궁전에 지방의 영주들을 불러 함께 기거했는데 수천 명이 거주하는 궁전에 화장실이 없어서 건물의 구석이나 정원 등을 이용해서 해결해야 했다. 이에 따라 파생된 문화가 하이힐, 부츠, 향수 문화라고 하니 오물처리 문제는 심각한 상태였고, 루브르궁전으로 거처를 옮긴 것도 이와 관련이 있다고 전해진다.

많은 사람들이 하루 4~5회씩 드나드는 곳이 화장실이다.
화장실은 우리와 떨어져서 생각할 수 없는 공간이다.
이런 공간을 이용함에 있어서, 타인에게 불쾌감을 유발하거나, 기분을 상하게 하지 않으려는 배려가 매너이다. -서비스매너 중에서-

Key Point

1. 화장실 사용 매너

- 공용 화장실이 붐빌 때는 줄을 서서 순서대로 이용한다.
- '사용 중'과 같은 표시가 없는 경우에도 문을 열기 전에 노크를 한다.
- 화장실은 반드시 문을 잠그고 사용한다.
- 화장실은 공용으로 사용되는 장소이므로 금연을 해야 한다.
- 화장실 바닥이나 변기에 담뱃재, 담배꽁초를 버리거나 침을 뱉지 않는다.
- 화장지는 비치된 화장지를 필요한 만큼만 사용한다.
- 화장실의 벽에 낙서를 하지 않는다.
- 화장실에 비치된 모든 물품은 아껴 쓴다.
- 공용구역인 만큼 꼭 필요한 시간 동안 사용하며 불필요한 행동을 삼간다.
- 남성의 경우 소변기에 바짝 다가서서 용무를 본다.
- 화장실을 이용한 후에는 항상 손을 깨끗이 씻어서 청결과 위생을 유지한다.
- 세면기를 사용할 때는 주변에 물이 튀지 않게 사용한다.
- 간단한 쓰레기는 스스로 버리고, 다음 사람을 위해 정리해 둔다.
- 변기 안에 위생대나 이물질을 버리지 않는다.
- 화장실 청소에서 가장 힘든 것이 바닥의 껌을 제거하는 것이다. 껌은 반드시 휴지통에 버린다.
- 고장이나 불편사항은 즉시 신고하여 신속히 개선되도록 한다.

2. '10일 안에 남자친구에게 차이는 법'으로 본 관람 매너 이야기

10일 안에 남자친구에게 차이는 법
(How To Lose A Guy In 10 Days)

미국/장르 : 멜로, 애정, 로맨스, 코미디/12세 관람가/상영시간 : 115분
개봉 : 2003.05.08
감독 : 도날드 페트리
출연 : 매튜 맥커너히, 케이트 허드슨

미모와 지성을 겸비한 잘나가는 Composure 잡지의 칼럼니스트인 앤디와 맥주와 스포츠 경기에 열광하는 광고회사 직원 벤자민. 소위 잘 나가는 직업의 남녀가 서로 다른 목적으로 접근하다가 사랑에 빠지는 로맨틱 코미디물이다.

앤디는 기사를 위해 '10일 안에 남자친구에게 차이는 법'에 대한 칼럼을 써야 한다. 남자가 싫어하는 행동을 하여 남자에게 버림받는 여자들에 대한 모든 것을 직접 경험하여 열흘 안에 기사로 만들어야 하는 것이다. 그러기 위해서는 먼저 한 남자를 찾아, 그녀와 사랑에 빠지게 한 후, 갖은 방법으로 데이트를 망쳐 남자에게 차이는 상황을 만들어야 한다. 그런 남자를 찾던 중 파티장에서 한 남자가 찾아온다. 바로 벤자민이다. 광고회사에 일하는 벤자민 역시 다이아몬드 회사의 광고 피치를 따내기 위해 광고주와 협상하던 중 광고주가 지목하는 여성을 10일 안에 벤자민을 사랑하도록 만들면, 그 광고를 벤자민에게 주겠다고 약속한다. 그러나 광고주가 지목한 그 여성은 다름 아닌 칼럼니스트 앤디이다. '10일 안에 남자에게 차여야 되는 여자', '10일 안에 자신을 사랑하게 만들어야 되는 남자' 이제 이 둘은 각자가 맡은 바 임무를 해내려는 그들만의 엉뚱한 데이트가 시작된다.

스포츠 관람매너

건강에 대한 관심이 높아지고, 주5일 근무제 도입 후, 다양한 여가 활동의 일부로 운동경기에 대한 관심이 나날이 커져가고 있다. 스포츠에 대한 열기도 높아져서 직접 운동을 한다든지, 자신이 좋아하는 각종 운동경기를 관람하는 경우가 많아지고 있다.

누구나 접할 수 있는 스포츠경기의 관람이지만, 경기장을 찾았을 때 관람객의 입장에서 지켜야 할 여러 가지 준수사항이 있다. 이러한 준수사항을 스포츠경기 관람매너라고 하는데, 농구경기를 관람하는 주인공들의 스포츠 관람매너는 어떠한지 살펴보자.

서로의 목적을 달성하기 위해, 이들의 두 번째 만남은 농구장에서의 데이트로 이어진다.

근데 이 주인공들, 엄청난 스포츠광이다. 경기관람 내내 고함을 지르고 상대팀에게 야유를 퍼붓더니 심판의 판정에 몹시 흥분한다.

“심판 엉터리야!”

“저게 뭐야!”

“이 멍청한 심판! 작년에도 그러더니 올해도 그러냐?”

간혹, 경기에 몰두하다 보면 이들처럼 자신도 모르게 흥분하게 된다. 이럴 때 큰 소리로 상대편 선수에게 야유를 한다든지 심지어 격분하여 물건을 던지는 행위를 하기도 한다. 간혹 심리적 응원의 차원에서 상대편의 기세를 꺾기 위한 응원도 하겠지만, 비신사적인 야유는 피하는 것이 매너이다. 또한 경기 도중 심판의 판정에 불복하여 심판에게 심한 언행을 하는 것도 삼가야 한다.

모든 종류의 스포츠 경기에는 각각의 규칙이 있다. 그러나 이런 규칙만으로 진행되는 것이 스포츠 경기는 아니다. 규칙과 매너를 지키는 운동선수와 경기관람 매너를 지키는 관람객들이 같이 어우러져야 건전한 스포츠경기가 진행된다.

자신에게 호감을 가지고 있다고 확신한 앤디는 벤자민에게 차이기 위한 엉뚱한 행동들을 시작한다. 경기에 빠져있는 벤자민에게 경기 종료시간 1분을 남겨두고 목이 마르다며 음료수를 사오라며 시킨다. 농구 경기에서 승부를 결정짓는 골이 터지는 직전, 다이어트 콜라가 아니라며 다시 사오라며 귀찮게 한다. 결국 벤자민은 경기의 하이라이트인 승부가 결정되는 순간을 놓치고 만다. 아쉽지만 그의 목표달성을 위해서 그는 참아야 한다. 그러나 아주 중요한 운동경기 상황에서 자리를 이탈하는 것은 뒷사람이나 옆사람의 경기관람에 방해가 되므로 자제한다.

영화 관람매너

모든 남자들이 싫어하는 행동을 하기 위한 그녀의 계획은 극장에서도 이어진다.

앤디 마음대로 선택한 여성 취향의 영화를 보고 있는 두 사람.

그런데 앤디는 영화에 관심이 없고 벤자민에게 계속 말을 걸더니 목소리가 점점 커진다. 또한 다른 사람의 눈살을 찌푸리게 하는 행동을 하며 다른 사람들의 영화

관람을 방해한다.

참다못한 뒷사람이 한마디 한다.

"영화 좀 봅시다!"

벤자민을 황당하게 만들기 위해서는 이 덩치 큰 사람에게 가만히 있을 수 없다.

"입 다물지 않으면 내 남자친구가 당신 엉덩이를 걷어차 줄 거야!"

결국 벤자민은 화가 치솟은 덩치 큰 사람에게 한 대 맞고 쓰러진다.

그녀의 희생양이 된 벤자민. 그래도 그가 누구인가? 얼굴에 상처가 생겼지만 그녀를 감동시키기 위한 최고의 요리를 준비한다. 극장에 가면 매너를 지키지 않는 사람들 때문에 영화 관람에 방해를 받는 경우가 있다. 특히 상영 후 늦게 입장한 사람에 의해 시야가 가려지는 경우는 비일비재하다.

또한 항상 문제가 되고 있는 휴대폰 사용매너는 극장에서도 예외가 아니다. 휴대폰 벨소리, 어린아이 울음소리, 잡담, 팝콘 봉지를 만지작거리는 소리, 다른 사람의 눈살을 찌푸리게 하는 행위, 늦게 들어오거나 중간에 나가는 행위, 자세를 자주 바꾸는 행위 등은 영화를 제대로 관람할 수 없게 한다.

특히 영화는 눈과 귀로 감상하는 것이므로 절대적 정숙이 필요하다. 최근 한국영화의 비약적인 발전과 더불어 이제 한국은 아시아 영화의 중심지로 자리 잡아 가고 있는 실정인데, 영화 관람객의 수준도 높아져야 하지 않을까?

10일 안에 만난 남자에게 버림받아야 하는 앤디의 황당한 행동이 계속된다. 음식을 앞에 놓고 칼로리를 계산하며 징징대고, 벤자민이 정성스럽게 요리한 음식을 먹지 않는다. 벤자민 집에 멋대로 드나들고, 침실과 욕실을 자기 취향의 분홍색으로 꾸민다. 욕실에 자기 물건을 가득 채워두며, 집에서 친구들의 모임까지 방해하는 등 갖은 수단으로 벤자민을 괴롭히지만, 그 과정에서 앤디는 그만 벤자민을 사랑하게 된다.

모든 로맨스가 그러하듯 이들 역시 처음에는 서로의 직업적인 목적 때문에 만남을 이어가지만 결국 달콤한 사람에 빠진다는 이야기를 그린 영화이다. 이 두 주인공이 아름다운 사랑의 결실을 맺을 수 있었던 것은 그들의 외모도 아니고 직업도 아니다.

바로 자신을 사랑하도록 만들게 하기 위한 벤자민의 훌륭한 매너 때문이 아니었을까?

Key Point

1. 공연장 매너

1) 입구의 매표소에서는 언제나 줄을 선다.
2) 공연장에서 노출이 심한 옷이나 소리 나는 슬리퍼 등은 사용하지 않는다.
3) 영화나 공연이 시작되기 전에 도착해야 하며, 입장해서는 지정된 좌석에 앉는다.
4) 음악회 등에서 늦게 도착한 경우에는 한 곡이 끝난 다음, 또는 그 막이 끝날 때까지 밖에서 기다렸다가 막간을 이용해 들어가도록 한다.
5) 좌석에 앉은 후에는 불필요한 이동을 삼가고, 불가피하게 좌석을 드나들게 될 경우 허리를 숙여 자세를 낮추고 주위사람들에게 미안함을 표시한 후 이동한다.
6) 관람 능력이 없는 6세 미만의 어린이는 공연장, 극장에 동반하지 않는다.
7) 남녀동반인 경우 남성은 여성이 자리에 앉고 난 후에 앉으며, 통로 쪽에 남자가 앉는다.
8) 여럿이 함께 왔을 때는 남녀가 엇갈리게 앉고, 남녀 두 쌍인 경우 남자들이 바깥쪽으로 앉고, 중앙에 여자 둘이 앉는다.
9) 공연이 시작되면 사담을 삼가고 휴대폰은 꺼둔다.
10) 뒷좌석의 관람객을 위해 모자를 벗거나 조금 내려앉는 배려를 한다.
11) 공연이나 영화 관람 중에 음식을 소리 내어 먹는 행동을 삼간다.
12) 지나친 반응이나 파트너와의 과도한 밀착은 주변 사람들의 관람을 방해하는 행동이다.
13) 휴식시간이 있는 경우에는 휴식이 끝나기 전에 자리로 돌아와 미리 앉는다.
14) 앞좌석을 발로 차지 않도록 주의한다.
15) 공연이나 영화관람 중에는 휴대폰의 전원을 끄고, 안내 책자를 뒤적거리거나 옆 사람과의 잡담 행위를 삼간다.

2. 박수 매너

1) 박수는 무대의 주인공에 대한 최고의 찬사이다.
2) 연주회에서의 박수는 연주의 여음이 완전히 사라진 후에 친다.
3) 성악, 무용 발표회의 경우에는 작품이 완전히 끝난 후에 박수 친다.
4) 콘서트 등의 공연장에서는 박수가 그 분위기를 좌우하기도 한다.
5) 남성의 독주나 독창에는 '브라보(Brovo)', 합창이나 합주에는 '브라비(Bravi)'라고 한다.
6) 전통 공연에서는 '얼쑤, 좋지' 등의 추임새를 한다.
7) 3~4곡의 소품곡이 한 묶음인 프로그램의 경우는 묶음 연주 후 박수를 친다.

8) 앙코르를 받아주지 않는다고 휘파람을 불거나 야유하지 않는다.

3. 음악회 관람 매너

1) 참석자는 반드시 음악회가 시작되기 전에 공연장에 도착하여 공연의 내용이나 프로그램을 훑어본다.
2) 특별한 경우를 제외하고는 음악회나 공연이 종료될 때까지 감상한다.
3) 옆 사람과 잡담을 하거나 음식을 먹지 않는다.
4) 연주나 공연 중에는 소리 내어 평가하지 않는다.
5) 하나의 주제가 종료되거나 감동적인 장면이 있을 경우에는 박수를 보낸다.
6) 참석자의 복장은 정장이 바람직하다.

4. 전시회 관람 매너

1) 전시회장에 들어가기 전에 전시회 주최자의 정보나 전시품의 내용을 익힌다.
2) 전시회는 일정한 공간에서 시각을 통하여 감상하는 것이기 때문에 정숙하게 감상하도록 한다.
3) 작품을 손으로 만지거나 소리 내어 평가해서는 안 된다.
4) 전시장에서 음식물은 섭취하지 않는다.
5) 안내자가 있을 경우에는 안내자의 지시에 적극적으로 협조한다.

5. 스포츠경기 관람매너

1) 상대선수를 조소하거나 큰 소리로 야유를 퍼붓고, 물건을 장내로 던지는 행위를 하거나 큰소리로 심판을 비평하지 않는다.
2) 관람석을 깨끗이 유지하고, 경기가 끝난 후에는 마신 음료수 병이나 쓰레기는 봉지에 담아서 지정된 장소에 버리도록 한다.
3) 선수가 아닌 한 코트나 링에 들어가서는 안 된다.
4) 시기적절한 성원이나 합창은 경기에 활력을 준다.
5) 자기편이 아니더라도 멋진 경기에는 박수를 아끼지 말고, 자기가 응원하는 선수의 실수에 대해서 감싸줄 수 있는 매너가 필요하다.

6. 영화 관람 매너

1) 공연시작 10분 전에 착석한다.
2) 공연이 시작되면, 가급적 음식물을 먹지 않는다.
3) 공연 중에는 공연내용과 관련해서 옆 사람과 큰소리로 얘기하지 않는다.
4) 화장실은 공연이 시작되기 전에 다녀오고, 공연 중 부득이한 경우 타인의 시선을 방해하지 않으며 객석을 빠져나간다.
5) 영화가 끝날 때까지 자리에서 일어나지 않는다.
6) 휴대전화는 반드시 꺼놓는다.

3. '엽기적인 그녀'로 보는 공공장소 매너 이야기

엽기적인 그녀(My Sassy Girl)

한국/장르 : 코미디, 드라마, 멜로영화/15세 관람가/상영시간 : 122분
개봉 : 2007년
감독 : 곽재용
출연 : 전지현, 차태현, 김인문, 송옥순, 한진희

인터넷에 연재되어 인기를 누렸던 동명의 소설을 바탕으로 한, 두 남녀 대학생의 "귀여운 엽기 발랄 러브스토리". 전지현, 차태현 두 주연배우를 일약 스타덤에 오르게 한 영화이다. 〈엽기적인 그녀〉를 통해서 공공장소에서 지켜야 할 기본적인 매너 등을 살펴보자.

공원, 유원지 매너

공원이나 산책로 등은 여러 사람이 일상생활의 피로를 풀고, 기분전환을 위한 휴식과 산책을 하는 곳이다. 이런 공원이나 유원지 등은 공공장소이므로 개인이 사적으로 이용한다는 생각을 버려야 한다. 가장 큰 문제는 '나 하나쯤이야.' '이번 한번만인데….' 라는 의식이다. 특히 문화재, 기념비 등과 같이 문화적 유산이 보존된 곳도 있기 때문에 이용하는 사람 모두가 아끼는 마음으로 이용해야 한다.

영화 속에서 그녀는 견우에게 공원으로 놀러가자고 하고, 공원에서 신발을 바꿔 신자고 제의한다. 그녀의 말을 듣지 않으면 맞을 거 같아 억지로 신발을 바꿔 신은 견우. 이후 그녀는 '나 잡아봐라' 를 외치며 뛰어다니고, 반응 없는 견우에게 소리소리 지르며 잡을 것을 강요하는 장면이 나온다.

일반적으로 공원이나 유원지에서 삼가야 할 행동 중의 가장 큰 것이 바로 고성방가이다.

가족이나 친구들이 모여 고성방가와 함께 가무를 즐기는 행위 등은 빨리 고쳐져야 할 행동이다. 한국사람 셋만 모이면 한다는 고스톱을 아이들이 지나다니는 공원에서 아무렇지도 않게 하는 어른들. 취사금지라 붙어있는 데도 몰래 고기를 구워 먹는 어른들. 또 음주 후 몸을 가누지 못하거나, 유원지 아무 데나 누어있는 행동 등은 빨리 근절해야 할 우리들의 모습이다.

관광철이나 휴가철 우리나라 어디를 가봐도 고쳐지지 않는 행동 중 가장 큰 문제는 바로 쓰레기 무단투기이다. 빈 캔이나 빈병, 음식물 쓰레기 등 향락철이 지난 바닷가나 계곡은 쓰레기로 몸살을 앓는다. 또 애써 가꾸어 놓은 나무나 꽃을 꺾는다든지, 공공시설물을 손으로 만지거나 훼손한다든지, 주위 사람에게 혐오감을 주는 옷차림이나 행동을 하는 사람들 때문에 휴식을 취하러 간 곳에서 오히려 더욱 스트레스를 받는 경우가 많다.

세상은 한 사람의 힘으로 바뀔 수는 없다. 다만, 나부터 실천하면서 나부터 바꿔나가다보면 언젠가는 바뀌지 않을까? 쾌적하고 깨끗한 공공장소에서 휴식을 취하는 것은 우리의 권리이다. 하지만 그런 쾌적한 휴식을 취하기 위해서는 우리 자신도 공공매너를 지켜야 하는 의무가 뒤따른다.

학교, 도서관에서 지켜야 할 매너

〈엽기적인 그녀〉라는 영화제목 그대로 여주인공의 엽기적인 행동들과 이에 당하는 순진하면서도 엉뚱한 견우의 모습들이 보는 이들로 하여금 웃음을 자아낸다.

우리가 흔히 알고 있는 일상생활에서 지켜야 할 상식선을 넘은 모습에 관객들은 웃을 수 있지만, 영화 속에서의 주변 사람들은 과연 같이 웃고 있는가?

수업시간에 다른 친구들의 출석을 대신해 주고 있는 견우. 견우의 수업시간에 앞문으로 당당히 걸어 들어오는 그녀. 같이 수업을 듣는가 싶더니 그녀는 쉬는 시간을 요청하고 수업의 흐름을 방해한다. 그러고선 견우를 놀이공원으로 데리고 나가는데 수업시간에 지각, 휴대폰사용, 부정행위, 잡담 등 여러 이유로 수업의 전반적인 흐름을 방해하는 일들이 비일비재하다.

수업시간에도 학생으로서 지켜야 할 기본적인 에티켓이 있지만 잘 지켜지지 않고 있다. 이는 본인의 집중력을 떨어뜨릴 뿐만 아니라 다른 사람에게도 피해를 준다. 특히 수업시간의 핸드폰 사용 문제는 심각한데, 이는 교실뿐만 아니라 모든 공공장소에서 발생하는 문제이다.

우리는 IT분야의 세계 일류국가이지만 후진적 사용문화를 보이고 있다.

도서관에서도 그녀와 통화하는 견우는 주변의 시선을 인식하지 못한 채 큰소리로 통화중이다. 견우가 사람들의 따가운 시선을 받으며 도서관에서 통화한 이유는 다름 아닌 그녀와의 100일 기념일 때문이다. 학교에서의 강의실이나 도서관은 많은 사람들이 함께 이용하는 공공장소로서, 이용하는 사람들 간의 에티켓이 매우 중요하다. 특히 도서관은 정숙한 분위기를 유지해야 하기 때문에 행동에도 많은 제약이 따른다. 출입문을 조용하게 여닫는 것은 물론이고, 실내에서는 기침소리나 발자국 소리가 나지 않도록 조심한다. 책장을 넘길 때에는 옆 사람에게 방해가 되지 않도록 한다. 실내에서 음식물을 섭취하는 경우가 종종 있는데, 조용하고 밀폐된 공간에서의 음식물 섭취는 굉장히 나쁜 매너이다. 소지한 핸드폰은 끄고 전화는 밖에서 걸도록 한다.

또한 대여한 책은 더럽히거나 낙서하거나 파손하지 않는다. 다음번에 그 책을 볼 누군가를 위한 작은 배려가 필요하다. 책을 열람한 후에는 반드시 제자리에 꽂아둔다.

요즘은 어린이 도서관이나 대형서점에 가보면 엄마나 아빠와 함께 와서 책을 읽는 아이들이 많다. 책을 읽는다는 것은 마음의 수양을 위한 것이다. 그러니 다 읽고 제자리에 꽂아놓는 습관까지 더해서 가르쳐주는 것이 수양에 일치하는 행동일 것이다.

도서관에 가서 가장 짜증스런 일은 소곤소곤 쉬지 않고 떠드는 사람들이다. 주위 사람과 잡담을 하려면 나가서 하는 것이 좋다. 머리에 지식으로만 가득 찬 사람은 이제 더 이상 성공하지 못하는 시대가 됐다. 다른 사람을 이해하고 배려하는 공감 능력을 갖춰야 진정한 성공을 거둘 수 있는 시대이다.

음식점에서 지켜야 할 매너

우리나라 사람들은 음식 먹기를 무척 좋아한다. 음식을 먹는 것은 곧 놀이이다. 특별한 여가활동이 발달하지 못해서일 수도 있고, 사계절이라는 계절적인 영향도 있는 것 같고, 유행에 민감한 성향들을 가지고 있어서인 것도 같다. 아무튼 변화무

쌍한 먹거리에 대한 탐닉이 지금의 외식문화를 만들어내지 않았나 생각한다.

외식문화가 발달하면서 다양한 음식점을 접할 수 있게 되었다. 이제는 외국에 나가지 않아도 전 세계의 모든 음식을 우리나라에서 맛볼 수 있게 되었는데, 각각의 음식점의 종류와 규모와 특징에 따라 그에 맞는 식사 매너를 지켜야 한다.

영화에서는 견우와 다시 만난 그녀가 견우를 음식점으로 데리고 가는 장면이 나온다. 옆 테이블 손님들이 고등학생들에게 작업을 거는 장면을 목격한 그녀는 손님들과 한바탕 소란을 피운다. 물론 그녀의 행동은 누구나 한번쯤 해보고 싶은 행동으로 시원하다는 생각이 들면서, 그렇게 자기 마음을 표현할 수 있는 그녀가 부럽다는 생각도 잠시 든다.

하지만 식당이란 나만이 있는 공간이 아니고, 다른 손님들에게 방해되는 행위는 하지 말아야 한다. 큰소리로 이야기하거나 소란스럽게 떠드는 행위, 동행한 어린이들이 식당 내에서 장난하는 것을 방치하는 행위, 다른 손님이 식사하는 모습을 자주 바라보는 행위 등은 삼가도록 노력해야 한다. 음식점은 여러 사람이 단지 배를 채우기 위해 오는 공간만이 아니다.

그곳에서 좋은 사람들을 만나 즐겁기도 하고, 사업을 하기도 하고, 이별을 하기도 하는 우리들의 생활과 아주 밀접한 공간이다. 그 식당만의 특성을 살린 규칙을 지켜주는 것이 다 같이 유쾌한 식사를 하는 방법이다.

음주 매너

공공질서 매너에서 가장 많은 문제를 발생시키는 음주 매너에 대해 조금 더 살펴보자.

술은 인간의 생활과 밀접한 관계를 갖는다. 과거에는 동서양을 막론하고 술이 의약품으로 인식되기도 했다. 진, 위스키 등이 개발된 과정을 보면 이런 설명을 잘 뒷받침한다. 알코올은 혈액 순환을 돕고, 노화의 원인이 되는 유해 산소를 제거하는 기능을 하며, 관상동맥에서 발생하는 심장병을 예방하는 효과가 있다는 것도 이제는 상식처럼 알고 있는 사항이다. 동양에서도 역시 차는 달마대사가 수행 중에 졸린 눈꺼풀을 잘라내어 던진 것이어서 차를 마시면 각성 효과가 있고, 술의 경우에

는 이백의 경우에서 알 수 있듯이 긴장을 이완시키며 즐거운 기분이 들게 하는 기능도 있다.

우리나라는 전통적으로 풍류를 즐기는 민족답게 술에 대해서는 관대한 편이었다. 이에 따라 가정에서 역시 음복 문화를 통해 주도를 교육하기도 했다. 사회가 급성장하면서 근래에는 또래 집단을 통해 술을 접하는 경우가 많고, 술을 접하는 연령 역시 낮아지면서 격식을 차린 주법보다는 자유로운 분위기에서의 음주문화를 형성해 가는 양상이다.

술은 긍정적인 면과 부정적인 면을 함께 갖는다. 자신에게 위로와 용기를 주기도 하고 상대와의 서먹한 감정을 가깝게 할 수도 있지만, 지나칠 경우에는 치명적인 독이 되기도 한다. 이에 따라 술을 이해하고 자신이 주도적인 선택을 할 수 있도록 올바른 음주매너의 필요성이 대두한 것이다.

영화 속에서 전날 엄청난 과음으로 인사불성이 되었던 그녀는 다시 견우를 만나러 와서 소주를 연거푸 마시더니 소리 내어 울기 시작한다. 그리고 전날 지하철 안에서처럼 갑자기 또 쓰러진다. 그리고는 전날과 똑같이 견우 등에 업혀간다.

길거리에서 휘청거리는 취객이나 술에 취한 사람을 업고 다니는 모습은 우리에게 낯설지 않다. 대학 내 각종 모임이나 직장 회식 등에서 과음으로 인한 사고소식을 언론을 통하여 많이 접한다. 특히 신입생 환영회에서의 음주사망 사고는 우리 사회의 비뚤어진 음주문화의 단면을 보여준다.

한국의 술 문화는 세계에서 별로 유례를 찾기 힘들다. 아무 곳에서나 술을 살 수 있고, 아무 때나, 아무 데서나 술을 마실 수 있다. 맘껏 취할 수 있고, 술 때문에 저지른 실수는 적당히 양해가 되기도 한다. 그렇다면 외국의 술 문화는 어떠한가?

미국의 음주문화는 함께 어울려 마시더라도 서로 잔을 권하거나 2차를 가는 일이 거의 없으며, 취해서 비틀거릴 정도로 마시는 사람도 찾아보기 힘들다.

일본은 술잔을 돌리거나 술 마시기를 강요하는 형태는 거의 찾아볼 수 없다. 각자 자기가 즐기고 술을 시켜 주량만큼만 마신다. 그러면서 상대방이 조금 마시고 아직 바닥이 드러나지 않은 술잔에 술을 따라서 가득 채운다. 이른바 첨잔 방식이 일본식 주법이다.

독일인은 술을 마실 때 술잔을 돌리는 법도 없으며 다른 사람에게 술을 따라주고 권하는 경우도 거의 없다. 또 술 한 잔을 안주 없이 30분 넘게 마신다.

대부분의 나라들은 술은 취하기 위해서가 아니라 주로 분위기를 즐기기 위해서 마신다. 술자리는 인간관계를 더욱 돈독히 하기 위한 사교의 자리로서 사회생활에서는 빼놓을 수 없는 부분이지만, 술은 마시면 마실수록 취하여 이성을 잃을 수 있고, 또한 이성을 잃다 보면 실수를 하여 각종 불미스러운 일이 일어나기 쉽다.

따라서 올바른 음주습관과 매너로 자신의 인격에 손상이 가지 않도록 해야 하며 상대에게 불쾌감을 주지 않도록 해야 한다.

Key Point

1. 공원이나 유원지에서 삼가야 할 행동

- 가족이나 동료들이 모여 고성방가와 함께 가무를 즐기는 행위
- 음주 후 몸을 가누지 못하거나 아무 데나 누워 있는 행위
- 빈 캔이나 병, 쓰레기 등을 마구 버리는 행위
- 나무나 꽃을 꺾는 행위
- 레코드 테이프나 라디오를 고음으로 틀고 듣는 행위
- 공공시설물을 손으로 만지거나 훼손하는 행위
- 주위 사람에게 혐오감을 주는 행위

2. 학교나 도서관에서의 매너

- 출입문을 조용하게 여닫는다.
- 실내에서는 기침소리나 발자국 소리가 나지 않도록 조심한다.
- 책장을 넘길 때에는 옆 사람에게 방해가 되지 않도록 한다.
- 실내에서 음식물을 섭취하지 않는다.
- 소지한 이동전화는 스위치를 끄고 전화는 밖에서 걸도록 한다.
- 책을 열람할 경우 더럽히거나 낙서를 하지 않는다.
- 주위 사람과 잡담을 하지 않도록 한다.
- 잡지나 일간지 등의 관심 부분을 찢거나 칼로 오려내지 않는다.
- 기타 학교와 도서관의 규칙을 준수한다.

3. 음식점에서 지켜야 할 매너

- 식당에서는 음식 나오는 시간이 어느 정도 필요하므로, 주문한 음식을 재촉하지 않는다.
- 식당 종업원들에게 함부로 반말하지 않도록 한다.
- 다른 손님들에게 방해되는 행위는 하지 않는다.
- 큰소리로 이야기하거나 소란스럽게 떠들지 않는다.
- 동행한 어린이들이 소란을 피우지 않도록 주의를 준다.
- 셀프서비스 중심의 식당에서는 그 식당의 규칙을 따르도록 한다.
- 계산대에서 식사비를 본인이 지불하겠다고 다투는 행위도 좋지 않다.
- 식당에서 나오면서 이쑤시개를 사용하지 말고, 남이 보지 않는 곳에서 하도록 한다.
- 처음 방문하는 식당에서는 안내를 받고, 종업원들에게 메뉴 및 식사 방법을 문의하도록 한다.

4. 은행에서 지켜야 할 매너

- 은행에 도착하면 번호대로 차례를 조용히 기다린다.
- 은행 업무에 대해서 궁금한 점이 있으면 즉시 담당 안내원에게 문의한다.
- 자동입출금기를 이용할 경우에는 통장이나 카드를 즉시 확인한다.
- 자동입출금을 위해 기다리는 경우 타인의 거래내역을 곁눈질하지 않는다.
- 손님이 자동입출금을 대신 부탁할 경우 지체 없이 안내원에게 부탁하도록 권유한다. 왜냐하면 쓸데없는 오해의 소지가 생길 수 있기 때문이다.
- 공동으로 사용하는 안경이나 필기구 등은 이용 후에 반드시 제자리에 놓는다.
- 많은 현금을 취급할 경우에는 청원경찰의 도움을 청한다.

5. 목욕탕에서 지켜야 할 매너

- 탕 내에서 담배를 피우는 행위
- 샤워를 하지 않고 탕에 들어가는 행위
- 탕 내에서 물장구를 심하게 치거나 때를 벗기는 행위
- 사우나 실에서 면도를 하는 행위
- 목욕탕에서 빨래를 하는 행위
- 샤워장에서 소변을 보는 행위
- 목욕하는 동안에 계속 물을 틀어놓는 행위
- 필요 이상으로 물품을 많이 쓰는 행위

6. 흡연 매너

- 가연성 물질이 있는 곳에서는 흡연하지 말아야 하며, 근무 중 흡연은 삼가고 휴식 시간에 흡연실에서 피우도록 한다.
- 흡연은 흡연실을 이용하고, 담뱃재와 꽁초는 반드시 재떨이에 버리도록 하며, 재를 아무 곳에나 함부로 떨어뜨리지 않는다.
- 윗사람 앞에서 담배를 물고 대화하는 것은 금물이다. 이는 윗사람에 대한 예의가 아니다.
- 윗사람은 아랫사람에게 담배 심부름을 시키지 않는다.
- 담배를 얻어 피우는 것도 도가 지나치면 반감을 사며 불화의 원인이 되기도 한다.
- 담배는 재떨이가 없는 곳에서는 피우지 말며, 꽁초를 차창 밖이나 바닥에 버리지 않도록 한다.
- 재떨이는 자주 비워 꽁초가 쌓이지 않게 하며, 담배를 피울 때에는 냄새가 나지 않게 창문을 열어 환기시킨다.
- 담배 연기는 흡연자에게는 물론이고 비흡연자에게도 피해를 주므로 환기가 잘 되지 않는 곳에서는 흡연을 삼간다.
- 흡연실에서 큰소리로 이야기하거나 휴대전화 사용으로 큰소리로 떠드는 것은 다른 사람에게 폐가 되므로 유의한다.
- 흡연실 이용은 근무에 지장이 없도록 하며 흡연 후 담뱃재는 스스로 치우도록

한다.

• 여성 흡연자의 경우 화장실에서 피우는 일이 없도록 하며, 담배꽁초를 변기에 버리지 않는다.

7. 음주 매너

• 우리나라의 음주예절은 웃어른에게 먼저 잔을 올리는 '헌주(獻酒) 문화'이다.
• 웃어른에게 술잔을 올릴 때는 바른 자세를 취하고 "제가 한 잔 올리고 싶습니다."라는 말과 함께 오른손으로 잔을 권한다.
• 술병을 따를 때는 술병의 레이블 부분을 오른손으로 감듯이 쥐고 왼손바닥으로 오른 손목 부분을 받친 후 술잔의 80% 정도가 되게 따른다.
• 주전자의 술을 따를 때는 오른손으로 주전자를 쥐고 왼손으로는 주전자의 뚜껑을 누르며 따른다.
• 술을 따르며 건강을 기원하는 덕담을 곁들인다.
• 어른이 술을 주실 때는 단정한 자세로 잔을 오른손으로 잡고 왼손으로 오른 손목을 가볍게 받친다.
• 술을 받은 후에는 감사를 표하고 어른이 술을 마실 때 함께 마시거나 어른이 마시라는 권유가 있은 후에 마신다.
• 어른 앞에서 술을 마실 때는 상체와 고개를 돌린 후 소리 나지 않게 마신다.
• 술을 따를 때는 직위순, 연장자 순서로 따르는 것이 매너이다.
• 자기보다 직급이 낮아도 연장자인 경우는 서로 두 손으로 따르고 받는 것이 매너이다.
• 자리가 떨어져 있는 경우에 술을 권할 때는 직접 가서 권하는 것이 예의이다.
• 술을 권할 때는 상대의 왼쪽에서 권하는 것이 상대에 대한 배려이다.
• 술은 남성이 여성에게 먼저 권한다.
• 상대가 술을 사양할 때는 권하지 않는다.
• 상대가 술을 권할 때는 술을 따르는 동안 상대에게 관심을 보이고 감사를 표시한 후, 한 모금 이상을 마신 뒤에 상에 내려놓는 것이 상대를 배려한 행동이다.
• 술을 못 마시는 경우라도 술잔은 받고 마시는 흉내를 한 후 내려놓는 것이 보기에 좋다.
• 지금은 많이 변하고 있지만 우리나라는 술을 마시고 난 후 자신의 잔을 상대에게 권하는 반배(返杯) 문화가 있다. 자신이 마신 술잔을 권할 때는 잔을 물이나 수건으로 닦은 후 권한다.
• 자기가 받은 잔은 상대의 기다림을 고려하여 가급적이면 빠른 시간에 반배한다.
• 동년배와의 술자리에서도 초면인 경우는 예의를 갖춰야 한다.
• 동년배나 연하자와 술잔을 주고받을 때도 예를 갖추고, 술을 받을 때는 오른손을 사용하고 왼손은 펴서 가슴에 가볍게 댄다.
• 친한 사이에도 술자리의 분위기는 자유롭게 하되 예의는 갖춰야 한다.
• 자신보다 연하인 경우에도 초면인 때는 예의를 갖추도록 한다.
• 술자리는 기분 좋게 시작해서 기분 좋게 마쳐야 한다.

- 술자리에서 옆의 사람과만 대화를 나누지 말고 공동의 화제를 택하여 고루 대화한다.
- 먼저 일어나게 될 때는 주변 사람들이 눈치 채지 못하도록 조용히 일어나서 나온다.
- 술자리를 마쳤을 때 주변 사람을 모두 챙길 수 있다면 매너 좋은 사람으로 기억될 것이다.

Chapter 8

승차매너

Chapter 8

승차매너

1. '여인의 향기'로 보는 자동차 승차 매너와 운전 매너

여인의 향기(Scent Of A Woman)

미국/장르 : 드라마, 코미디/15세 관람가/상영시간 : 157분
개봉 : 1993년
감독 : 마틴 브레스트
출연 : 알 파치노, 크리스 오도넬, 제임스 레브혼 외

어디선가 귀에 많이 익은 탱고 음악이 나오고, 멋진 검정색 이브닝드레스의 여인과 탱고를 추는 알파치노의 모습이 너무도 인상적인 영화 한 편이 있다.

바로 〈여인의 향기〉이다.

개봉 당시 영화 제목만을 보고 여인과의 사랑 이야기인줄 알았던 영화이다. 카리스마하면 당대 최고라 할 만한 알파치노가 앞 못 보는 퇴역장교로 나오고, 절망적인 삶의 끝자락에서 젊은 청년으로 인해 삶을 다시 돌아보고 희망을 얻게 되는 내용의 휴머니즘 영화이다. 1974년 이미 이탈리아에서 영화화된 조반니 아르피노(Giovanni Arpino)의 동명 소설이 원작이다. 이 영화의 감독인 마틴 브레스트 감독이 매우 좋아하는 작품이어서 유니버설영화사를 통해 판권을 산 감독이 보 골드만에게 각본을 의뢰해 영화화됐다는 후일담이 있다.

영화는 불의의 사고로 실명한 퇴역장교 프랭크가 추수감사절을 보내러 떠난, 가족들이 없는 틈을 타서 아르바이트를 하러 온 찰리를 데리고 뉴욕으로 떠나면서 스토리가 시작된다.

뉴욕에 가는 동안 두 사람은 여러 교통수단을 이용한다. 이 중 대중교통 수단은 원하는 곳에 빠르고 편하게 이동할 수 있는 이점을 가지고 있지만 무질서 의식과 매너 없는 행동들은 종종 교통수단이 가져오는 편리함을 일순간에 무너뜨리기도 하며, 많은 사람들의 기분을 상하게 한다. 따라서 교통수단을 이용하면서 그에 맞는 매너와 에티켓을 지켜야 한다.

이미 자살을 결심한 프랭크는 돈의 많고 적음을 떠나 끝까지 멋진 장교의 모습을 잃지 않으려고 리무진이라는 교통수단을 선택하게 된다. 리무진 운전사 매니는 괴팍한 프랭크를 잘 보필하면서, 두 사람의 편안한 발이 돼준다.

승용차는 많은 사람들이 편리하게 이용하고 있는 교통수단이다. 그러나 편리한 만큼 그에 따른 예절을 지키지 않으면, 작은 행위에도 불쾌감을 받는 경우가 종종 있는데, 승용차 매너를 잠깐 살펴보자. 승용차에 여성과 남성이 동승할 경우에는 여성이 먼저 타고, 내릴 때는 남성이 먼저 내려서 자동차 문을 열어준다. 여성이 원한다면 손을 내밀어 도와주는 것이 기본 예의이다.

또한 승용차 내에서는 좌석 서열이 있는데 연장자와 지위가 높은 분들의 상석을

미리 알아두고, 승차 시 배려하는 태도를 보이는 것이 세련된 매너이다.

승용차의 승차매너 중 운전기사가 있을 경우와, 자가 운전의 경우가 차이가 난다. 영화에서처럼 운전기사가 있을 경우에 승용차 좌석의 서열은 뒷자석 오른편이 제1상석이 되고, 왼편과 가운데, 앞자리 순이므로 서열에 맞춰 앉고 대개 운전석 옆자리에 앉는 것은 피한다. 자가 운전자의 경우 운전석 옆자리에 앉는 것이 통례이며, 그곳이 제1상석이다.

뒷좌석의 오른편이 제2상석, 맨 왼쪽이 제3석, 중앙이 말석이 된다. 승용차 안에서는 동승한 사람이 있을 경우 담배를 피우지 않는 것이 예의이다. 특히 담배를 피우지 않는 여성과 함께 탔을 경우에는 절대로 피우면 안 된다. 타인의 차를 동승할 때는 감사를 표하고, 장거리 운전인 경우는 가벼운 담소 등을 통해 지루함을 해소한다.

영화 속에서 프랭크는 만날 사람, 가볼 곳을 두루 둘러보고는 자살을 결심한다.

하지만 찰리가 옆에 있어 그마저도 잘 되지 않는다. 너무 무기력해 하는 프랭크

를 데리고 찰리는 드라이브를 제의하고, 자동차 전시장에 가서 스포츠카를 시승한다.

앞을 보지 못하는 프랭크는 감으로 운전을 하고 찰리는 방향을 제시해 준다. 아슬아슬한 줄타기 같은 운전을 하다가 두 사람은 경찰에 붙잡힌다.

일반적으로 자동차를 운전할 때는 규정 속도를 잘 지켜야 한다. 교통질서는 반드시 지키도록 하고, 정해진 주차장을 이용하여 주차하도록 한다. 차 안에서 너무 크게 음악을 틀거나 큰 소리로 떠드는 등 다른 사람에게 방해되는 행위는 하지 않는다. 하지만 영화 속 두 주인공들은 이런 기본적인 에티켓을 지키지 않는다. 경찰이 다가와 프랭크와 찰리에게 신분증과 운전면허증 제시를 요구하지만, 프랭크의 재치로 풀려난다.

이제는 자동차 운전을 하는 사람의 뒷모습만 보아도 그 사람의 성향을 조금은 알 수 있다. 너무 빨리 가려는 사람, 무조건 차 머리만 디밀고 보자는 사람, 너무 천천히 가려는 사람, 여자운전자에게 절대로 양보 안 하는 사람, 버스 · 택시의 끼어들기 등 여러 가지 성향의 사람들을 매일매일 만난다. 그런데 그들에게 '방금 왜 그러셨어요?' 라고 물으면 자신이 방금 한 행동에 대한 여러 변명을 늘어놓고, 심지어 어떤 분은 화를 내기도 한다.

운전은 나와 남의 생명을 직접적으로 위험하게 할 수 있는 것이다. 운전에는 전문가가 존재하지 않는다. 사고가 나는 순간 이미 그 사람은 전문가가 아니기 때문이다. 절대 매일 하는 운전이라고 조금의 소홀함이나 안일한 생각으로 임해서는 자칫 큰 화를 불러일으킬 것이다.

길고 힘들었던 여행을 마치고 찰스와 프랭크는 집과 학교로 돌아오게 된다. 매니는 두 사람을 안전하게 데려다 주고 훗날을 기약하며 떠나고, 찰스는 학교 교장을 상대로 청문회를 받는다. 이때 프랭크가 매니와 함께 나타나 찰스를 도와주고 찰스는 다시 아무런 제재도 받지 않고 학교생활을 할 수 있게 되고, 프랭크는 정든 집으로 돌아가면서 영화는 끝이 난다.

Key Point

1. 승차 매너

- 여성과 동승할 때 승차 시에는 여성이 먼저 타도록 배려하고, 하차 시에는 남성이 먼저 내려서 차문을 열어준다. 윗사람과 함께 탈 때도 마찬가지이다.
- 운전기사가 있을 경우에 승용차 좌석의 서열은 뒷자리 오른편이 1석이며, 왼쪽과 가운데, 앞자리 순이므로 서열에 맞춰 앉고 대개 운전석 옆자리에 앉는 것은 피한다.
- 자가운전자의 경우 운전석 옆좌석에 앉는 것이 통례이며, 그곳이 상석이다. 뒷좌석의 오른편이 제2상석, 맨 왼쪽이 제3석, 중앙이 말석이 된다.
- 승용차 안에서는 동승한 사람이 있을 경우 담배를 피우지 않는 것이 예의이다. 특히 담배를 피우지 않는 여성과 함께 탔을 경우에는 절대로 피워서는 안 된다.
- 타인의 차를 동승하게 됐을 때는 감사를 표하고, 장거리 운전인 경우는 가벼운 담소 등을 통해 지루함을 해소한다.
- 여성의 경우 승차 시에 팔을 먼저 넣고 양다리를 붙이고 가지런히 옮긴다.
- 눈이나 비가 오는 날은 우산이나 비옷의 빗물이 차 안에 떨어지지 않도록 물기를 털어내고 탄다.
- 타인의 승용차에 동승하는 경우에 쏟을 우려가 있거나 냄새가 강한 음식은 삼간다.
- 여성은 좌석에 앉은 후 양다리를 붙여 가지런히 모아 차속으로 들여놓는다. 머리부터 들어가면 보기 민망한 일이 벌어질 수 있다.

2. 운전 매너

- 운전은 편한 마음으로 하는 것이 중요한 만큼 처음 배울 때의 마음가짐을 유지하는 것이 중요하다.
- 자동차는 편리함을 주는 도구지만, 경우에 따라서는 흉기가 될 수 있음을 명심한다.
- 운전자는 보행자를 우선 보호해야 하며, 자전거나 오토바이와 충분한 거리를 두고 운행한다.
- 생소한 곳을 찾아갈 경우에는 사전에 정보를 갖고 시간의 여유를 두고 출발한다.
- 운전 중에 휴대폰의 사용은 위법이며, 사고의 원인을 제공한다.
- 안전벨트는 생명벨트이다. 반드시 착용하는 습관을 갖는다.
- 차창 밖으로 담배꽁초나 침을 뱉지 않는다. 생각지도 않은 위험한 상황을 야기할 수 있다.
- 비상등을 켠 앰뷸런스나 소방차, 경찰차 등 비상 차량이 지나가면 속도를 줄이고 비켜준다.

- 교통신호는 반드시 준수해야 한다. 신호가 완전히 바뀐 후에 출발한다.
- 경적은 비상시에만 사용한다. 유럽에서는 아는 사람을 부를 때 외에는 경적을 사용하는 경우가 거의 없다.
- 무리하게 끼어들기를 하지 않는다. 끼어들게 된 경우에는 뒤차에 미안하다는 표시를 한다.
- 차고 앞, 횡단보도 위, 인도에 주차하지 않는다. 주차선에 주차를 할 때는 두 대의 주차 공간을 점령하지 않는다.
- 아파트단지 내, 골목길, 학교앞 등에서는 일단 정지하고 서행한다.
- 타인의 주차된 차에 흠집을 내게 된 경우에는 차주의 연락처로 연락하고 적절한 변상을 한다. 연락처가 없는 경우에는 본인의 연락처를 남긴다.
- 좁은 길에 무단주차를 하지 않는다. 무단주차는 화재나 비상시에 신속한 대처를 방해하는 행동이다.
- 욕을 하거나 라이트를 번쩍이며 다른 운전자를 위협하지 않는다.
- 주차선을 지켜 주차하고, 장애인을 위한 주차 공간을 이용하는 것은 위법이다.
- 차를 막고 주차하지 말고, 부득이 한 경우에는 연락처를 반드시 남겨둔다.
- 신호 대기 중에 다른 사람들에게 불쾌감을 주는 행동을 하지 않는다.
- 비나 눈이 내린 후 물이 고인 곳을 지날 때는 주의해서 서행해야 한다. 본의 아니게 행인에게 고인 물을 튀겼다면 즉시 차를 세우고 내려서 정중하게 사과하고, 상황에 따라 적절한 변상을 한다.
- 우회전하는 차량의 경우에도 보행 신호등이 켜져 있을 때는 사람이 없어도 일단 정지하지 않으면 예기치 못한 사고를 일으킬 수 있다. 이는 운전자의 기본 매너이다.
- 운전 중에 화장을 고치거나 면도를 하지 않는다.
- 파란 불이 들어왔는데 앞차가 빨리 출발하지 않는다고 해서 경적을 울려대지 않는다.
- 이미 끼어든 차를 향해 경적을 울리거나 상향등을 켜지 않는다.
- 낯선 지역에서 행인이나 운전자에게 길을 물을 때는 가능하면 내려서 하고, 부득이한 경우에는 차창을 내리고 하되 감사 인사를 잊지 않는다.
- 음주운전은 위법일 뿐만 아니라 자신과 주변사람, 피해자의 인생을 불행하게 하는 것이다.
- 과속운전, 난폭운전, 곡예운전을 하지 않는다.
- 접촉 사고가 발생하면 말다툼을 하지 말고 현장에 표시를 한 후 촬영을 하고 보험회사와 경찰에 연락을 취한 후에는 후속 차량을 위해 차량을 도로변으로 이동한다.
- 다른 차량의 운전미숙자의 실수에 관대함을 보이자.
- 고속도로에서 갓길이나 버스 전용차선으로 운행하지 않는다.
- 급정거나 급출발은 연료소모를 가중시킬 뿐만 아니라 매우 위험한 행동이다.
- 차량에 요란한 장식이나 과도한 소음은 안전 운전을 방해하는 요소이며 위법이다.

2. '라이터를 켜라'로 보는 기차 이용 매너 이야기

라이터를 켜라(Break Out)

한국/장르 : 코미디/15세 관람가/상영시간 : 105분/개봉 : 2002년
감독 : 장항준
출연 : 김승우, 차승원, 박영규, 강성진, 이문식 외

자신이 빌려준 라이터를 그냥 가지고 간 조직폭력배 두목을 만나기 위해, 부산행 새마을호에 올랐다가, 잃어버렸던 자신감을 되찾는다는 내용의 영화 〈라이터를 켜라〉. 영화의 주요 무대가 기차 안이고, 기차 안에서의 인질극 및 음모를 알아내고, 그것을 없애는 과정에서 명예를 얻는다는 내용의 영화이다. 영화 전체의 무대인 기차를 만들기 위해 3억 가까운 돈을 들여 재연했다고 한다.

예비군훈련 날, 봉구는 부모님 주머니에서 몰래 가지고 나온 돈을 모두 날리고 300원 남은 돈으로 라이터를 산다. 그런데 화장실에서 건달 보스 양철곤을 만나고 라이터를 빌려달라고 해서 빌려주었는데 양철곤이 그냥 나가려 한다. '저 그 라이터 제 건데요.' 하는데 양철곤은 그냥 가버린다. 계속 라이터 이야기를 해도 들어주지 않자, 봉구는 오기가 생긴다. 그리고 그 라이터를 꼭 찾겠다는 일념으로 부산행

새마을열차에 오른다.

한편 철곤은 선거를 도왔던 박용갑 의원이 당선이 되고 못 본 척하자, 그를 따라 새마을호 열차에 오르지만 그의 태도는 강경하다. 이에 격분한 철곤은 급기야 박의원과 자폭을 결심하고, 순식간 기차는 아수라장이 된다.

가끔 영화에서 기차나 버스, 항공기를 테러하는 모습들을 심심찮게 보여주는데, 이것 또한 이제 사람들에게 너무 무딘 감각으로 작용하는 것 같다. 911 테러가 났을 때, 비행기가 뚫고 지나간 그 빌딩에 자기 가족이 있다고 생각해 보자.

실로 너무나 엄청난 일들에 대해 우리는 지금 눈 하나 깜빡 안 하는 강심장들이 되어 있지 않나 싶다. 기차 속에 탑승한 승객을 상대로 인질극을 벌이는 철곤의 일당과 몇몇이 싸워보지만 역부족이다.

기차는 모든 사람들이 편안하고 빠르고 안전하게 목적지에 가기 위해서 이용하는 교통수단이다. 기차에서는 창가쪽이 상석이다. 기차는 정차 시간이 짧고 정시성이 높은 만큼 시간을 잘 지켜야 한다. 해외여행 일정 중에서도 인솔자가 가장 신경을 쓰는 때가 기차 탑승과 관련한 일정이다. 출입구나 통로에 기대어 다른 사람들의 통행을 방해하지 않도록 한다. 의자를 마주한 채 큰소리로 떠드는 일행들이 있는데 다른 사람에게 굉장히 방해가 된다.

특히 행락철 아주머니들이 탑승한 기차는, 시장으로 변해버릴 만큼 소란스럽다. 또 음식물, 쓰레기는 모아서 정해진 장소에 버린다. 기차 내에서 이동할 때는 타인에게 방해가 되지 않도록 조용히 움직이는 것이 매너이다.

기차를 이용하는 매너 중 요즘 가장 큰 문제는 휴대폰이다. 휴대폰 벨소리를 진동으로 놓고, 통화는 밖에 나가서 하든지, 작은 목소리로 짧게 끝내야 하는데, 처음부터 도착할 때까지 전화를 잡고 놓지 않는 사람도 있다. 이는 옆 사람에게 굉장히 심한 스트레스를 줄 수 있고, 또한 실례이다. 우리나라 사람은 기차나 버스, 비행기를 탈 때 꼭 이것저것 여러 가지 음식물을 습관처럼 가지고 탄다. 기차여행에서 여행하는 즐거움과 함께 먹는 즐거움도 빼놓을 수 없지만, 간단한 간식 이외의 냄새 나는 음식물은 밀폐된 공간에서 다른 승객에게 불쾌감을 준다.

대중교통은 나만의 공간이 아니므로, 주위의 여러 사람들을 의식하는 행동을 해야 한다.

우리나라 기차는 전 구간이 금연이다. 화장실에서도 흡연은 금지되어 있다. 하지만 보통 객차와 객차 사이에 나와 담배를 핀다. 담배를 피우지 않아 담배를 피우는 사람들의 심정은 모르지만, 수백 명의 생명이 타고 있는데 금연 규칙은 꼭 지켜져야 한다.

해외여행 자유화가 시행되고 얼마 되지 않아, 비행기 화장실에 숨어서 담배 피우는 사람들로 인해 스프링클러가 터져, 비행기가 다시 회항한 일들도 있었다고 한다. 기차에서나 대중교통에서는 모두 금연 원칙은 꼭 지켜져야 한다. 또 기차에서 신발을 벗는 행동은 자신은 편할지 모르지만, 다른 사람에게는 불쾌감을 주는 만큼 삼간다. 영화는 별 볼일 없던 허봉구가 이 엄청난 인질극을 끝내게 만들고, 영웅이 된다는 이야기다.

다소 억지스러운 부분이 있기는 하지만 다양한 캐릭터들이 영화에 등장하고, 재치 있는 상황 설정을 갖는 코믹물에는 전혀 손색이 없다.

기차라는 교통수단은 다른 교통수단에 비해 조금 로맨틱한 느낌을 갖게 만든다.

기차가 서지 않는 간이역~ 에 도착하면 꼭 키작은 소나무가 있고, 마음씨 좋은 역무원 아저씨가 나와서 손을 흔들어 줄 것만 같고, 삶은 달걀과 사이다가 있는 우리네 교통수단 중 가장 푸근한 교통수단이다.

물론 지금은 KTX라는 새로운 고속열차가 생겨, 서울–부산을 3시간에 달리는 시대지만, 그래도 우리네 정서는 가다 서고, 기다리고, 연착하는 그런 교통수단의 느낌이 아직도 남아있다. 그 안에는 여러 사연을 간직한 사람들이 누군가가 기다리는 곳으로 가기 위해 기차에 오르는 이미지가 남아있는 교통수단이다.

그런 만큼 이런 푸근한 기분이 출발해서 도착할 때까지 이어질 수 있게, 타인을 생각하는 자그마한 배려만 갖춘다면, 기차는 언제까지나 우리들의 마음에 가장 푸근한 수단으로 남을 것이다.

Key Point

기차의 승차 매너

- 기차는 창가쪽이 상석이다.
- 기차는 정차 시간이 짧고 정시성이 높은 만큼 시간을 잘 지켜야 한다. 해외여행 일정 중에서도 인솔자가 가장 신경을 쓰는 때가 기차 탑승과 관련한 일정이다.
- 출입구나 통로에 기대어 다른 사람들의 통행을 방해하지 않도록 한다.
- 의자를 마주한 채 지나치게 큰소리를 내는 것은 곤란하다.
- 음식물, 쓰레기는 모아서 정해진 장소에 버린다.
- 기차 내를 이동하게 될 때는 타인에게 방해가 되지 않도록 조용히 움직인다.
- 기차를 이용하면서 휴대폰의 벨소리나 통화 중에 소리를 높이는 것은 결례다.
- 화장실을 깨끗하게 이용한다.
- 기차에서 냄새가 역한 음식물 등을 꺼내놓고 먹지 않는다.
- 우리나라 기차는 금연이다. 화장실에서 흡연을 삼간다.
- 기차에서 신발을 벗는 행동은 자신은 편할지 모르지만 다른 사람에게는 불쾌감을 주는 만큼 삼간다.

3. '전차남'으로 보는 지하철 이용 매너 이야기

전차남-극장판(電車男 : A True Love Story)

일본/장르 : 멜로, 애정, 로맨스/12세 관람가/상영시간 : 100분
개봉 : 2006년
감독 : 무라카미 마사노리
출연 : 야마다 타카유키, 나카타니 미키, 쿠니나카 료코 외

연애 때문에 가슴앓이를 해본 사람이라면, 누구나 공감하는 영화 한 편이 있다.

짝사랑이 짝사랑으로 끝나면 좋으련만, 마음속에 있는 이 짝사랑이란 녀석은 꼭 바깥구경을 하려고 고개를 치켜세우고, 밖에 나와 꼭 확인하고 싶어 한다.

하지만 나를 아는지 모르는지, 나를 어떻게 생각하고 있는지도 모르는 상대에게 불쑥 가서 "나 당신이 좋습니다." 라고는 말할 수 없기에, 그 마음의 대상을 계속 마음속에 가둬 두려고 한다. 그런데 가둬만 두기에 너무 답답하여 누군가에게 작은 희망의 단서라도 찾고 싶어한다. 답답한 마음에 이것저것 이야기를 시작하다보면, 어느새 이 녀석은 붕붕 커져 정말 그 사람을 사랑하고 있는 것 같은 착각을 하게 만들기도 한다.

일본 네티즌들이 하나 되어 응원한 실제 러브스토리인 〈전차남〉은 2004년 2채널(www2.2ch.net)라는 인터넷 사이트에 '매우 소심한 오타쿠'라고 자신을 소개하는 이의 사연이 네티즌들 사이에서 비상한 관심을 모으게 된다.

전철에서 난동을 부리는 승객으로부터 젊은 여성을 구해냈고, 그녀와 데이트를 하고 싶지만 한 번도 해본 적 없는 연애에 대해 상담을 하는 내용이 일본 전 국토를 감동시킨 것이다.

실제 영화의 주인공은 아직도 '에르메스'와 교제중이라고 한다. "아직 결혼 이야기는 없지만, 그녀가 나를 선택해 준다면 꼭 그녀와 결혼을 하고 싶다"는 실제 주인공의 인터뷰기사를 본 적이 있다.

제목에서도 그렇고, 실제의 무대가 되기도 했던 곳은 바로 지하철 안이다. 하루에 엄청난 사람들을 실어 나르는 지하철은 정말 갖가지 일들로 가득 찬 곳이다.

빠르다는 것, 이용하기 편리하다는 이유를 놓고 보면 정말 최고의 교통수단이지만, 너무 많은 사람들로 발 디딜 틈조차 없는 아침 시간대는 지하철이 아니라 지옥철이라는 명칭으로도 불린다. 지금은 지하철 전 구간에 에어컨이 나오지만, 예전에 에어컨이 약하게 나왔던 시절에는 정말 끔찍한 지옥철이기도 했다. 또 지하철은 정해진 지정석이 있는 게 아니라, 콩나물시루처럼 누가 누가 많이 탈 수 있나 내기하듯 밀고 들어오는 사람들로 늘 북새통을 이룬다.

영화의 첫 장면은 게임을 좋아하고, 혼자 있기를 좋아하는 전차남이 집에 가는 길에 전철에서 취한 승객의 난동을 보고 있는 장면부터 시작된다.

평소의 전차남 같으면 상상도 못할 일이지만, 너무 예쁜 이상형의 여인에게 난동을 부리는 것을 본 전차남은 일어나 그 취객을 제지한다. 물론 카리스마 넘치게 제지하질 않았지만, 아무도 도와주지 않는 상황에 누군가 나선다는 것은 정말 대단한 일이다.

우리나라도 그렇지만, 늦은 저녁 시간대에 지하철에 타면 꼭 술 취한 취객들의 행동으로 눈살을 찌푸리게 하는 경우가 많다. 지하철은 시민들의 발이 되는 교통수단이므로 그 이용의 빈도가 아주 높다. 그리고 하루 평균 397만 명 이상의 사람들을 실어 나르는 수단이다 보니, 정말 여러 가지 사건 발생의 집합체라 할 수 있다.

지하철에서의 에티켓을 조금 살펴보자. 지하철을 기다릴 때 한 줄로 서기 운동이 지켜진 것은 불과 얼마 되지 않는다. 정해진 위치에 한 줄로 서서 기다린다. 노약자나 어린이가 있으면 먼저 타도록 배려해야 하는데, 우리나라는 아직 그렇게까지 배려하는 마음을 갖지는 못한 것 같다.

또 내릴 사람이 다 내리고 승차해야 하는데, 문이 열리기가 무섭게, 내리는 승객들이 채 발도 떼기 전에 우르르 밀고 들어간다. 누구나 한번쯤 붐비는 지하철로 인해 정거장을 지나친 경험도 있을 것이다. 지하철에 노약자 보호석은 말 그대로 어린이, 노약자, 임산부를 위한 자리이다. 정말 불편한 분들을 위해 마련해둔 자리인 만큼 노약자석에 앉지 않는 것이 매너이다.

외국인들이 우리나라 지하철을 보고 가장 놀라는 점은 '비나 눈이 오는 날에는 물기가 다른 승객의 몸에 닿지 않아야 하는데, 전혀 그렇지 않다'는 점이라고 한다. 우산에서 물이 떨어져 구두 위로 떨어져도 누구 하나 "죄송하다" 하는 사람이 없다는 것이다. '뭐, 어쩔 수 없잖아?' 라는 표정으로 바라본다고 한다.

또한 남의 발등을 밟게 된 경우에도 정중한 사과를 하지 않는다는 점이다. 여름철 여성들의 하이힐은 무기가 될 수 있다. 그런 하이힐로 발을 밟히면, 심한 경우 발가락뼈가 부러질 수도 있다. 그런 극단적인 상황이 아니더라도, 누군가의 발을 밟았는데도 대충 고개만 까딱하는 인사를 한다는 건 너무 염치없는 행동이다. 입장 바꿔, 본인이 그런 입장이라면 아마 더욱더 거센 항의를 할지도 모른다. 상대방에게 자의든, 타의든 그런 실수를 하게 되면 정중하게 사과하는 것이 기본 예의다.

지하철 역시 전 구간 금연구역이다. 대구 지하철 참사나 영국의 지하철 참사 등 지하철 참사는 작은 부주의로 순간 엄청난 인명피해를 불러올 수 있는 시설물이므로, 금연은 절대 지켜져야 한다. 매너나 에티켓 수준을 넘어 법으로 강하게 규제해야 할 정도로 지켜져야 한다.

또 지하철에 앉아 있는 사람도 다리를 꼬고 앉아 앞 사람을 불편하게 하는 경우가 있다. 지하철에서 바르게 앉는 방법은 허리를 세우고, 등받이에 밀착시킨 후 다리를 모아 앉는 것이 매너이다. 신문을 볼 경우에도 신문을 1/4로 접어서 가슴 범위를 넘어가지 않게 봐야 한다. 날개 활짝 펴듯 신문을 펼쳐들고 보는 분들이 있는데, 옆 사람에게 굉장히 불편함을 주는 행동이므로 자제해야 한다.

지하철은 객차 안에서는 모두에게 개방되어 있는 공간이므로, 작은 소음에도 타인에게 불편함을 줄 수 있으므로, 큰소리로 고성방가를 한다든지, 휴대폰 소리를 크게 울린다든지, 통화를 큰소리로 해서, 자기 안방인 양 하는 행동은 어글리 코리언이라는 소리를 듣기에 아주 안성맞춤이다.

영화에서 취객을 상대로 도움을 준 전차남에게 고마움을 표시하기 위해 에르메스의 커피잔을 선물한다. 그 일을 계기로 두 사람은 가끔 만나 연애를 하고 사랑을 피워간다.

영화를 보는 내내 아직도 저렇게 순진한 청년이 남아있기는 한 건지 의문이 들 정도로 첫사랑에 대한 풋풋함이 묻어나서 여러 번 웃음을 짓게 했다. 인류가 발전을 거듭하고, 거듭할수록 사람들의 생활은 편리해진다. 하지만 이 편리함은 나만을 위한 편리함이 아니다. 모두가 공존하는 사회에서의 편안함인 것이다. 그러기에 우리는 자신만이 아닌 상대방까지도 보듬으며 살아야 한다.

지하철이나 여느 교통수단도 마찬가지겠지만, 내게 싫은 행동은 타인에게도 싫다. 어떤 행동을 하기 전에 한번만 더 생각해 본다면, 타인의 눈에나 나 자신에게 싫은 행동들을 조금은 줄일 수 있을 것이다.

21세기의 경영 마인드도 그렇고, 개인적인 마인드도 그렇고, 서로 서로가 윈윈(win-win)하는 것만이 최고를 지향하는 길이다.

Key Point

지하철과 버스의 승차 매너

- 정해진 위치에 한 줄로 서서 기다린다.
- 노약자나 어린이가 있으면 먼저 타도록 배려한다.
- 노약자 보호석에 앉지 않는다.
- 비나 눈이 오는 날에는 물기가 타인의 몸에 닿지 않도록 주의한다.
- 버스 터미널이나 전철역 역시 금연구역이다.
- 앉을 때는 다리를 모아 옆 사람이나 앞에 선 사람이 불편하지 않도록 한다.
- 신문을 볼 경우는 1/4로 접어서 들고 본다.
- 여성의 뒤에 서면 오해받을 수 있다.
- 버스의 경우 먼저 탄 사람이 창가 쪽으로 앉되, 하차지점이 가까운 경우는 통로 쪽에 앉아 몸을 비켜주며, 안쪽으로 유도한다.
- 창가 쪽의 스커트를 입은 여성 승객이 내리려 하면 잠시 일어서서 비켜준다.
- 차내에서의 음식물 취식 행위를 삼간다.
- 공공구역인 만큼 동료와 큰소리로 대화하지 않는다.
- 붐빌 때 동행한 여성이 있다면 먼저 여성이 편안히 탈 수 있도록 도와준 후에 타고, 승차 후에도 여성이 자리를 잡고 난 후에 앉는 것이 예의이다.
- 다른 승객이 동행 여성에게 자리를 내주었다면 그녀를 대신해 목례로 사의를 표시한다.
- 애완동물을 동반하는 것은 삼간다. 부득이한 경우는 남의 눈에 잘 띄지 않도록 하고, 배설물 봉지 등 만반의 준비를 해야 한다.

Chapter 9

해외여행 매너

Chapter 9

해외여행 매너

1. '나 홀로 집에 1'으로 보는 해외여행 준비하기

나 홀로 집에(Home Alone)

미국 / 장르 : 드라마, 코미디 / 전체관람가 / 상영시간 : 105분
개봉 : 1991년
감독 : 크리스 콜럼버스
출연 : 매컬리 컬킨, 조 페시, 다니엘 스턴, 존 허드, 로버츠 브로좀, 캐서린 오하라

크리스마스면 생각나는 영화가 무엇인가? 아마 대부분의 사람들은 〈나홀로 집에〉를 꼽을 것이다. 매년 크리스마스나 명절이 되면 어김없이 찾아온다. 허나 몇 번을 봐도 재미있지 않은가? 오랫동안 많은 이들의 사랑을 받아온 이 영화는 주인공 맥컬리 컬킨의 아역 연기가 돋보이는 영화로서, 이 영화 덕분에 일약 할리우드 스타덤에 올랐다. 크리스마스 날 집에 혼자 남은 8살 난 꼬마 아이 케빈이 자신의 집을 털려는 두 악당을 막아내는 아주 재미있는 가족영화이다. 단 5주 만에 무려 1억 8천만 달러를 돌파했던 히트작으로, 어린이와 어른 모두에게 즐거움을 선사한 크리스 콜럼버스와 존 휴즈 콤비가 이뤄낸 작품이다.

시카고에 살고 있는 케빈 가족.

여행가방을 찾는 아빠, 샴푸를 찾는 누나, 전화를 받으면서 짐을 꾸리는 엄마, 뛰어다니며 장난치는 개구쟁이 꼬맹이들, 말썽꾸러기 케빈. 모두들 분주한 가운데 낯선 사람이 집에 들어와 있어도 관심조차 없다. 내일 크리스마스 연휴를 이용해 프랑스의 친척집으로 여행을 떠날 예정으로 짐을 꾸려야 하기 때문에 소란스럽고 정신없다.

제대로 된 해외여행을 위해서는 사전에 여행 준비물을 꼼꼼히 챙겨야 하는데, 케빈 가족들은 여행 전날이 되어서야 급하게 짐을 꾸린다. 어수선하게 짐을 꾸리는 모습들이 어찌 불안하다 싶더니 케빈의 가족들은 다음날 공항으로 급하게 서둘러 집을 나선다.

허겁지겁 차를 탄 케빈 가족은 여권과 항공권을 챙겼는지 확인하고 공항으로 출발한다. 해외여행의 경우 공항에서 탑승수속을 해야 하므로 항공기 출발 시간보다 2시간 전까지는 도착하여 여유 있게 탑승수속을 해야 한다. 또한 2001년 9 · 11테러 이후 강화된 보안검사(security check)로 인하여 탑승수속이 지체될 수도 있으므로 공항에 시간적 여유를 두고 도착해야 한다.

그런데 갑자기 잠에서 덜 깬 케빈이 3층 다락방에서 나오는 게 아닌가? 공항에 늦어 허둥대다가 전날 말썽을 부려 3층 다락방으로 올려 보낸 케빈을 그만 잊어버리고 프랑스행 비행기에 탑승하게 된 것이다.

꼼꼼하게 여행 준비를 하고 여유 있게 공항으로 출발했더라면 귀여운 케빈을 놔

두고 가는 일은 없었을 것이다. 그러면 케빈이 홀로 남겨져 자신의 집을 털려는 2인조 도둑을 골탕 먹이는 재미있는 영화 〈나홀로 집에〉를 관객들이 포기해야 했을지도 모르겠다.

홀로 남겨진 케빈은 꾸중하고 야단치는 가족들이 없이 혼자 있다는 사실에 신이 난 반면에, 케빈 가족들은 즐거운 여행을 포기하게 된다. 기내 안에서 케빈이 탑승하지 않은 사실을 안 엄마는 파리 공항에 도착하자마자 집으로 돌아가려고 비행기 좌석을 알아보지만 연말연시라 비행기표를 구할 수가 없다. 공항에서 계속 대기하면서 탑승수속 카운터(check-in counter)에서 직원에게 사정을 해보지만 결국 좌석을 구하지 못한다.

여유 있고 즐거운 여행을 위해서 여행 전 준비사항에 대해서 간단히 살펴보자. 먼저 여행 일정이 정해지면 그에 맞는 항공권을 미리 구입해야 한다. 케빈 엄마가 연말연시라 비행기 좌석을 구할 수 없었던 것처럼 연말연시와 같은 성수기에는 항

공권을 구입하기가 쉽지 않다.

항공권의 예약은 출발 355일 전부터 가능하며, 성수기와 비수기 간 차이가 있으며 개인과 단체요금 간에도 많은 차이가 있으므로, 이를 참고하여 여행기간을 선택하는 것도 항공료를 저렴하게 이용할 수 있는 방법이다. 케빈 가족들은 프랑스에 있는 친척집으로 갈 예정이지만, 숙소에 머물 예정이라면 미리 예약을 해두어야 한다. 항공권과 마찬가지로 성수기에 그 지역을 방문해 당일에 숙소를 찾는다는 것은 힘들다.

또한 해외여행 시 반드시 필요한 서류는 엄마가 케빈은 잊어버려도 꼭 챙겼던 여권과 항공권이다. 그리고 방문할 나라 입국 시 비자가 필요한 경우 비자를 미리 준비한다. 그리고 해외여행 준비물 체크리스트를 만들어서 사전에 여행준비물을 꼼꼼히 챙겨 여유 있게 출발하도록 한다.

크리스마스 날 혼자 남겨진 케빈은 자신을 따돌리는 가족이 없다는 사실에 기뻐서 노래도 부르고 크리스마스트리도 만들면서 자축한다. 또 자신의 집을 털려는 도둑들을 아주 재미있게 골탕을 먹이며 막아낸다.

주인공 케빈은 처음엔 가족들이 없어지기를 바랐으나 막상 없어지고 나서 혼자 지내면서 점점 가족이 그리워진다. 우여곡절 끝에 엄마는 화물차를 타고, 나머지 가족들은 프랑스여행을 포기하고 크리스마스 날 아침 비행기를 타고 집으로 돌아오면서 도둑들을 골탕 먹이는 단순히 재미있는 영화가 아닌 가족의 소중함을 깨닫게 된다는 훈훈한 내용의 영화이다.

Key Point

1. 해외여행 준비사항

1) 여행지 및 여행 시기를 결정
2) 여행지 및 여행과 관련한 정보수집
3) 항공권 및 숙소예약
4) 여권과 비자
5) 여행자보험에 가입
6) 간편한 옷과 정장(필요한 경우)
7) 비상상비약과 비상 시 연락처를 기입한 수첩
8) 환전하기

2. 해외여행의 필수 조건

1) 여권(passport)

여권이란 간단히 말해 한국인의 신분증이다. 즉 국외로 떠나는 사람에게 정부가 여행을 허가해준 허가증인 동시에 여행 중 한국인임을 증명할 수 있는 신분증명서이다.

- 단수여권 : 유효기간은 1년으로 1회에 한하여 국외 여행을 할 수 있는 여권
- 복수여권 : 유효기간은 10년으로 유효기간 만료일까지 횟수에 제한 없이 국외여행을 할 수 있는 여권

2) 비자(Visa)

비자는 입국하려는 국가의 재외공관이 여행자의 입국을 본국에 추천하는 서류이다. 여행계획을 세우고 방문하고자 하는 국가가 결정되면 방문하고자 하는 나라에서 비자를 필요로 하는지를 확인해야 한다. 비자가 필요한 국가들 중에는 방문 목적에 따라, 체류기간이 다를 수도 있고, 요구하는 구비서류도 다른 경우가 있다.

3) 항공권(air ticket)

항공권 예약은 여행사와 항공사 데스크를 통해 할 수 있으며 전화, 인터넷, 직접 데스크를 찾는 방법이 있다.

항공요금은 성수기와 비수기 간에 차이가 있으며 개인과 단체요금 간에도 많은 차이가 있다. 항공권은 출발지 공항에서 해당 항공사 담당 카운터에 가서 탑승권(boarding pass)으로 교환해야만 출국심사 및 항공기에 탑승할 수 있다. 항공권을 구입한 후 미사용 항공권은 환불받을 수 있으므로 적어도 항공권 유효기간 만료 30일 전까지는 환불신청을 해야 한다.

2. '나 홀로 집에 2'를 통해서 보는 공항이용 및 호텔매너 이야기

나 홀로 집에 2(Home Alone 2 : Lost In New York)
미국/장르 : 드라마, 가족, 코미디, 모험, 액션/전체관람가/상영시간 : 115분
개봉 : 1992.12.18
감독 : 크리스 콜럼버스
출연 : 매컬리 컬킨, 조 페시, 다니엘 스턴, 존 허드, 캐서린 오하라

〈나홀로 집에 1〉의 흥행에 힘입어 제작 된 영화 〈나홀로 집에 2〉.

이 영화 역시 배경만 시카고에서 뉴욕으로 옮겼을 뿐, 이야기 전개상황과 등장인물은 거의 비슷하다. 이 영화 역시 귀여운 케빈의 연기력이 돋보이는 영화로, 도둑들을 골탕 먹이는 장면들로 재미를 더해주지만 결국 가족의 소중함을 전달해 주는 영화이다.

출국 절차

플로리다 여행을 가기로 한 케빈 가족.

골프공을 찾는 외삼촌, 캠코더 배터리를 찾는 아빠, 자외선 차단제를 찾는 누나, 누나의 주근깨를 놀리는 형, 게임기로 장난치는 케빈. 작년과 마찬가지로 케빈 가족들은 내일 플로리다로 가기 위해서 여전히 바쁘고 분주하게 움직인다. 그런데 올해도 늦게 일어난 케빈 가족. 이번에는 케빈을 꼭 챙긴다. 연말연휴라 매우 복잡하고 소란스러운 공항. 시간에 쫓겨 허겁지겁 공항에 도착한 케빈 가족은 비행기 이륙시간이 다 되어 탑승구까지 전력질주로 뛰어간다.

공항의 소란 속에 케빈의 가족들은 플로리다행 항공기에 탑승했으나, 잠시 딴 곳에 한눈을 팔던 케빈은 아버지와 비슷한 코트를 입은 뛰어가는 신사의 뒷모습을 보고 그만 아버지로 착각한다.

아버지로 착각하고 그 신사를 따라 뉴욕행 탑승구까지 따라간 케빈은 이륙시간이 다 되어 항공사 직원이 서두르자 아빠가 이 비행기에 탑승했다는 케빈의 말만 믿고 뉴욕행 비행기에 탑승시킨다. 탑승권을 제대로 확인하지도 못한 채 급하게 뉴욕행 비행기에 오르면서 케빈의 뉴욕 이야기가 시작된다.

플로리다에 도착해 케빈이 없어진 사실을 알게 된 가족들은 이번에도 즐거운 가족여행을 포기하게 된다. 탑승권에 적힌 탑승구와 항공편명, 그리고 도착지를 확인하고 탑승을 했더라면 케빈은 폴로리다에서 가족들과 즐거운 연말연휴를 보낼 수 있었을 것이다.

여기서 케빈을 뉴욕으로 보낸 잘못된 탑승절차는 원래는 어떻게 이뤄져야 하는지 살펴보자. 공항에 도착하면 탑승수속 카운터에서 먼저 수화물을 접수하고, 좌석이 배정된 탑승권(boarding pass)을 발부받는다. 해외여행의 경우 탑승수속, 세관신고, 보안검색, 검역, 출국심사 등 출국절차를 거쳐야 하기 때문에 항공편 출발 2시간 전까지는 도착해야 한다.

탑승권을 발부받았으면 탑승권에 적힌 탑승구에 도착하여 출발시간, 항공편명과 도착지를 확인하고 항공사 직원의 안내에 따라 탑승한다. 케빈의 탑승권을 제대로 확인하지 못한 것은 비행기의 이륙시간이 다 되어 탑승했기 때문이다. 이륙시간 지연은 다른 승객들의 불편을 초래한다. 기상이변이나 공항사정에 의해서 이륙시간이 지연되기도 하지만 탑승시간 이내에 도착하지 못한 승객들로 인해서 이륙시간이 지연되기도 한다. 항공기 이륙시간 30분 전에는 탑승구에 도착하여 다른 승객들에게 불편을 주는 일이 없도록 해야 한다.

기내 매너

기내는 기압, 온도, 습도 등 여러 상황이 쉽게 피로하고 짜증이 날 수 있는 곳이므로 더욱 타인을 배려하며 절제된 예절이 필요한 장소이다. 그러나 기내매너를 무시하는 몇몇 한국인의 행동은 다른 승객이나 승무원의 눈살을 찌푸리게 한다. 간혹 한국인의 기내매너가 문제가 되어 언론에 보도되기도 하는데, 가장 흔히 발생하는 문제가 기내에서의 소란, 음주, 흡연이다.

기내에서의 알코올 흡수율은 지상보다 5배나 더 높기 때문에 과음한 탑승객이 소란을 피우는 경우가 종종 발생하는데, 특히 동남아에서 한국으로 돌아오는 노선의 비행기 안에서는 술에 취해 온갖 추태를 부리는 한국인이 너무 많아 여승무원보다 남자 승무원의 비행근무비율을 높이기도 한다.

한국인의 흡연 또한 문제가 되고 있는데, 심지어 홍콩 공항에서 바로 경찰서로 끌려가 조사를 받고 재판을 받거나, 서울에서 필리핀 세부로 향하는 항공기 화장실에서 한 한국인이 흡연을 하다가 세부 공항에서 한국으로 추방되는 사건도 있었다.

특히 한국인들이 동남아시아 항공사 직원들을 무시하는 경향이 있어 공항에서부터 정상적인 출입국 절차를 따르지 않으려고 하고, 기내에서는 승무원들이 주의사항을 요구할 경우 오히려 화를 내고 소란을 피운다고 한다.

공항이나 기내는 한국인뿐만 아니라 외국인들도 이용하는 공공장소이다. 과거 한류 열풍이 몰아쳤던 곳은 중국, 일본, 대만, 홍콩 정도였지만 이제는 그 범위가 베트남, 태국, 인도네시아, 말레이시아 등 동남아시아에 이어 다른 국가로 그 범위가 넓어지는 데 비해 한국인의 이러한 추태는 '어글리 코리언'이라는 이미지로 한류 열풍에 찬물을 끼얹고 있지는 않는지 우려된다.

기내에서는 장시간을 밀폐된 공간에서 많은 사람들과 함께 있어야 하기 때문에 탑승객이 지키고 주의해야 할 점이 다른 교통수단에 비해 많은 편이다. 소란, 음주, 흡연 이외에도 기내에서 지켜야할 사항을 뉴욕행 비행기에 탑승한 케빈의 기내매너를 통하여 알아보자.

마지막 탑승자 케빈이 탑승 후 항공기는 바로 이륙 준비를 하고 승무원은 모든 승객이 안전벨트를 착용하도록 안내방송을 한다. 케빈은 마지막 탑승자였기 때문에 승무원은 빈 좌석에 앉으라고 한다. 하지만 보통은 탑승 후 탑승권에 적힌 좌석을 찾아 앉아야 한다.

만약 좌석을 변경할 때에는 마음대로 옮기지 말고 일단 지정석에 앉은 후 승객이 모두 다 탈 때까지 기다렸다가 승무원에게 부탁하여 양해를 구하고 바꾼다. 비행기 이착륙 시 안전벨트 착용은 필수이며 좌석벨트를 매어 달라는 사인(fasten seat belt) 등이 꺼질 때까지 매고 있어야 한다. 또한 안전벨트를 벗어도 좋다는 표시가 있더라고 기체의 동요가 있을 수 있으므로 화장실 갈 때를 제외하고는 착용하는 것이 안전하다.

케빈은 빈 좌석에 착석 후 작은 가방을 정리하여 앞좌석 아래에 두고 옆에 있는 승객에게 인사를 건넨다. "플로리다에 가 보셨어요?" 불행히도 그는 외국인이라 말이 통하지 않는다. 해외여행 시에는 낯선 곳에서 낯선 사람을 마주하게 될 일이 많

다. 낯선 사람들과 웃으면서 대화를 하는 것은 한국인들에게는 어색한 일이겠지만 외국인들에게는 무척이나 자연스러운 행동이다. 그러다 보니 한국인들은 무뚝뚝하고 불친절하다는 말을 듣기도 한다. 옆 좌석에 동승한 사람들에게 가볍게 인사를 나누는 것은 당신의 매너를 보여줌과 동시에 지루한 장거리 여행을 유익하게 보낼 수 있을 것이다.

옆 좌석의 동승한 사람에게 인사를 건넸지만 케빈이 알아듣지 못하는 외국어로 얘기하자 케빈은 카세트를 꺼내어 음악을 크게 듣는다. 그러나 기내에서 전자기기는 안전운항에 지장을 주기 때문에 사용이 제한되어 있다. 전자제품 가운데 휴대전화, 무선 모뎀 및 휴대전화 기능이 장착된 PDA, 라디오, 휴대용 TV 등은 기내에서 사용 불가이다. CD 및 MP3플레이어, 비디오레코더 및 재생장치, 디지털카메라, 개인용 게임기, 노트북 등은 항공기의 지상이동을 포함한 이착륙 시에만 사용이 제한된다.

이 중 승객들이 가장 많이 지키지 않고 사용하는 전자제품이 휴대폰인데, 승무원의 자제 요청에도 불구하고 이를 무시하고 사용하는 승객들이 있다. 이는 항공기의 운항에 지장을 주어 본인과 다른 승객의 안전과 관련이 있으므로 제한된 전자기기 사용에 대해서는 자제하도록 한다. 이처럼 기내 매너는 승객의 안전을 위해 지켜야 할 사항이 많지만 조금만 더 알고, 조금만 더 신경 쓴다면 본인도 물론 주위사람들도 더 즐겁고 편안하게 여행을 할 수 있을 것이다.

호텔 매너

뉴욕에 도착한 케빈. 케빈 가족은 수화물을 찾는 곳에서 케빈이 없어진 것을 발견하고선 케빈의 행방을 찾고, 한편 케빈은 뉴욕에 도착하여 아버지가 잠시 맡겨둔 지갑에 있던 카드로 호텔을 예약한다.

호텔을 이용하려면 반드시 사전에 객실을 예약하는 것이 기본 상식이다. 우리나라에서는 예약을 해놓고도 미리 예약 취소를 통보하지 않고 나타나지 않는 경우가 적지 않은데, 선진국에서는 몰상식한 행위로 간주된다. 예약 매너뿐만 아니라 객실에서 취사를 한다거나 밤늦게까지 술을 마시고 고성방가 하는 행위, 객실의 비품을 가지고 가는 행위 등으로 인하여 호텔 이용 시 한국인이 대접을 받지 못한다고 한다. 호텔에서의 매너를 몇 가지만이라도 알고 지킨다면 몰상식한 한국인이라는 푸대접은 받지 않을 것이다. 최고급 서비스를 제공받기 위해서는 서비스를 제공받을 준비가 되어 있는, 품위 있는 호텔고객의 자세를 갖춰야 할 것이다.

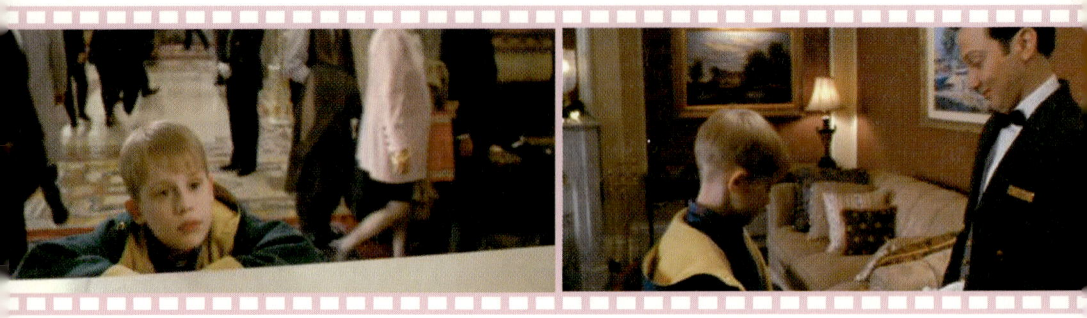

뉴욕의 일류 호텔에 도착한 케빈.

케빈은 호텔 프런트로 가서 체크인 수속을 하고, 벨맨이 짐을 들고 객실로 안내해 준다. 객실까지 안내한 벨맨은 케빈에게 팁을 요구하는 무례한 행동을 하는데, 케빈은 팁으로 껌을 준다. 이 영화의 후반부에서는 또 팁을 고객에게 요구하는 벨맨에게 케빈의 형이 씹던 껌을 팁으로 주려고 하는 장면도 나온다.

객실에 도착하면 벨맨은 객실 내의 시설 이용법을 설명해 주는데, 설명 후에는 1달러 정도의 팁을 주는 것이 상례이다. 팁 관행은 미국이나 유럽에서는 일상화되어 있는데, 경험이 없는 우리나라 사람들은 해외에 나가서 당황하거나 실수하는 경우가 많다. 팁 문화가 일반화된 곳에서는 팁 주는 것을 잊지 않도록 해야 한다. 호텔에서의 팁은 보통 벨맨이 가방을 들어줄 경우 1~2달러(미화기준), 객실사용 후 청소를 하는 룸메이드(room maid)에 대한 배려로 침대 위에 1~2달러를 둔다. 호텔도어맨(door man)이 택시를 불러주면 1달러를 주면 적당하다.

플로리다에 있는 가족들은 케빈의 행방을 찾으며 케빈을 걱정하는 가운데, 케빈은 호텔의 부대시설을 이용하고, 객실에서 TV를 보며 호화스러운 룸서비스를 받는

다. 케빈이 의심스러웠던 호텔 지배인. 케빈이 머물고 있는 객실에 몰래 들어가 보는데 먹다 남은 아이스크림, 케이크, 쿠키 등으로 지저분하고 엉망이다. 전편에서 도둑들을 따돌린 케빈은 이번에도 욕실에서 음악을 크게 틀고, 호텔 지배인을 멋지게 따돌린다. 모처럼 가족의 간섭을 받지 않아 신이 난 케빈은 객실에서 자유분방한 휴식을 취한다.

그러나 호텔방 안에서도 지켜야 할 예의가 있다. 방음시설이 완벽하기 않기 때문에 밤에는 목소리를 높여서는 안 되며, 텔레비전 소리에도 신경을 써야 한다. 또한 욕실을 사용할 때는 욕조에 물이 넘치지 않도록 주의하고, 샤워 커튼을 반드시 욕조 안으로 넣고 샤워해야 한다. 외국 호텔 중에는 우리나라처럼 방수시설이 잘 되어 있는 곳이 많지 않기 때문에 물이 아래층으로 새어 내려가 투숙객이 보수 비용을 배상해야 하는 경우도 있다. 방 안에서 요리를 하면 안 되지만, 간단한 음식은 룸서비스를 이용할 수 있다. 또한 객실 이외의 시설을 이용할 때에도 기본적인 매너를 지켜야 한다. 호텔은 편안하게 쉬는 곳이지만 엄연한 공공장소다. 따라서 슬리퍼를 신거나 잠옷이나 운동복 차림으로 호텔 안을 활보하는 것은 곤란하다.

부득이 정장이 아닐 경우에는 옷차림에 각별한 신경을 써야만 호텔 종사원들에게 좋은 서비스를 받을 수 있다. 호텔 매너는 조금만 신경을 쓴다면 주변 사람들뿐만 아니라 본인에게도 기분 좋은 곳이 될 것이다.

신나는 휴식을 취하고 있던 케빈은 장난감가게 앞에서 전편에 나왔던 2인조 도둑들을 만나 쫓기게 되고, 호텔로 돌아오자 케빈의 아버지 신용카드를 추적한 호텔 직원의 저지를 받는다. 간신히 도망쳐 나온 케빈은 우연히 공원에서 비둘기 아줌마를 만나는데, 이 영화의 명대사가 탄생한다.

"어렸을 때 롤러스케이트가 있었는데 상자에 모셔두기만 했어요. 망가질까 겁이 나서 방안에서 두 번 정도 타기만 했죠. 그러다보니 어떻게 된 줄 알아요? 발이 커서 들어가지 않았어요."

"사람의 감정은 스케이트와는 달라."

"같을 수도 있죠. 쓰지 않으면 아무 소용없는 거잖아요. 감정을 숨겨두면 내 스케이트처럼 되고 말 거예요. 기회를 놓치지 마세요. 잃는 건 없어요."

그녀와의 대화에서 가족의 소중함을 깨달은 케빈은 자신의 잘못을 뉘우치는 의미에서 착한 일을 하겠다고 다짐한다.

착한 일을 하기 위해 크리스마스 기부금을 노리는 2인조 도둑들과의 재미있는 한판 승부가 또 벌어지고 결국 그들은 경찰에 잡힌다.

케빈이 호텔에서 사용한 카드를 추적하여 가족들과 극적인 상봉을 하게 되는 2편 역시 가족의 소중함을 보여주는 영화이다.

Key Point

1. 출국절차

1) 탑승 수속

공항에 도착하면 먼저 해당 항공사에서 운영하는 탑승수속 카운트(check-in counter)로 가서 여권과 항공권, 수화물을 접수하고 좌석 배정을 받는다. 수화물은 기내반입이 불가능한 사이즈의 짐과 칼·가위 등은 위탁수화물로 부치고, 기내에서 필요한 물건이나 귀중품 등은 휴대하도록 한다. 수화물을 부칠 경우 가방에 name tag를 달고 수화물인수증(baggage claim)을 받는다.

탑승수속 카운터에 비치된 출국신고서도 작성하여 여권과 같이 준비하여 출국수속을 한다.

2) 병무 신고

병역의무자가 국외 출국 시는 필요한 서류를 구비하여 병무신고소에 출국신고를 하고, 귀국 시에도 귀국신고를 해야 한다.

3) 세관신고 및 보안검색

귀중품 혹은 고가품은 출국 전에 세관에 신고하여 휴대물품 반출 신고서를 작성하여 확인하고 보안검색을 통과한 후 법무부 출국수속을 받는다.

4) 출국심사

출국심사대 앞의 대기선에서 기다리다가 자신의 차례가 오면 여권, 탑승권, 출국신고서를 직원에게 제시한다.

5) 탑승

출국심사가 끝나면 탑승권에 적힌 탑승구(gate) 번호를 확인한 다음 안내방송과 전광판의 안내에 따라 탑승한다.

2. 기내매너

1) 기내에 들어가면 탑승권에 기재된 좌석을 찾아 앉는다.
2) 이착륙시 안전벨트를 매고 좌석 등받이를 세운다.
3) 기내에서 슬리퍼를 신는 것은 괜찮지만, 맨발로 통로를 다니는 것은 금물이다.
4) 승무원을 부를 때는 승무원 호출 버튼을 누르거나, 통로를 지날 때 가볍게 손짓을 한다.
5) 식사를 할 때는 등받이를 세우고, 식사용 간이테이블을 편다.
6) 승무원으로부터 서비스를 받았을 때는 "thank you" 하고 고맙다는 표시를 한다.

7) 기내 화장실을 사용할 때는 노크를 하지 않는다. 화장실을 사용 중일 때는 'occupied', 비어 있을 때는 'vacant'라고 표시된다.
8) 짐은 정리하여 선반위에 올려두고 깨질 수 있는 물품은 앞좌석 아래에 두도록 한다.
9) 항공기 내에서는 흡연이 금지되어 있으므로 이를 준수한다.
10) 승객의 즐거운 여행을 위해 음악과 영화, 책, 잡지, 신문 등이 제공되므로 이를 활용한다.
11) 항공기가 착륙해서 완전히 멈출 때까지는 절대로 일어서서 짐을 내리거나 해서는 안 된다.

3. 입국절차

1) 도착
기내에서 승무원이 나눠주는 입국신고서 및 여행자휴대품 신고서를 비행기 안에서 미리 작성하면 입국수속을 편리하고 신속하게 할 수 있다.
2) 검역
콜라라, 황열, 페스트 오염지역(동남아시아, 중동, 아프리카, 남아메리카)으로부터 입국하는 승객과 승무원은 검역질문서를 작성한 후 입국 시 제출해야 한다.

3) 입국심사
입국심사대 앞에 도착한 여객은 대기선에서 기다리다가 자신의 순서가 되면 준비한 서류(여권, 입국신고서 등)를 심사관에게 제출한다.

4) 수화물 수취
지정된 수하물 수취대에서 자신의 수화물을 찾아서 세관검사장으로 간다.

5) 세관검사
세관 신고물품이 있는 경우 수화물을 찾고 세관신고 지역으로 이동하여 세관검사대에서 착륙 전 미리 작성했던 여행자휴대품 신고서를 제출한다.

4. 호텔매너

1) 호텔예약
호텔 예약 시에는 성명 · 객실타입 · 체재일수 · 도착일시 · 비행기편 · 연락처 · 지불방법 등에 대해 정확히 알려준다.

2) 체크인(check in)과 체크아웃(check out)
- 체크인 : 통상 정오부터 체크인이 시작되며 체크인 마감시각은 오후 8~9시 정도이므로 늦는 경우 사전에 연락을 해둔다.
- 체크아웃 : 오전 11~12시 사이, 시간 초과 시 추가요금이 부과된다.

3) 호텔이용매너

- 호텔 로비에서 큰소리로 말하지 않는다.
- 복도에서 잠옷 바람이나 슬리퍼를 신고 다니지 않는다.
- 여러 명이 모여 화투를 치거나 술을 마시며 소란스럽게 하지 않는다.
- 객실에서 컵라면이나 김치, 고추장 등을 먹어 냄새를 풍기지 않는다.
- 욕실에 타월이나 기타 호텔 비품을 반출해서는 안 된다.
- 샤워를 할 때에는 반드시 샤워커튼을 욕조 안쪽으로 드리워 물이 욕실바닥에 떨어지지 않도록 한다.
- 방문을 나설 때는 간단한 침대정리와 객실정리를 하도록 한다.

4) 호텔에서의 팁

팁은 신속한 서비스에 대한 고마움의 표시로 주는 사례를 말하며, 선진국에서는 예약문화와 마찬가지로 모든 호텔에서는 팁을 주는 것이 관례로 되어 있다. 서비스에 대한 고마움과 칭찬을 표시하는 간단한 인사와 함께 주는 것이 올바른 매너이다.

- 룸메이드(room maid) : 베개 위에 1~2달러 정도 놓아둔다.
- 발레파킹(valet parking) : 차를 주차시킬 때와 가져올 때 각각 1달러 정도 준다.
- 벨맨(bell man) : 짐을 들어주거나 방을 안내해 줄 때 1달러 정도 준다.
- 포터(porter) : 짐을 운반해줄 때 가방 1개당 1달러 정도 준다.

3. '브리짓존스의 일기 2'로 보는 관광지에서의 매너 이야기

브리짓 존스의 일기
- 열정과 애정(Bridget Jones : The Edge Of Reason)

영국, 프랑스, 아일랜드, 미국/장르 : 멜로, 코미디/15세 관람가
상영시간 : 107분/개봉 : 2004년
감독 : 비번 키드론
출연 : 르네 젤위거, 휴 그랜트, 콜린 퍼스

거리의 8등신의 미녀들이 넘쳐나고, 44 사이즈만을 고객으로 하는 옷가게가 생겨나고, 옷에 사람을 맞추는 시대를 살아가고 있는 요즘, 한국에서는 키와 전혀 상관없이 48kg이 나가야 여자라는 소리를 듣는다고 한다.

얼굴은 못생겨도 몸매는 꼭 착해야 한다는 남성들의 시각 때문인지, 여성 자신들의 자아확립을 위해서인지, 요즘은 정말 예쁘고 늘씬한 미녀들이 넘쳐난다. 이런 요즘, 뚱뚱하고 사고뭉치의 주인공이 나오는 영화 〈브리짓존스의 일기〉는 많은 여자들에게 44 사이즈의 공포에서 숨을 쉬게 해주었다.

영국 여기자 헬렌 필딩의 동명 베스트셀러를 영화화한 르네 젤위거와 콜린 퍼스, 휴 그랜트 주연의 로맨틱 코미디 〈브리짓존스의 일기〉 전편에 이어, 3년 만에 개봉된 속편으로 전편의 출연진 모두가 이번 속편에 출연했다. 전편에서의 뛰어난 연기로 오스카 여우주연상에 노미네이트됐던 르네 젤위거는 브리짓 존스의 캐릭터를 연기하기 위해 전편이 끝나고 감량했던 몸무게를 또다시 11Kg을 찌웠다고 한다. 뚱뚱하고 사고뭉치인 그녀는 엉뚱하지만 그녀만의 귀여움과 독특한 매력으로 이 영화의 남자주인공 마크와 다니엘뿐만 아니라 전 세계 여성관객들을 사로잡았다.

세계의 관광지를 소개하는 프로그램을 맡은 그녀는 브리짓 존스의 고향인 영국뿐만 아니라 오스트리아, 태국 등에서 촬영이 되었는데, 해외에서도 브리짓의 엉뚱한 행동은 계속된다.

현지인과 말이 통하지 않아 손짓발짓을 하는 우스꽝스러운 모습을 보이기도 하고, 마약인줄 모르고 짐을 운반해 주다 태국공항에서 경찰에 체포가 되는 등, 해외여행지에서도 사고뭉치인 브리짓을 통해서 해외여행 시 지켜야 할 매너에 대해서 살펴보자.

프로페셔널한 리포터로서 여전히 무모한 취재에 온몸을 던지는 그녀.

"화제집중의 브리짓입니다. 전 지금 똥더미에 묻혀 있습니다!"

헬리콥터를 타고 패러글라이딩을 하다 진흙투성이의 돼지우리 속에 빠지고도 씩씩하게 멘트를 마무리하는 브리짓은 여전히 활기차다.

그러나 분명 달라진 건 전편에서는 연애를 갈망하던 노처녀 브리짓이 지금은 마크와 행복한 연애를 하는 중이다. 여전히 술과 담배를 입에서 떼지 못하고 날씬함을 갈구하며 살을 빼기 위해 노력중이지만 그래도 자신의 모습 그대로를 사랑해 주는 마크의 곁에서 달콤하면서도 행복한 시간을 보내고 있다.

스키를 위해 오스트리아로 행복한 주말여행을 떠나는 브리짓과 마크. 스키가 처음인 그녀는 상급자 코스까지 올라갔다 눈길에 미끄러져 쾌속 질주해 아래까지 내려오는데, 돼지우리 속에 빠지거나 리프트에서 떨어지는 장면, 스키장에서 넘어지는 장면들을 르네 젤위거가 대역 없이 해냈다고 한다.

그러나 스키여행에서는 위험한 행동들로 부상자가 많이 발생하고 심지어는 사망사고도 일어난다. 특히 브리짓처럼 리프트에서 떨어지거나 초급자가 상급자 코스에서 스키를 타는 것은 다른 스키어들에게 방해를 줄 뿐만 아니라 급경사에 미끄러지거나 가속이 붙은 스키어들에게 부딪히면서 부상을 당하기도 한다. 또한 한국인들의 음주 후의 스키활동도 문제가 되고 있는데, 스키를 비롯한 각종 레포츠 활동은 사전에 이용수칙과 방법을 숙지하고 충분한 교육을 받은 뒤 이용하도록 한다.

다행히 무사히 내려온 브리짓은 임신테스트기를 사러 약국에 들어가게 되는데, 여긴 오스트리아여서 말이 통하지 않는다. 손짓발짓을 다해 보지만 약사는 잘못 알아들어 임신한 것으로 오해를 하다 급기야 정신병자 취급을 한다.

해외여행 중 의사소통 장애로 인해 여행 중 불편함을 겪는 일이 많다. 따라서 여행 전 간단한 현지어는 익혀서 떠나도록 하자. 영어가 세계공통어이기는 하지만 영어를 사용하지 않는 국가에서는 영어로 의사소통을 하기 쉽지 않고, 특히 유럽에서는 영어로 질문하면 프랑스어나 스페인어 등 자기나라 언어로 대답하는 경우도 있다. 여행하는 나라의 간단한 인사말과 언어를 사용한다면 현지인들에게도 좋은 인상을 남겨 유쾌한 해외여행을 할 수 있을 것이다.

마크와의 행복이 꿈만 같은 그녀. 마크는 자상하고 이해심이 많으며 사고뭉치인 그녀의 모든 황당한 행동마저 사랑스럽게 받아준다. 그러나 모든 연애가 그러하듯 둘의 사이에도 오해로 인한 위기가 닥쳐온다. 마크와의 관계가 소원해진 브리짓은 바람둥이 다니엘과 함께 세계 관광지를 소개하는 TV프로그램을 위해서 태국으로 떠나게 된다.

태국의 사원과 음식문화를 소개하는 장면을 촬영하는 브리짓 존스. 브리짓이 태국의 불교사원을 소개하면서 긴치마를 입고 있는데 주변의 관광객들 역시 긴치마와

긴 바지를 입고 있다. 태국의 사원 방문 시 민소매나 반바지, 짧은 치마나 슬리퍼 복장은 출입이 허용되지 않는다. 태국은 한국인 관광객이 가장 많이 여행하는 국가 중의 하나이므로 태국의 문화와 관습에 대해서 간단히 살펴보자.

태국은 오랜 독립국가 유지로 자존심이 높고 독실한 불교도 국가이다. 따라서 불교 및 승려에 대한 존경의 자세로 접근하는 것이 바람직하며, 아무데서나 촬영을 하는 것은 무례한 행동이다. 그러나 한국 관광객들이 빠짐없이 들르는 태국 왕궁에서의 사진촬영을 금하고 있지만, 한국인들은 이를 무시하고 사진을 찍는 일이 빈번하게 일어나 주의를 받는 경우가 있다. 여성은 승려를 대할 때 몸이나 손이 닿지 않도록 주의해야 하며, 노상에서 마주칠 때는 길을 피해야 하고, 사원 방문 시 경건한 자세를 갖춰야 한다. 또한 태국인들은 머리에 정령이 깃들어 있다고 믿으므로 어린이의 머리를 귀엽다고 함부로 쓰다듬는 것은 금물이다. 한국인들이 현지 가이드나 상점의 직원들의 머리를 툭툭 치며 말하는 경우가 있는데, 태국인들은 이런 한국인들을 아주 불쾌해 한다고 한다.

태국뿐만 아니라 각 나라마다 문화와 관습이 있다. '로마에 가면 로마법을 따르라.' 는 속담이 있듯이 여행 중 상대국의 문화 및 예절을 존중해야 하고 문화와 관습의 차이에서 오는 실수 및 마찰을 피하도록 사전에 기본 상식을 익혀둬야 한다.

문화체험을 소개하는 브리짓과 반대로 태국의 유흥과 퇴폐마사지 문화를 소개하는 바람둥이 다니엘. 마크와 멀어져 힘들어하는 브리짓에게 다니엘은 고백을 하고 브리짓은 마음이 흔들린다. 저녁을 함께 먹고, 다니엘의 방에서 다시 만나게 된 이들에게 찾아온 방해꾼이 있었으니 다름 아닌 태국여자였다. 태국에서까지 이런 추태를 부리는 모습은 어디 다니엘뿐이겠는가? 해외에서까지 유흥문화를 즐기는 한국인들의 추한 모습이 세계 언론의 한 귀퉁이를 장식하고, 한 달이 멀다 하고 해외에서 추태를 부리는 한국인의 소식이 매스컴과 언론을 통해 전해진다.

다니엘의 고백이 진심이 아니었음을 알고 실망한 브리짓은 다니엘을 뒤로하고 영국으로 돌아갈 준비를 한다. 짐을 꾸리던 브리짓은 태국에서 만난 남자에게 선물 받았다는 동료의 물건을 자기 가방에 넣어 준다. 그러나 알고 보니 그 선물 안에 들어있는 것은 마약이었다. 한순간에 마약 밀수입자가 되어버린 브리짓. 그녀는 자신의 것이 아니라며 부인해 보지만 태국 경찰에게 체포되어 교도소 신세를 지게 된다.

외국을 여행하는 한국인들이 자신도 모르는 사이에 마약 운반책으로 이용돼 외국에서 체포되는 경우가 늘고 있다. 브리짓처럼 마약인줄 모르고 짐을 운반해 주다 봉변을 당하는 경우가 대부분이다. 이처럼 마약에 연루되는 일이 종종 발생하므로 해외여행 시 남의 가방이나 짐을 들어주지 말아야 한다.

다행스럽게도 인권변호사인 마크가 그녀의 억울한 누명을 벗기기 위해 사방팔방으로 돌아다니며 사건조사를 하고 결국 방콕 교도소에서 브리짓을 석방시킨다. 서로의 진심을 알게 된 마크와 브리짓의 로맨스로 해피엔딩으로 이 영화는 막을 내린다.

해외여행은 타국의 생활과 문화를 습득함으로써 자신을 발전시키고 국제적인 안목을 기를 수 있는 좋은 기회이다. 그 나라의 전통문화와 음식문화를 체험하는 것은 그 나라를 배울 수 있는 계기가 된다. 그러나 한국인의 해외여행 문화는 어떠한가?

외국인 가이드가 중국관광객과 한국관광객을 구별할 수 있다고 한다. 다름 아닌 외양이 허름해도 그 나라의 음식문화를 체험하고 제대로 식사를 하는 관광객은 중국인, 반면 모두 명품 옷을 입고 싸구려 식당만 찾는 사람은 한국인이라고 한다.

현지 문화유적에는 배경지식도 없고 관심도 없으며 문화체험보다는 명품 쇼핑을 하는 경우가 많다. 또한 유럽에서 한국인 관광객은 유럽 각국에서 고유 음식을 맛보는 대신 패스트푸드점을 이용하고, 비용을 아낀다고 에펠탑에 올라가지도 않는 관광객들이 명품점에선 무분별한 쇼핑을 하기도 한다.

동남아 골프여행객이 급증하고 있는 최근에는 골프장에서 골프 매너를 무시하는 한국인들도 부지기수다. 음주 골프에다 라운딩 도중은 물론이고 클럽하우스에서 고성방가로 직원에게 화를 내거나 한국 사람끼리 언쟁을 벌이기도 한다. 캐디를 무시하고 욕을 한다고도 한다. 그래서 필리핀 골프장들은 한국인에 대한 골프장 회원권

쿼터를 20%로 제한하기까지 한다고 하니 얼마나 부끄러운 일인가? 한국인들이 동남아인을 무시하는 오만한 태도로 골프장 캐디뿐만 아니라 현지인들에게 소리치는 일이 비일비재하다고 한다.

해를 거듭할수록 해외여행자 수는 크게 늘어나 우리나라도 연간 2005년 1,000만 명에 이어 2007년 '해외여행 1,200만명 시대' 로 접어들었다. 그러나 여전히 '어글리 코리안' 이라는 꼬리표를 떼지 못하고 있는 한국인 관광객들. 이는 미성숙한 여행 매너를 가진 관광객들에 의해 실추된 한국의 이미지는 다시 부메랑이 되어 한국인 관광객들에게 돌아온다.

해외여행을 떠나기 전에는 그 나라의 문화를 충분히 이해하고, 한국인으로서의 자긍심을 지킬 수 있도록 성숙된 해외여행매너를 지켜야 할 것이다.

Key Point

1. 해외 여행지에서의 매너

1) 여행의 목적과 주제를 정확히 설정
2) 여행국의 역사 · 문화 · 관습 미리 파악하기
3) 현지 문화에 대한 이해와 존중
4) 간단한 인사말 외우기
5) 관광명소나 유적지에 낙서하지 말기
6) 금연, 촬영 등 여행지 관행 준수
7) 과도한 쇼핑, 음주 자제
8) 돈으로 우월주의나 허영심 드러내지 말기
9) 웃는 얼굴로 현지인 대하기

2. 쇼핑 매너

1) 무분별한 쇼핑은 자제
2) 종업원들에게 반말하지 않기
3) 가격을 무리하게 깎지 않기

참고문헌

강인호, 글로벌매너와 문화, 기문사, 2007.

구헌철, 국제매너와 에티켓, 대왕사, 2005.

구현정, 대화, 인디북, 2003.

김미자, 성공하는 리더의 글로벌 매너, 백산출판사 2006.

김영준, 예절실무클리닉, 대왕사, 2001.

김영호, 국제예절과 고품격 매너, 도서출판 갈채, 2007

김정희, 패션에 쉼표를 찍다, 랜덤하우스, 2006

김훈철, 컬러 마케팅, 커뮤니케이션북스, 2002

미래 서비스 아카데미, 서비스매너, 새로미, 2006

민병철, 어글리 코리언, 어글리 어메리컨, (주)비씨엠미디어, 2006

박준형, 볼프강의 글로벌 비즈니스 에티켓2, 김영사, 2000

변명식외 3인, 고객 서비스 어떻게 할 것인가, 도서출판 석정, 2002

사회인매너 연구회/최미숙옮김, 매너의고수는 공자의 마음도 움직인다, 이가서, 2006

송희라, 송희라의 177 테이블 매너, 세계미식문화연구원, 2007

신완선, 컬러 리더쉽, 더난 출판, 2004

신정하, 테이블 매너 교실, 한일문화사, 2000

유진그룹 인력개발팀, 비즈니스 매너가이드, 연리지, 2007

이동희, 매너와 이미지메이킹, 형설출판사, 2006.

이상진, 세계인의 에티켓, 민속원, 2004

이왕주, 철학,영화를 캐스팅하다, 효형출판, 2005

이정우 외, 지구촌 생활문화와 국제매너, 양서원, 2001

이정학 외, 현대사회와 매너, 기문사, 2006
이태훈, 타이밍 서비스의 원칙, 도서출판 무한, 2003
이형철, 글로벌 에티켓, 글로벌 매너, 에디터, 1999
정주영, 서비스 예절, 학문사, 2000
조성종, 서비스와 인간행동론, 두남, 2003
조정용, 올댓와인, 해냄, 2006
최기종, 매너와 이미지메이킹, 백산출판사, 2006
한국여성교양학회 예절 연구회, 생활예절, 도서출판 신정, 2003
한국여행발전연구회, 세계화시대의 에티켓과 마인드, 대왕사, 2006
한정혜, 만화로 배우는 테이블 매너, 김영사, 1996
허은아, 매너가 경쟁력이다, 해냄, 2003
허은아, 서비스 경영, 연세대학교 출판부, 2006
홍순아, 끌리는 사람이 되기 위한 이미지 컨설팅, 가림출판사, 2006
후루야 하루코, 비즈니스 매너 , 당당하고 유쾌하게!, 비즈포인트, 2004
www.idisc.co.kr
www.naver.com/홍성진의 영화해설 참조
Personal Profile System, DISC, 한국교육컨설팅 연구소, 1997

저자 소개

하진영

경기대학교 이벤트, 국제회의 박사
세종대학교 호텔관광경영 석사
HOTEL LOTTE 식음팀 근무
청와대 국빈서비스 담당
한국외식산업연구소 팀장
충남도청 관광환대서비스 전임강사
현재 **BTMS ACADEMY** 원장
청운대학교 겸임교수

오선영

경희대학교 호텔관광경영 박사
세종대학교 호텔관광경영 석사
서울시 문화월드컵 홍보추진반 통역서비스 및 자원봉사자 교육
2002년 월드컵 자원봉사자 및 월드컵 통역원 교육
시드니 올림픽 **Korea Culture Expo** 진행
현재 동서대학교 관광학부 초빙교수
RAUM WEDDING 대표

매너와 에티켓

2007년 9월 10일 초판 발행
2014년 2월 10일 2판 발행

지은이 | 하진영 · 오선영
발행인 | 유제구
발행처 | 파워북
www.powerbook.kr
주 소 | 서울시 마포구 독막로 291-5 대동빌딩 4층
전 화 | (02) 730-1412
FAX | (02) 730-1410
등 록 | 1997. 1. 1 제 300-1997-13
편 집 | 민하디지탈아트(02-3274-1333)

정 가 15,000원
ISBN 978-89-8160-080-8 (13590)